近藤治著

東洋人のインド観

汲古書院

口絵

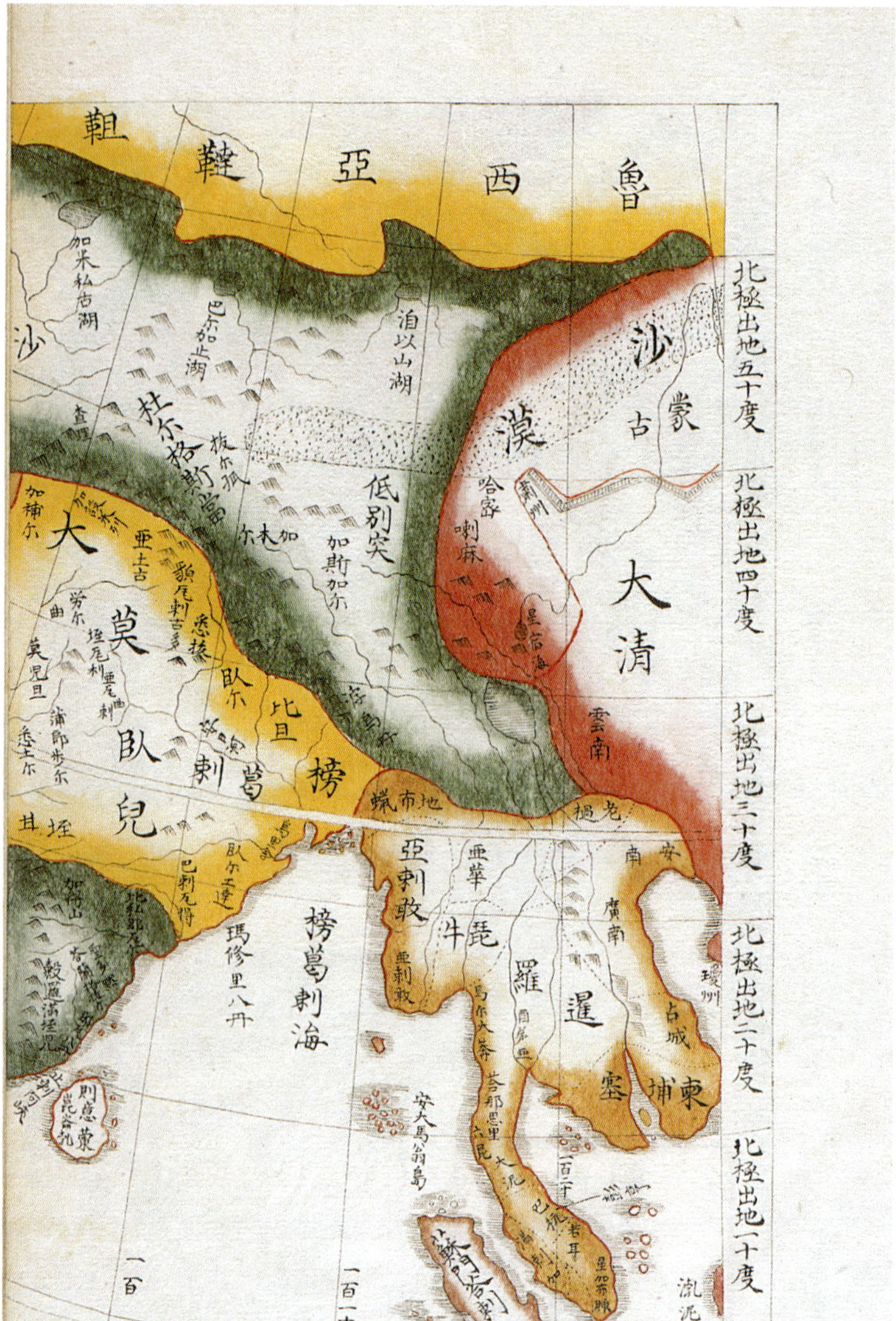

山村才助著『采覧異言（訂正増訳）附図』より
（京都大学附属図書館所蔵写本より撮影）

亞細亜洲
西方諸國
圖
北極出地三十度
北極出地二十度
北極出地一十度
赤道線
亞弗利加洲
一名利未亞
地中海
西紅海
亜剌比亜海
百兒西亞海
北高海
百兒西亜
亞剌比亞
沙哥多剌
馬尔地襪
一名万島
古木領峯
七十
八十
九十

同　前

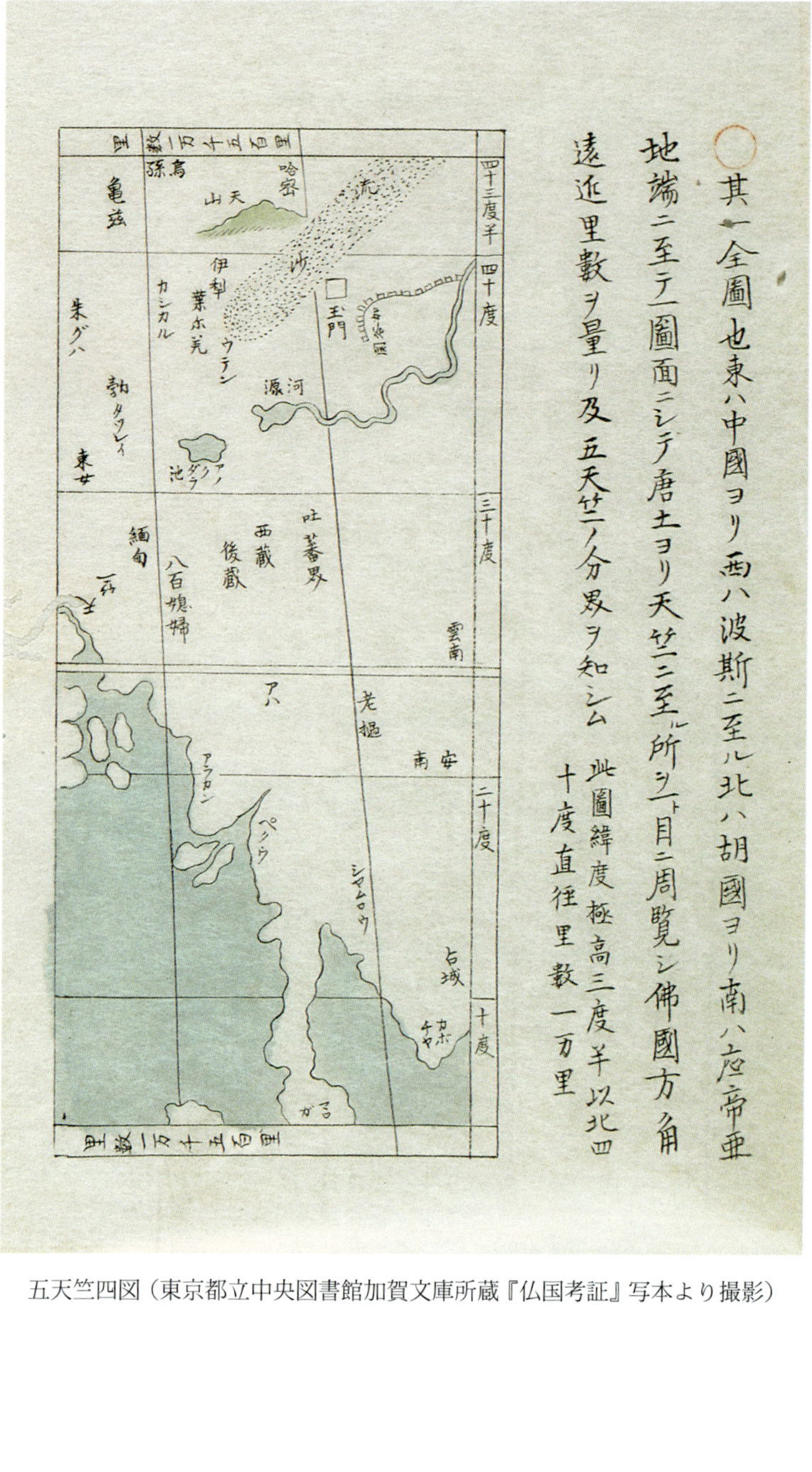
其一全圖也東ハ中國ヨリ西ハ波斯ニ至ル北ハ胡國ヨリ南ハ応帝亜
地端ニ至テ一圖面ニシテ唐土ヨリ天竺ニ至ル所ヲ一目ニ周覧シ佛國方角
遠近里數ヲ量リ及五天竺ノ分界ヲ知シム
此圖緯度極高三度半以北四
十度直径里數一万里

五天竺四図（東京都立中央図書館加賀文庫所蔵『仏国考証』写本より撮影）

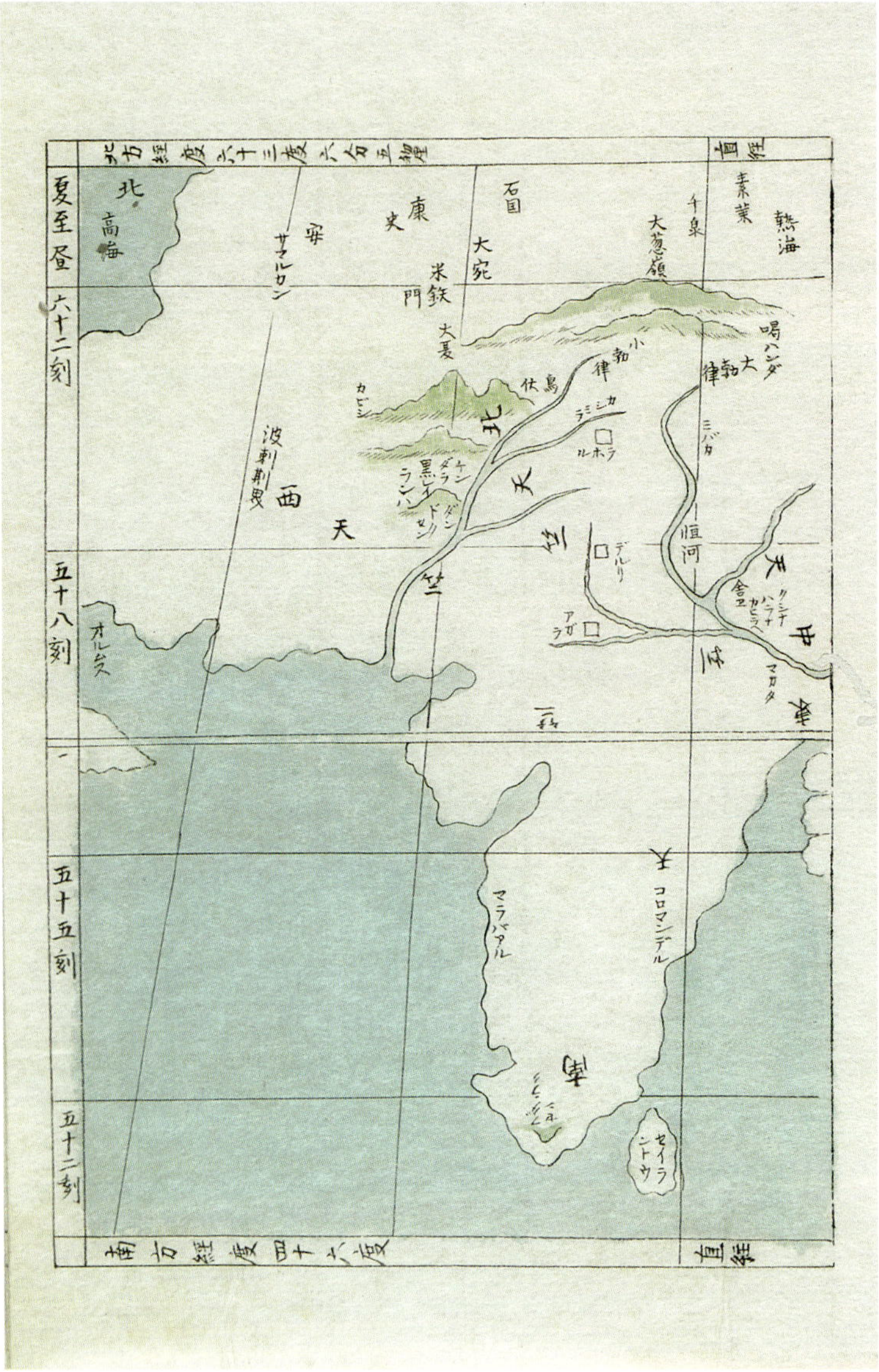

北方経度六十三度六分五厘
南方経度四十六度
夏至昼
六十二刻
五十八刻
五十五刻
五十二刻
北高海
安
サマルカン
康
史
石国
大宛
米
鉄門
大夏
千泉
素葉
熱海
大葱嶺
小勃律
大勃律
北天竺
西天
中天竺
恒河
デルリ
アガラ
コロマンデル
マラバアル
セイラントウ
マカタ

同　前

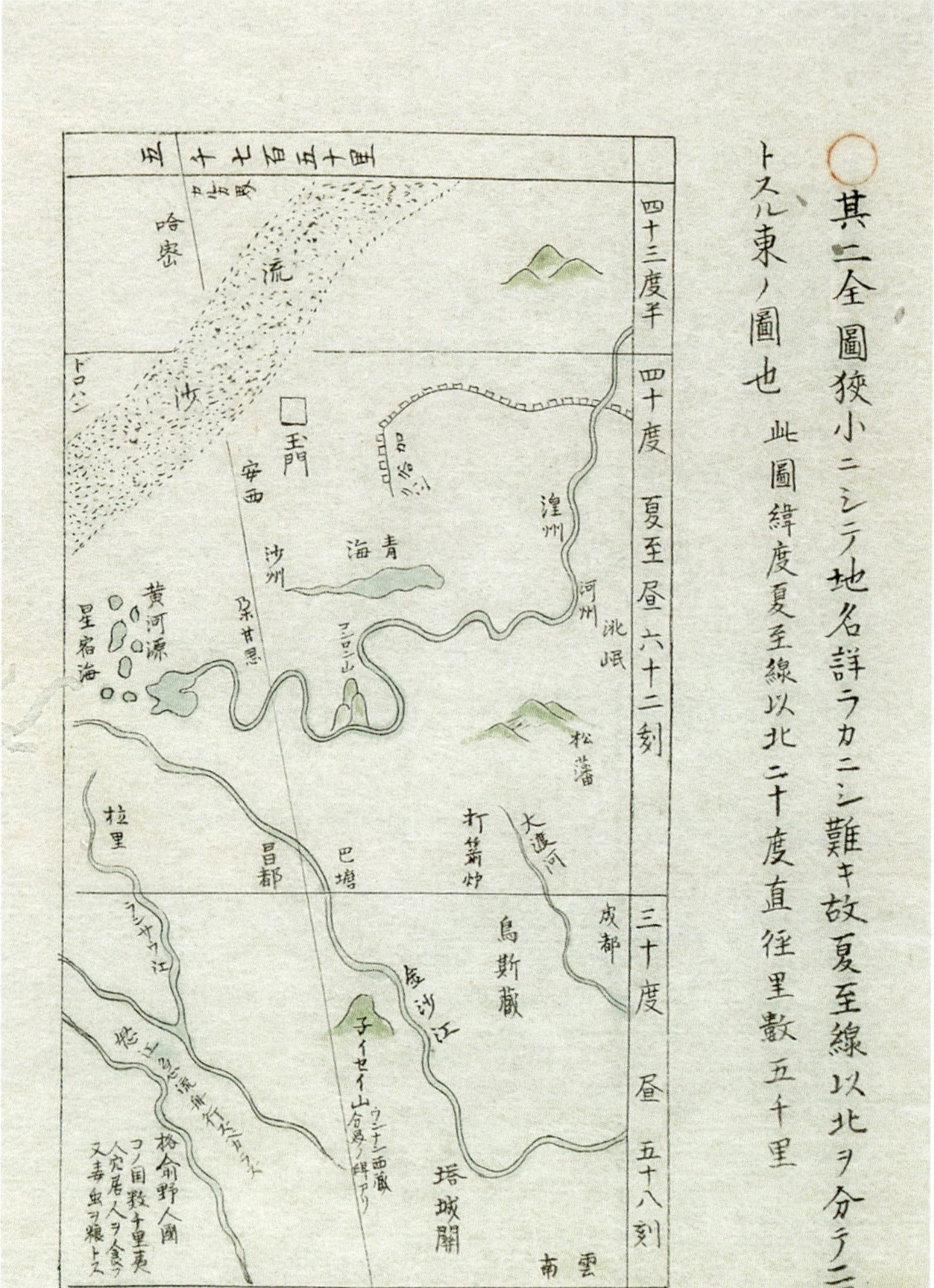
○其二全圖狹小ニシテ地名詳ラカニシ難キ故夏至線以北ヲ分テ二圖トスル東ノ圖也
此圖緯度夏至線以北二十度直徑里數五千里
五千七百五十里
四十三度半
四十度
夏至昼六十二刻
三十度
昼五十八刻
哈密
流沙
玉門
安西
沙州
青海
湟州
河州
洮岷
松藩
黄河源
星宿海
拉里
昌都
巴塘
打箭炉
大渡河
成都
烏斯藏
金沙江
塔城關
雲南
五千七百五十里

同　前

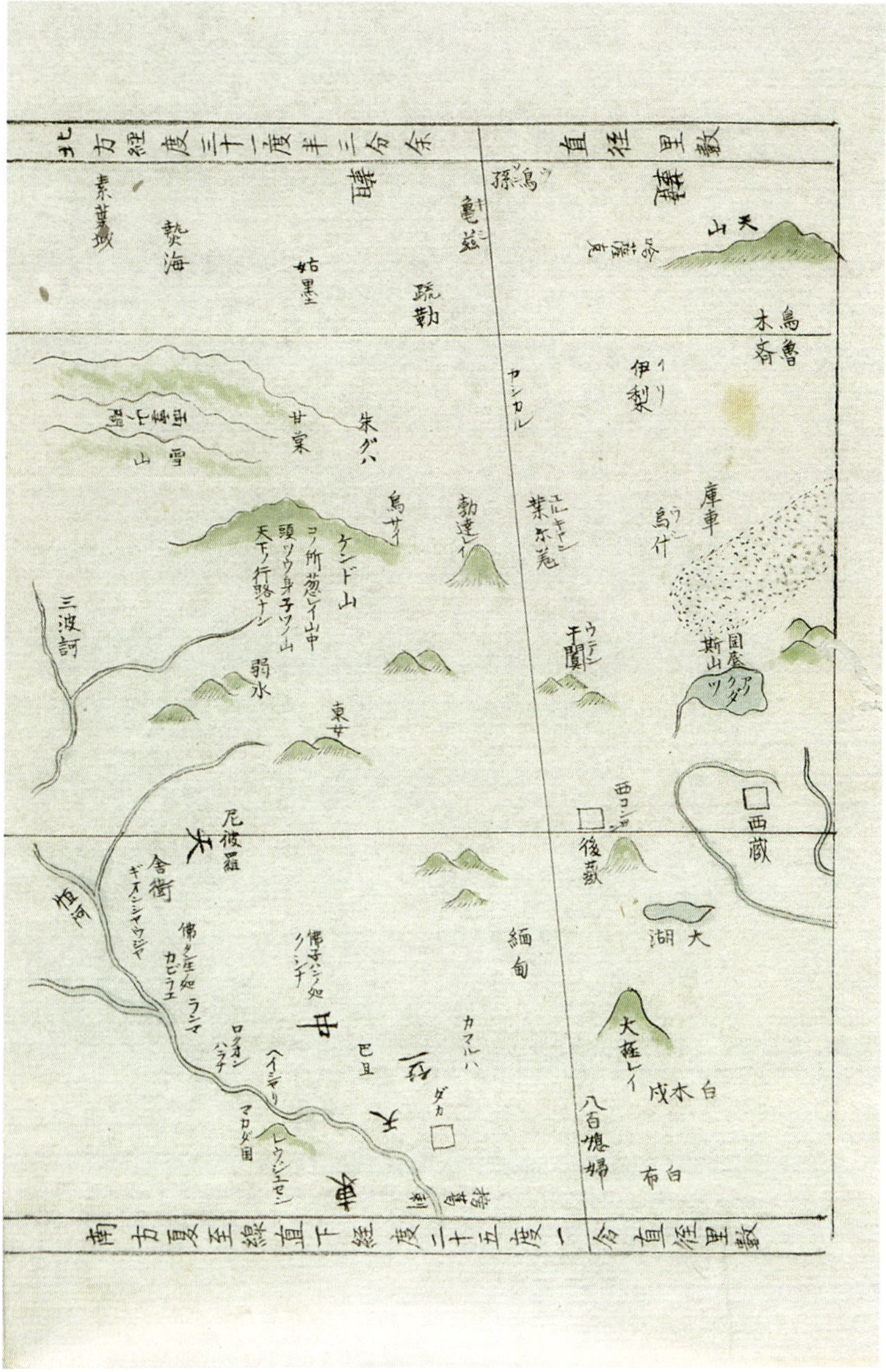

同　前

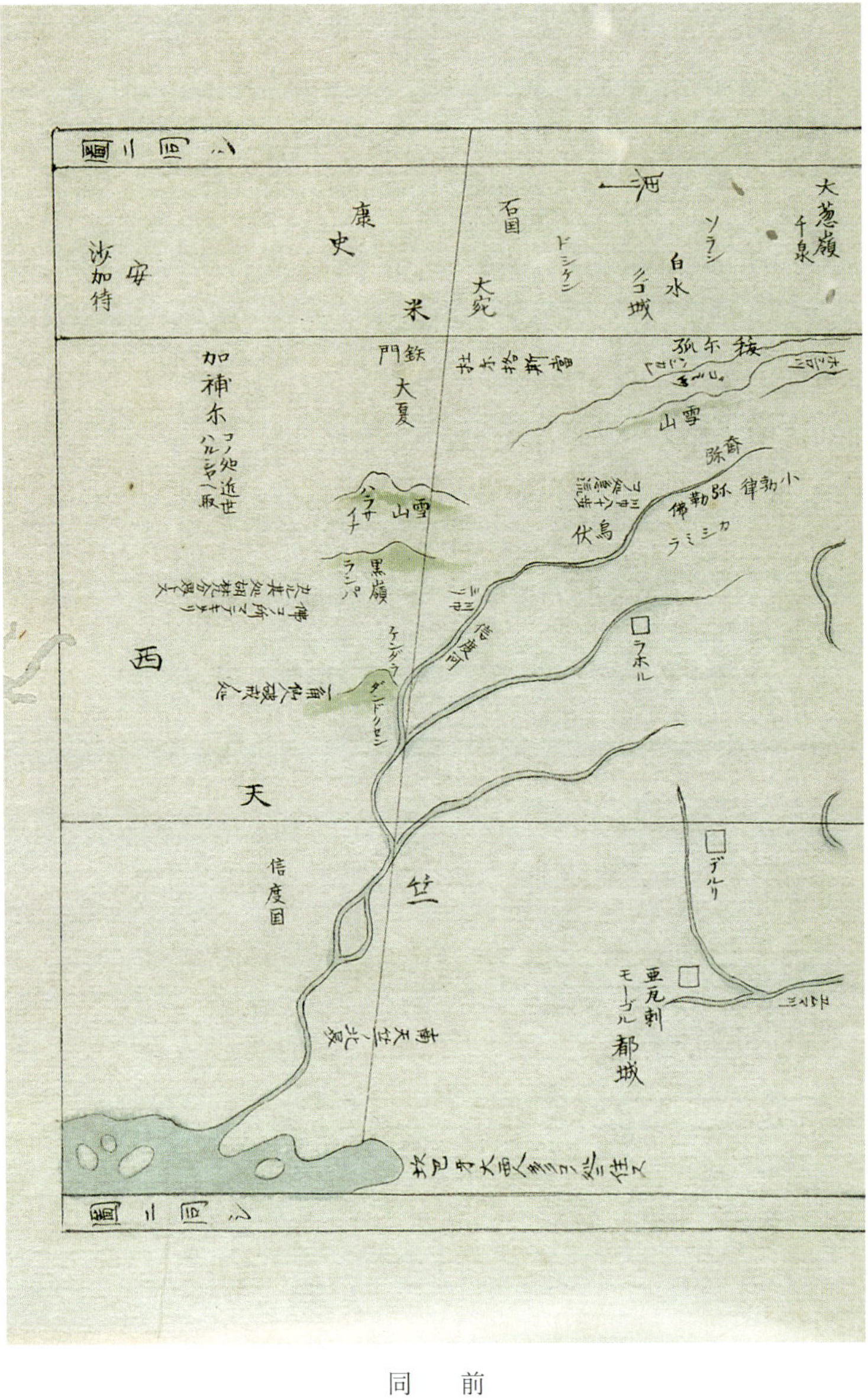

同　前

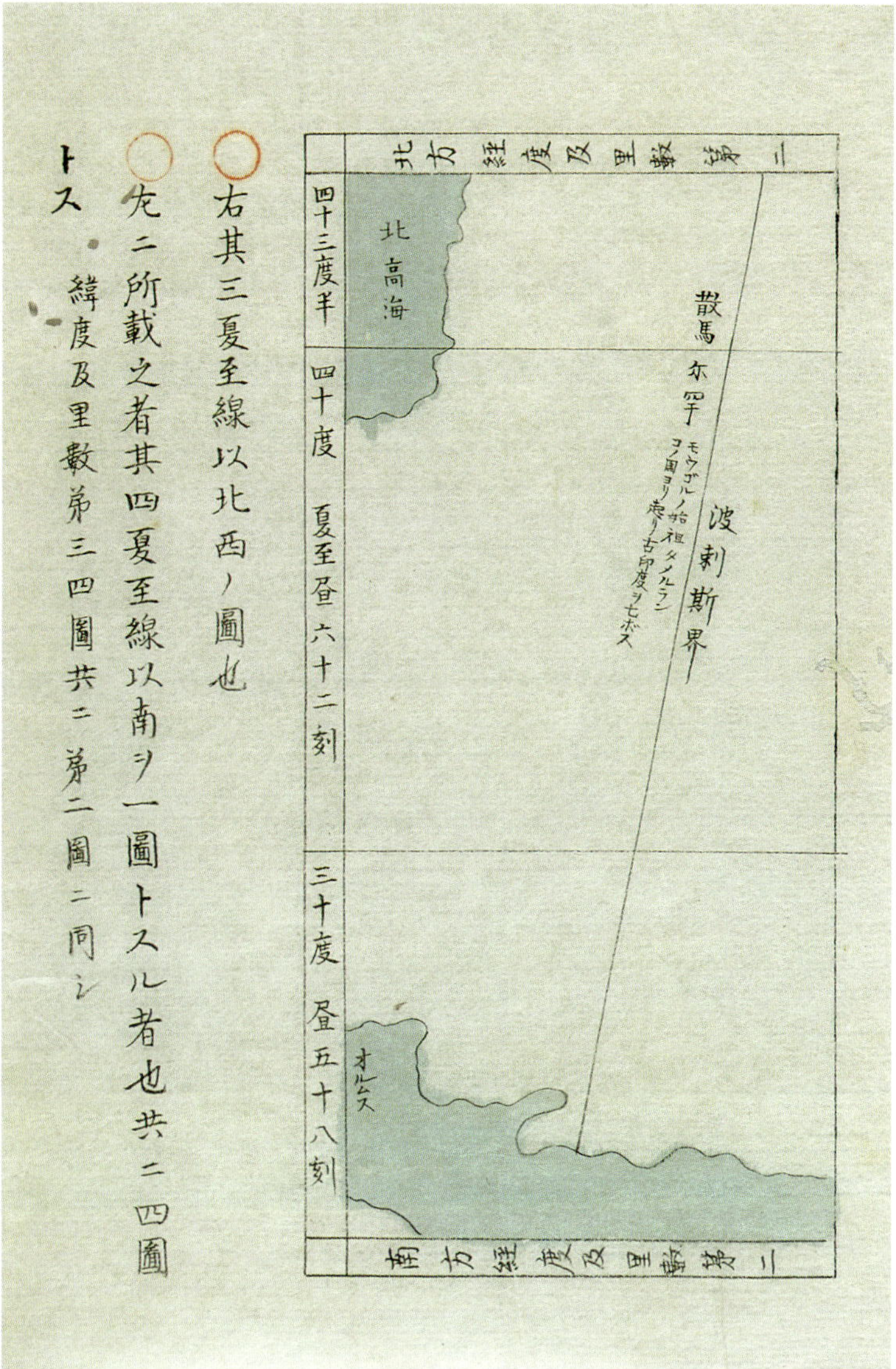
北方經度及里數第二
四十三度半
北高海
四十度
夏至晝六十二刻
散馬尔罕
モウゴルノ始祖タメルランコノ国ヨリ起リ古印度ヲ亡ボス
波剌斯界
三十度
晝五十八刻
オルムス
南方經度及里數第二
○右其三夏至線以北西ノ圖也
○左ニ所載之者其四夏至線以南ヲ一圖トスル者也共ニ四圖トス
緯度及里數第三四圖共ニ第二圖ニ同シ

同　前

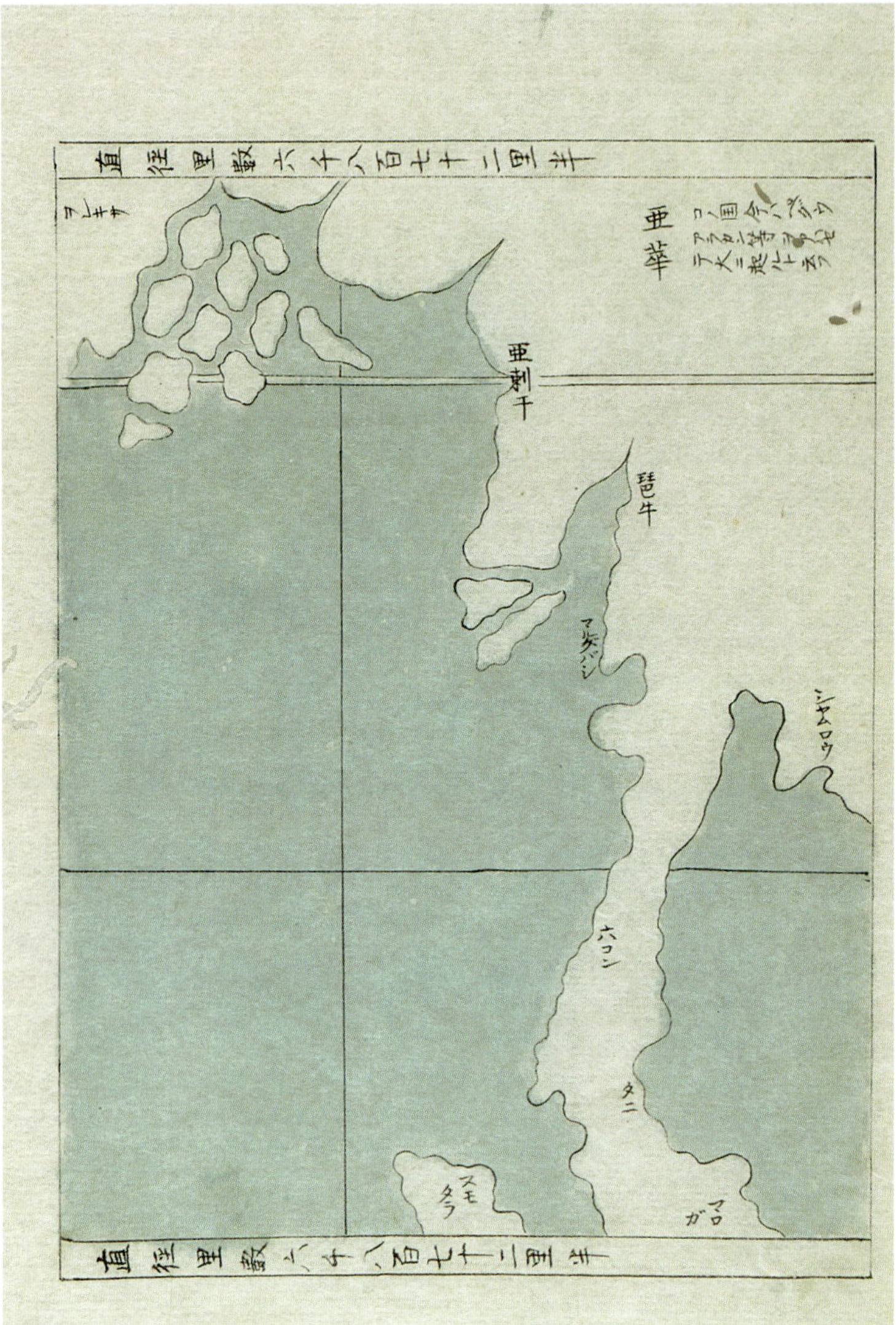

同　前

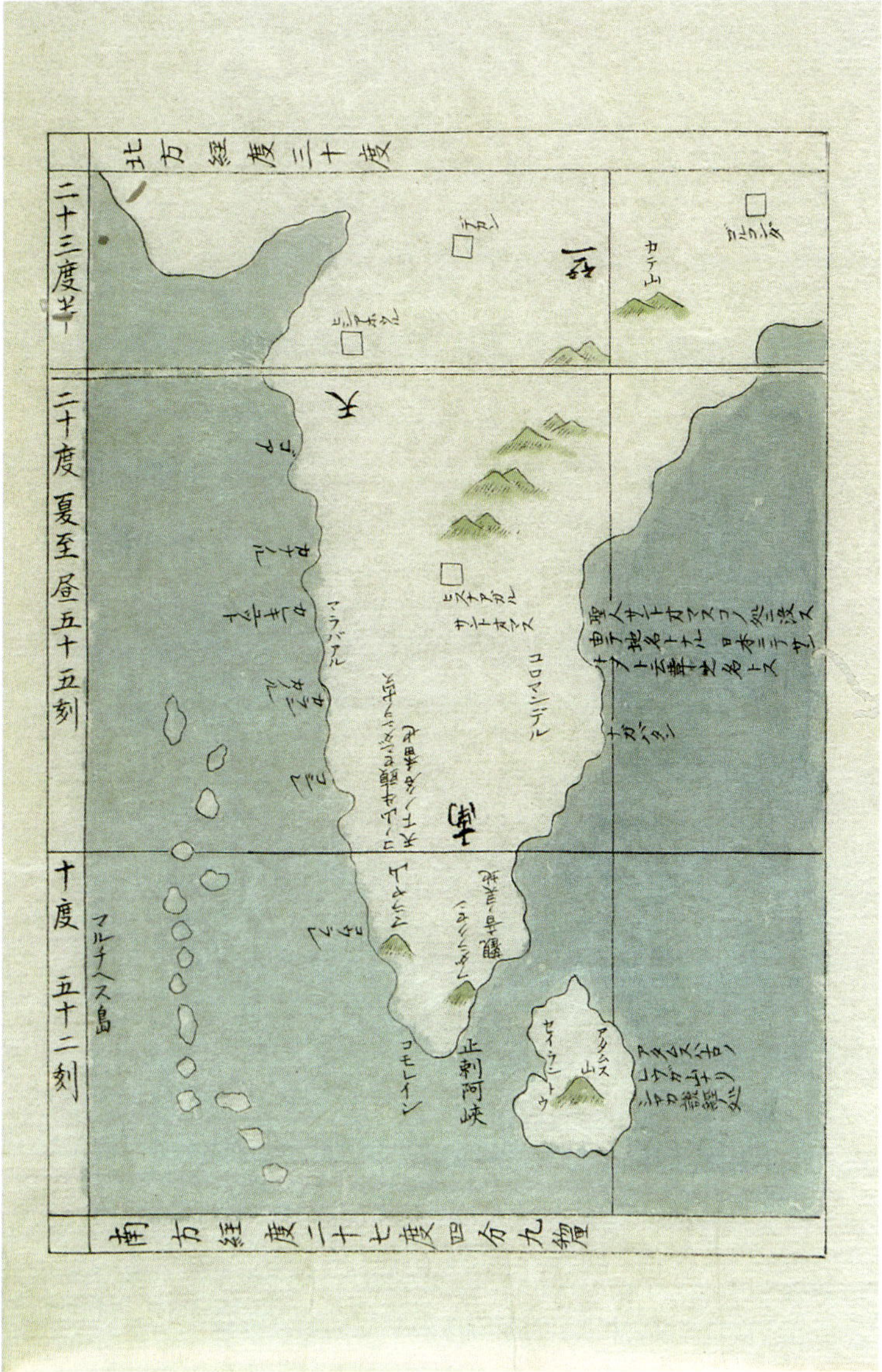

同　前

はしがき

本書は、近世後期に活躍した尾張藩士出身の地誌学者朝夷厚生とその主著『仏国考証』および土浦藩士出身の蘭学者山村才助とその翻訳書『印度志』、それに中国の清末革命派に属した大学者章炳麟とそのインド論・仏教論について、解説と校注を行なったものである。

これらの作品のうち、『仏国考証』は成稿の年である文化十一年（一八一四）に版本も刊行されたが、版本の流布は限られていたようだ。『印度志』の方は翻訳者生前中はもちろんのこと、今日に至るまで版本で公刊されたことはなかった。この書はオランダ語の世界地理書に収められた広義のインド関係部分を翻訳紹介したものであるが、翻訳文そのものやこれに付された注記や按文に山村才助のインドに関する深い理解と認識のほどが示されている。章炳麟のインド論・仏教論も組織立った紹介がなされることはついぞなく、僅かに島田虔次先生が一九五八年の『思想』に発表された論文（後に『中国革命の先駆者たち』所収）のなかでなされた「印度西婆耆王記念会記事」一編の全文紹介があるのみという状態が長く続いた。

これらの作品については従来何かに関連してふれられることがあったとしても、それぞれの作品に校注を加え全文を紹介したのは、本書がはじめてである。埋もれた学者朝夷厚生に対し、今日において光を当てたのも本書が最初であろう。

本書の書名にいう東洋人は、ご覧の如く日本の学者二人と中国の学者一人、都合三人の東洋人をさしている。インド観というのは、インド認識といったほどの意味の謂いである。本書で紹介した章炳麟の論説の一つに「印度人の日本観」という、本書の書名と主客所を替えたものがあるので、これと比べながら考えていただけると有難い。巻末に、本書の内容と多少関連のありそうな短い補論二編を付載することにした。

iii

目次

東洋人のインド観

第一部　解説篇

第一章　朝夷厚生の『仏国考証』と山村才助の『印度志』

はじめに

近世後期に、インドの地誌に関する興味深い書物を書き残した二人の地理学者がいた。一人は『仏国考証』を著わした朝夷厚生であり、もう一人は『印度志』を認めた山村才助である。

朝夷厚生は尾張藩士の出身で、寛延元年（一七四八）の生まれである。『仏国考証』一巻が公刊されたのは、文化十一年（一八一四）のことであった。彼の没年は文政十一年（一八二八）であった。

一方、山村才助は朝夷厚生よりおくれること二二年後の明和七年（一七七〇）、江戸の土浦藩邸で生まれた。大槻玄沢（号磐水）門下の異才の蘭学者で、享和三年（一八〇三）に成った彼の主著『訂正増訳采覧異言』一二巻は、これより約百年前に新井白石が著した『采覧異言』を訂正増補したものである。彼はまたその翌年、鮮明な彩色を加えた『采覧異言附図』も完成させた。その彼がインドについて書き残した地誌が『印度志』二巻であり、これが成ったのは『仏国考証』の公刊よりも七年早い文化四年（一八〇七）のことであった。この年、山村才助は享年三十八歳で没してしまった。

山村才助と『印度志』については後に紹介することにして、まずは朝夷厚生と『仏国考証』について紹介することにする。最初に朝夷厚生の略歴について見ていくことにしよう。

一　朝夷厚生について

朝夷厚生について述べた最も早期の書物は、細野忠陳（字子高、号要斎、通称為蔵）の著した『尾張名家誌』ではないかと思われる。この書は初編と二編との二部に分かれており、初編は弘化三年（一八四六）三月付の著者の凡例があり、沢田師厚と深田正韶の叙（弘化四年、一八四七、および嘉永元年、一八四八）を付して安政四年（一八五七）名古屋の書肆皓月堂から刊行されたもので、尾張に関係の深い儒林六〇人の略伝を漢文で載せる。(1) 続編に当る二編の方は、儒林拾遺、国学、兵学、天文、忠孝、沙門、循吏、医術、和歌、俳諧、狂歌、臨池（書道）、隠逸、画図、百家雑技、流寓の部門ごとに数名ないし十数名の略伝を同じく漢文で記し、朝夷厚生はその巻一所収の天文の部に載せられている。(2) 朝夷厚生の略伝は全文を書き下せば次の通りである。

朝夷［一に朝比奈に作る］(3) 厚生、字は君和、通称は甚三郎、号は如有子なり。本族は井上、父は信豊、通称貞右衛門(4)と曰う。如有子は其の次子なり。出でて朝夷正明［通称与兵衛］の養子と為り、因りて其の氏を冒《おか》す。天資英邁、才気群ならず。少夙(5)にして学を好み、而して常師無し。既に長じ九流百家の書自《よ》り、浮図《ふと》外国の説に至るまで、窮めざる所無し。最も山経地志、天文暦法を詳にす。晩《のち》耳聾を患う。遂に他の嗜好を絶ち、唯だ文史を之れ娯《たのし》む。歳八十にして、手に巻を釈《と》かず。文政戊子十二月歿す。享年八十一。著す所仏国考証、同図考、同蘭説考、崑崙考有り、世に行わる。

すなわち朝夷厚生は井上貞右衛門信豊の次子として生れ、朝夷与兵衛正明の養子となった。彼は天性の資質に恵まれ、若くして学問を好んだが、常師すなわち特定の人に師事することはなかった。そして九流百家の書から仏典、蘭学系の書物までさまざまな学問を積んだが、地誌学と天文暦法に最も詳しかった。晩年には耳聾を病み、専ら読書を楽しみとして、書物を手からはなすことがなかった、という。亡くなったのは文政十一年（一八二八）十二月で、享年は八十一であった。そして彼の著書には『仏国考証』『仏国図考』『仏国蘭説考』『崑崙考』の四書があり、これらが世に流布していた、と述べている。

なお細野忠陳の自筆本の方には、頭注として「朝比奈玄洲之本家也、第在綿屋町」と記している。朝比奈玄洲は『尾張名家誌』初編の巻一にその略伝があるが、それによると彼の名は文淵、字は涵徳、通称は甚左衛門で、尾張藩世臣の次子として生れ、江戸に出て荻生徂徠に師事して、詩章に長じ書を善くし、享保十九年（一七三四）に歿した、とある。朝夷厚生の家はこの朝比奈玄洲の本家に当っていたのである。またその屋敷は名古屋の綿屋町にあったことも分る。

『尾張名家誌』凡例において、「各家の伝、皆家乗碑記に拠りて之を撰し、其の的証疑い無き者を采る」と述べているように、細野忠陳が各家の略伝を書く際、信憑性の最も高い家記類と墓碑銘文に主として拠っていた。朝夷厚生の右に引いた略伝は主にその墓碑銘によっていたのである。

朝夷家の菩提寺は名古屋城南の日蓮宗妙長山照遠寺であり、その墓もこの境内にあったが、現在では名古屋市平和公園墓地内の照遠寺墓域に移されている。照遠寺の住所は以前は東区小川町とされていた

朝夷厚生墓（名古屋市平和公園墓地にて　1986年３月　杉本星子さん撮影）

が、現在は東区東桜二丁目と標示されている。この寺を私がはじめて訪ねたのは名古屋大学文学部への集中講義を終えた一九八六年一月二十三日のことであって、名大の受講生たちも何人か同行してくれた。その際、住職長谷川鳳道氏令夫人から説明を受け、寺の過去帳についても縦覧を許されたが、時間的余裕のなかったところから、朝夷厚生の記載箇所を確認することができなかった。その後同年三月、私の集中講義の受講生の一人で愛知大学講師（現、京都文教大学教授）の杉本星子さんが平和公園墓地で朝夷厚生の墓を見つけ出し、写真を撮って送って下さった。また照遠寺を通して、朝夷厚生の後裔に当られる朝比奈家当代秀氏が愛知県一宮市浅井町に住んでおられることも教えていただいた。

朝比奈秀氏および照遠寺から事前に了承をとり、一九八六年七月三十日、私は平和公園墓地を訪ねて朝夷厚生の墓に展墓した。墓石の正面には如有子朝夷先生墓と太く刻されている（写真参照）。そして墓石の左側面と裏面に銘文が刻され、右側面には四言の頌徳詩が刻されている。銘文は相当摩滅して判読困難のところが少なからずあるが、私はこれらの銘文と頌徳詩を拓本に取るとともに、写真数葉に収めた。後日、これらの拓本と写真と、それに当日肉眼で試みた判読メモとを互につき合わせ慎重に検討した結果、銘文全文が解明できた。これを書き下せば、左の如くである。(6)

先生氏は朝夷、諱は厚生、字は君和、俗称は甚三郎、如有子は其の号なり。実は井上貞右衛門信豊の次子なり。出でて朝夷与兵衛正明の義子と為る。因りて朝夷氏を襲い、正明の没後、遺跡采邑を領す。先生天資英邁にして、才気群ならず。少《わか》くして最も学を好み、而して常師無し。長じて九流百家の書自《よ》り、浮図外国の説に至るまで、究窮せざる無し。最も山経地志を詳にす。著す所の図籍数十篇有り。時人其の卓見を喜び、争いて焉《これ》を謄写す。晩《のち》耳聾を患い、遂に他の嗜好を絶ちて、唯だ文史を之れ娯む。年既に八十にして、手に巻を釈かず。孜孜《しし》伋伋《きゅうきゅう》、老いて能く学ぶと謂うべし。文政戊子十有二月病没す。実年八十一。先生に一男一女有り。男子早世す。水谷氏の次子を養いて、以て采跡を嗣がしむ。嗚呼、則忠の不文、安《いずく》んぞ先生の美を揄揚するに足んや。然れども親戚の誼《よしみ》辞すべからざるもの有り。因りて其の墓に題し、銘に云いて曰く、

天生の偉人　云何《いかん》ぞ有らざらん
経術と文章とは　一代の泰斗たり
憲々たる令徳　以《はなは》だ裕く以だ厚し

旻天《びんてん》の吊す所　哲人固《もと》より寿《いのちなが》し
云焉《ここ》に葬むる　妙長の阜《おか》
美名石に勒し　永世朽ちざらん
文政己丑　杪冬
朝夷正康建つ

銘文中の「則忠」は撰文者の字と考えられるが、撰文者名は刻されていない。後に触れる柳人生の論文は水谷鵜巣を撰文者とする一説を紹介しており、そうだとすれば則忠はその字ということになるが、この点は未詳である。また頌徳詩にある「妙長」は照遠寺の山号である。

先に引いた『尾張名家誌』所載の略伝は、右に紹介した墓碑銘に主として拠っていたのであり、表現も銘文中のそれを直接使ったところが多い。ただ朝夷厚生の著書について、墓碑銘では数十篇ありとのみ記しているが、『尾張名家誌』の方では四篇の書名を具体的に挙げていた。またこの墓碑銘は彼に一男一女があったとし、男子が早世したので、水谷氏の次子を養子にしたことも明らかにしている。(7) 墓碑の建立者朝夷正康はこの養子の朝夷甚左衛門その人であろうか。「文政己丑　杪冬」とあるから、建立は朝夷厚生没後一年を経た文政十二年（一八二九）の晩冬のことであった。

大正期に刊行された『名古屋市史』学芸編は、その第三章天文暦数の条に朝夷厚生の略伝を載せているが、(8) その表現は右の墓碑銘から多く採録している。ただし、朝夷厚生の別号に煙霞楼のあったことを明かにし、その著書として先に挙げた『仏国考証』『仏国図考』等の四篇のほかに、新たに『釈氏古学考』『摩訶衍不審十条』『釈迦一代実録』『法華独悟考』の四書を加えている。また『名古屋市史』地理編、第三章名蹟中の冢墓一覧表のうちの学問の項にも朝夷厚生の冢墓を載せている。(9) その表では、〔姓名〕朝夷厚生、〔別名〕字君和、通称甚三郎、号如有子、〔種類〕地理、〔歿年月日〕文政十一・十二・一、〔所在地〕照遠寺、となっており、彼を天文暦数ではなく地理の部に入れていることが注目される。なお命日の欄が空白になっているが、これは朝比奈家過去帳によって七日であったことが確認できる。

昭和の初期、吉野作造を編集兼発行人として刊行された雑誌『明治文化』には、柳人生という人の「北方問題の研究者朝夷如有子に就いて」と題した興味深い一文が収められている。(10) 柳人生が実名なのか筆名なのかはいまのところ判らないが、文中朝夷厚生を「郷土の先哲」と呼んでいるところから、この人も尾張の人であったことは間違いない。この文章のなかでも墓碑銘が紹介されているが、遺憾ながら一、二誤字脱字がある。

柳人生は墓碑銘の撰文が水谷鵜巣によるらしいとの故老の説を紹介している。また「常師無し」という点については、朝夷厚生の著書の一つ『歳時本拠』に「君山先生ノ撰ニ年中行事故実考伝五巻アリ。門人朝夷如有子其遺漏ヲ補ヒ歳時本拠五巻ヲ撰セリ。此書ト参考セバ年中ノ故実瞭然タラン」とあることに基づいて、彼には君山先生、即ち尾張の儒者で本草家としても有名な松平秀雲が師であったことを明かにしている。秀雲は尾張の書物奉行でもあり、厚生とは五十歳ほど年長であったという。柳人生の文章でさらに興味深いのは、朝比奈家九代目朝比奈弘氏所蔵の伊呂波寄書の抜を引いて紹介していることである。それをここでも紹介しておこう。

五代　高二百五拾石　朝比奈甚三郎　貞次郎　実小普請組井上貞右衛門悴

一、安永六酉二月十四日　朝比奈与兵衛聟養子被仰出　従是前井上之部見

一、同九子八月十三日　養父同姓八十《ママ》兵衛遺跡知行三百石之内弐百五拾石幷居屋敷被下置御馬廻組被仰付

一、寛政四子十二月晦日　大御番組被仰付　座席市買（市ケ谷カ）御屋敷奉行可為上座旨

一、文化三寅正月九日　病気ニ付願之通大御番組御免御馬廻組被仰付

一、同十年酉七月十三日　願之通隠居被仰付

一、文政十一年十二月七日病死　至徳院要道日悟居士

文中冒頭部の貞次郎は朝夷家入籍以前の厚生の通称であろう。八十兵衛は明かに与兵衛の誤記である。

右の記録によって、さらにいくつかの事実が明かとなる。すなわち、朝夷厚生の聟養子届出があったのは安永六年（一七七七）、彼の三十歳のときであった。彼は安永九年（一七八〇）養父の遺跡知行三〇〇石のうち二五〇石および屋敷を相続し、尾張藩の馬廻組に組入れられた。彼の代になって禄五〇石が減ぜられたのは、彼が実子相続ではなく養子相続であったためと考えられる。寛政四年（一七九二）大番組に組入れられたが、文化三年（一八〇六）病気のため御免となり、再び馬廻組配属となった。そして文化十年（一八一三）この馬廻組も願によって退き、隠居すること一五年、文政十一年（一八二八）十二月七日病没した。法名は至徳院要道日悟居士であった。彼が長年務めた馬廻組は当時非役の士分が禄高に応じて組入れられたもので、閑散な生活ができたものらしい。

柳人生の文章はまた朝夷厚生が本多利明と林子平の共鳴者であり、北方の開拓と防備を積極的に説いていたことをいろいろ紹介している。そして彼の著書として『尾張名家誌』と『名古屋市史』学芸編が挙げていたもの以外に、『歳時本拠』『赤夷談』『外郎《ういろう》異談校閲』『独座謹記』『客船一条考』『水火篇』『漂民考』を挙げている。

柳人生の文章が『明治文化』誌に発表されたのよりも二年前の昭和三年、いま一つの朝夷厚生紹介文が発表されていた。それは、当時広島文理大学教授をしていた栗田元次が名古屋の郷土研究誌『紙魚』に発表した「朝比奈如有子と日本開国志」である。(11) この紹介文で栗田元次は、朝夷厚生の著書として『尾張名家誌』と『名古屋市史』学芸編が掲げているもののほかに、『日本開国志』と『日本武備考』の二書があり、それぞれ文化五年（一八〇八）と文化六年（一八〇九）に成ったものであることを明かにした。そして朝夷厚生のいう「開国」とは今日の開拓の意味で、『日本開国志』は専ら蝦夷地の開発の歴史を述べたものであり、そのなかで林子平や本多利明が早くから北辺の警備の要を論じているのを朝夷厚生が激賞していたことを紹介している。

昭和九年に刊行された『名古屋市史』人物編は、その天文暦数の条に朝夷厚生の略伝を載せている。(12) この略伝の文章も墓碑の銘文がその基礎となっているが、同書学芸編および地理編よりもやや詳しい記述となっている。すなわちここでは「最も仏書に精通し、山経地誌を詳にす」と述べて、彼が地誌のみならず仏典にも広く通暁していたことを明かにするとともに、「平田篤胤其仏学上の説に推服し、書を贈りて之を激賞し、其相見るを得ざるを憾む」という極めて興味深い事実を指摘している。そして彼の著書としては、これまでに紹介したものなどのほかに、『蒙古賊船備考』を挙げている。

第二次世界大戦後になって朝夷厚生について触れたものは、管見の限り、鮎沢信太郎氏が「仏国考証の五天竺図」と題して、『仏国考証』に付された五天竺四図（後述）について紹介した短い一文が僅かにあるに過ぎない。(13)

二　『仏国考証』について

前節で掲げた朝夷厚生の著作をここでまとめて列記すると、『仏国考証』『仏国図考』『仏国蘭説考』『崑崙考』『釈氏古学考』『摩訶衍不審十条』『釈迦一代実録』『法華独悟考』『日本開国志』『日本武備考』『歳時本拠』『赤夷談』『外郎異談校閲』『独座謹記』『客船一条考』『水火篇』『漂民考』『蒙古賊船備考』の一八点を数える。これらは大別すると地誌学関係と仏教学関係とにほぼ二分しうる。地誌学関係の著作は日本地誌関係と外国地誌関係との両方に及んでいる。『仏国考証』はこうした地誌学関係と仏教学関係との双方にまたがった内容のものであり、朝夷厚生の一番得意の分野の作品、つまり代表作ということができる。しかも他の著作は、その多くが時勢を憚ってか、公刊されず、知人の間で筆写されて写本として遺ったものが多いのに対して、『仏国考証』の方は公刊された。この意味でも、これを彼の代表作と見ることは許されるであろう。

『国書総目録』によれば、『仏国考証』の写本は日比谷図書館加賀文庫に蔵されており、刊本としては文化十一年（一八一四）版と文化十四年（一八一七）版とがあるという。写本については第三章で述べることにして、ここでは両種の刊本についてまずふれておくことにしよう。

文化十一年版の刊本は東京大学中央図書館から、また文化十四年版の刊本は京都大学附属図書館および東洋大学附属図書館哲学堂文庫から、それぞれ写真版ないし電子コピーを取寄せて見ることができた。これら文化十一年版と文化十四年版とを相互に比較してみると、文化十一年版は写真版で見る限り扉、奥書に相当するものがなく、巻末に二丁にわたる「尾張静観堂蔵板目録」が付綴されていて、それらのなかに『仏国考証』全一冊というものも掲げられている。一方、文化十四年版の扉には「張陽朝夷先生著述蔵版　天竺真図仏国考証　製本書肆　静観堂」と書かれており、奥書には「文化十四丁丑年冬　張藩　煙霞楼蔵板　仏国図考　二冊嗣出」と記されている。煙霞楼はすでに触れたように、朝夷厚生の別号である。また文化十一年版のように巻末に蔵板目録の付綴はないが、奥書には右のように朝夷厚生の別著『仏国図考』二冊が嗣出として予告されている。しかし『仏国図考』が実際に翻刻公刊されたかどうかは疑わしい。文化十一年版と文化十四年版を、本文およびこれに付された地図について仔細に検討してみると、全三三丁のいずれについても全く同じである。つまり両者は同一の板木を使用したものと思われる。文化十四年版の扉に「張陽朝夷先生著述蔵版」とあり、また奥書に「煙霞楼蔵板」とわざわざことわっているところからすると、文化十一年版の版権を朝夷厚生自身が譲り受けて、この文化十四年版を刊行した、とも考えられる。

さて、『仏国考証』には漢文で書かれた序があり、これに「文化十一年歳次甲戌秋八月　朝夷厚生識柳沢元賢書」と記され、それぞれの落款がある。文化十一年八月といえば、前節でみたように、彼がその前年の七月馬廻組を御免になって隠居を許されてから一年余を経たときである。この年に彼はその代表作を梓に上せたのであった。序のなかで彼は次のように述べている。

然して其の徒地理を窮めんと欲す。聖跡を尋ぬるに意無し。且《か》つ今古地名異なり、其の古名を知らず、其の事蹟に昧《くら》し。特《ひと》り仏国に於て其の確説を見ざるなり。此の挙や、其輿図の載する所に拠りて五竺の梗概を得て、古名を以て之を推歩す。今古地名異《い》なりと雖も、山河海陸確然として其の処を変へず。其の所謂る確然として其の処を変へざる者、幸に之を坐右に観ること有り。之を坐右に観ること有りて、而る後、古者《いにしえ》其の域を履む者即ち其の域を識るの言に従《よ》りて、之を推歩す。其の域を履まざる者も亦た其の域を識るに庶《ちか》からんか。

ここで言わんとしていることは、近世になってヨーロッパ人が東方に来航し、彼らは地理を究めようとしたが仏跡には関心を示さず、尋ねようともしなかった。しかも古今で地名の変化があり、古名を知っていないと事蹟を理解できないことになる。とりわけ仏典に見えるインドの地名については不明なところが多い。そこで本書においては、近世の地図に依拠しながら古の五天竺の大略を把握して、これによって仏典に見えるインドの古名を推歩していく方法をとる。なぜならば、古今の地名が異っていても、山川海陸の自然は古と変らず同じ所に厳然として存在し、それらは近世の地図に描かれていて、幸いにして坐右においてこれをみることができるからである。こうして近世の地図と古の記録とを併せて推歩していけば、現地に足を入れなくても地名の正確な場所を比定できるのではないか、というのが彼の主張の眼目であった。文中「推歩」ということばが二度出てくるが、これはできるだけ確実な典拠を援用しながら、近世西洋製地図を参照して経度と緯度を施した地図中に古代の地名を比定していく方法であって、朝夷厚生の地誌研究、地名比定の方法論の中心的位置を占めるものである。この方法は当時の彼に与えられた条件の下にあっては、最も合理的な方法であったということができよう。

序につづいて、題言八条がある。その劈頭で、「此書一編の主意、人間《じんかん》仏国を知らざるを証すると、仏国の実跡を推歩するの二事なれども、其所詮は推歩の一事也」と述べて、実際の地理についてはあまりにも知られていないインドの地名を考証し、比定していくことが本書の中心課題であると宣明し、ここでも推歩ということばを使用している。そして、「予《よ》其人に非れども、印度地理を研窮し傍はら仏国を捜索し、世に知る人なきを傍観して愚意黙止すべからざる所有《ある》に由て、図考を著はして其実跡を詳らかにす」と述べて、本書および『仏国図考』執筆の動機を明かにしている。題言の中には彼の主張の中心点がよく示されているので、それらの文章をいくつか紹介しておこう。

仏国記・西域記等有れども図なし。諸所方位弁ずべからず。近世泰西人印度に住せしより其図有《あり》て、地理始て弁ずべし。此書西図に拠ると云へども、其図大同小差有《ある》を以て、西域記・慈恩伝等の諸書を併考し、葱嶺以東は清朝に帰化せしより清人《しんひと》の製善図多きを以て、清会典・衛蔵図識等諸図に照して、西洋板数図を校合し、其最も善なる者に従がふ。毫も臆説にあらず。

此書を読《よむ》者或は信ぜざる人有《あら》んか。是《これ》必ず五天の古名を知て莫臥児部《モーゴル》中を知らざる人に在《ある》べし。具眼の人は一読の下に通暁すべし。

古今地名異なる故、真図に由て推歩せざれば仏国方位の実を得ず。……仍《より》て意《おも》ふに仏の遺跡及其《その》四方諸国、今の地名は何れの国なるや試に問はんとするに、世間僧俗の中に答ふる人在《あり》や不《いな》や。和漢是迄仏国図志之《これ》無きは一闕事と云べし。殊に釈門の徒、本師の遺跡霊地に於て其真図、実録を明確《タシカ》にすべき事ならずや。然れども世に其書無く、其拠り所なきは、我も他《ヒト》も知らざるにてやみたりしなり。若し知るべきの手順有りては、知らずんば有るべからず。此書則ち是を知《しら》しむるの金口木舌《フレナガシ》たらんか。

これらの文章によって、朝夷厚生がどのような方法と狙いをもって『仏国考証』を書いたのかが分るとともに、彼の気概と期待も伝わってくる。

つづいて『仏国考証』の目録つまり目次がくる。それは以下の通りである。

人間仏国を知らざるを証す
仏国知るべからざる所以有る事を論ず
仏国知るべからざる所以有る事を証す　四条
　其一条　仏書に依て仏国知るべからざるを証す
　其二条　支那の書に依て仏国知るべからざるを証す
　其三条　蘭説に依て仏国知るべからざるを証す
　其四条　本朝伝ふる所に依て仏国知るべからざるを証す
仏国推歩の説

五天竺四図
仏国地方略説
舎衛国より東摩伽陀国に至［二千五百里］路程及諸国霊地
祇園精舎　娑羅双樹　鹿苑
摩伽陀国
王舎城　霊鷲山　前王覚山　菩提樹　竹園　那爛陀　三蔵結集場
附
檀特山　補陀洛山　楞伽山

この目次によって本書の構成と内容をほぼ見当づけることができよう。本書の中心は第三章「仏国知るべからざる所以有る事を証す　四条」と第四章「仏国推歩の説」とにあることは、題言冒頭で彼が述べている通りである。彼は仏典によっても、漢籍によっても、蘭説によっても、あるいは本朝所伝によっても、それぞれのみによって仏国地誌を究めようとしても、正しい理解をえることは不可能であり、誤謬を避けえないと主張する。そこでこうした認識を前提として、近世の西洋人の地図に従い、大唐西域記等に記載された実測値を経線・緯線を施した地図の中に推し当てていくことによって、古地名の比定を行なっていくというのが彼の仏国推歩の説である。

『仏国考証』の後半部には「五天竺四図」と題して、インドの地図四葉を収載している。その一つはインド亜大陸から中央アジア、それに東南アジアの一部も含む南アジア全体、すなわちいわゆる五天竺の全図であり、あとの三図はそれぞれ中天竺・東天竺図、北天竺・西天竺図、それに南天竺・東南アジア図である。これらの地図を作製するのに、朝夷厚生は「西洋板印度図二板、西域図二板（四板各々小差有り）及び清の会典、衛蔵図識、輿図備考、経天合地図、明清皇輿諸図、西客通舶諸図の類、他に増訳異言等諸家数図を校して、最も善にして多く符合する者を撰びて之に従う」と述べているように、数多くの参照地図の一つとして山村才助の『采覧異言附図』もやはり利用していたのである。また蘭説書の一つとして山村才助の『印度志』を取り上げ紹介しているところにも驚嘆させられる（本書七八ページ参照）。

朝夷厚生の「五天竺四図」について鮎沢信太郎氏は、「本図は仏家が自家の説を以て、自由に作った印度図と異なり、よく諸説を参考し、実測を重んじて作った地図だけに、当時の印度図としては最も正確に近いものといってよかろう[14]」と評価している。緬甸《ビルマ》が西蔵の西に位置していたり、ゴールコンダがヲレキサ（オリッサ）の真西にあったり、というように、この地図にはもちろん限界も少なくないが、仏典、旅行記等の地名をできるだけ正確に地図の上に位置づけようとしており、しかもモーゴル都城アガラ（アーグラ）、デルリ（デリー）、ラホル（ラホール）、ダカ（ダッカ）、ヒシアホウル（ビジャープル）、ヒスナアガル（ヴィジャヤナガル）、ゴア、カナノル（カナノール）、カレキュット（カリカット）、コシン（コーチン）、ナガバタン（ナガパッティナム）など、近世インドの重要都市をほぼ正しく位置づけているこの地図は、蓋し開国前の日本で作製された最も精細なインド地図というべきであろう。

三　山村才助と『印度志』について

山村才助は近世後期に活躍した、大槻玄沢門下の異色の蘭学者である。名は昌永、字は子明、夢遊道人と号し、通称が才助であった。明和七年（一七七〇）に江戸の土蒲藩屋敷に生まれたが、不惑に至らずして文化四年（一八〇七）に病没した。三十八歳の短命にもかかわらず、新井白石の『采覧異言』を約百年後に増補した彼の主著『訂正増訳采覧異言』によって、世に広く知られている。彼の生涯と仕事については、古くは第二次世界大戦前の岩崎克己氏による一連の紹介論文や鮎沢信太郎氏の論文があり、[15]戦後には鮎沢氏や大久保利謙氏のまとまった紹介書によって遍く知られるようになった。[16]こうした紹介のなかで『訂正増訳采覧異言』については、「質と料共にわが鎖国時代における随一の世界地理書である」というような最大級の評価が与えられており、また『采覧異言附図』についても、「わが国でできた最初の世界地図帳であると称してもよかろう」と評された。[17]

山村才助は『訂正増訳采覧異言』首巻一、本文一二巻を享和三年（一八〇三）に完成させるが、その執筆中に参照することをえなかったドイツ人ヨハン・ヒューブナーの世界地理書のオランダ語版を、晩年になってようやく閲覧することができた。この書は当時の蘭学者たちの間で「ゼオガラヒー」と称して珍重されていたものである。[18]才助はこの書によって『印度志』二巻、『亜細亜諸島志』一巻、[19]『百児西亜志』一巻を死の年にたてつづけに用意した。

山村才助著『釆覧異言（訂正増訳）附図』より亜細亜洲西方諸国図の部分

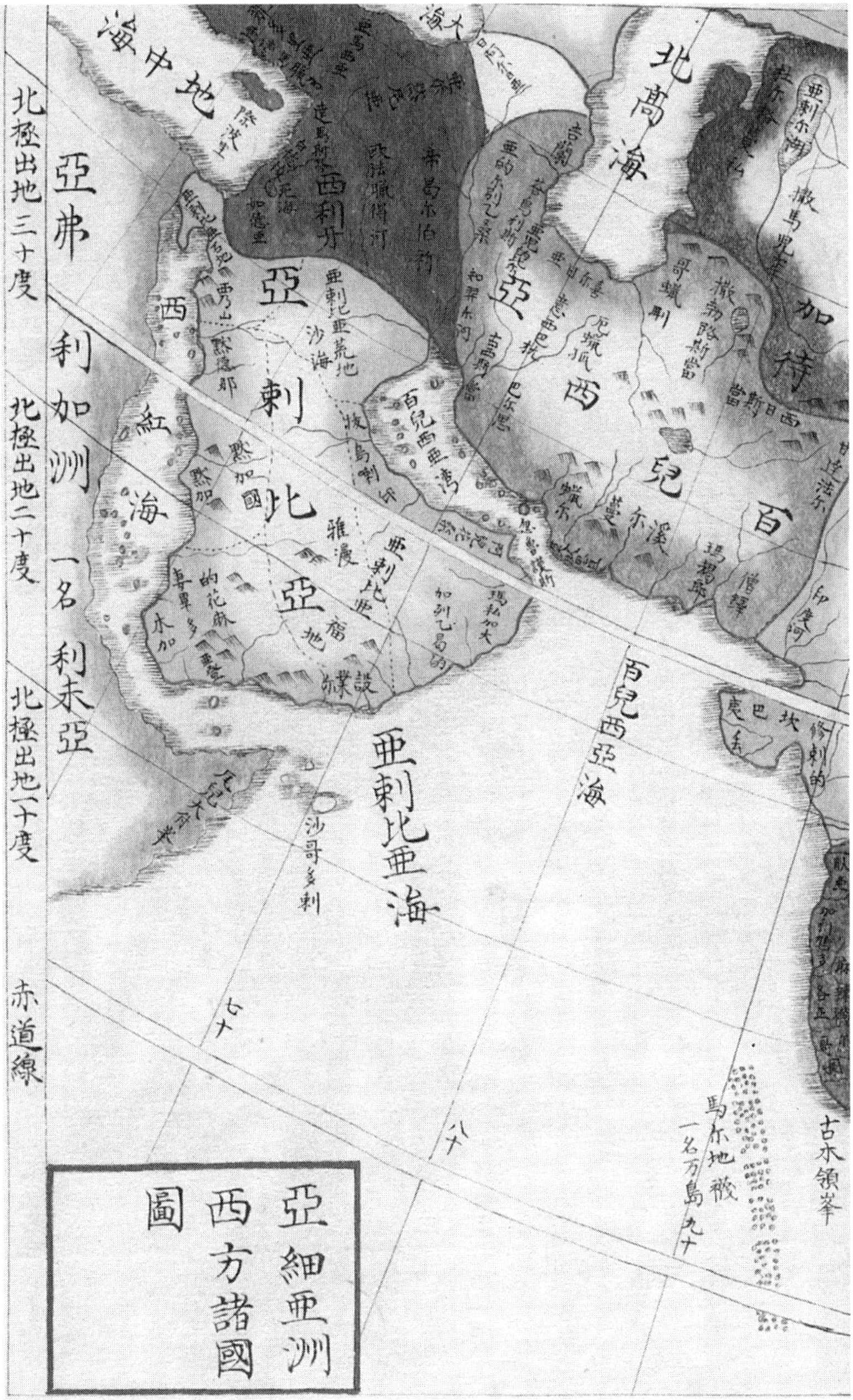

（京都大学附属図書館所蔵写本より撮影）

『印度志』は、一七五六年に刊行された「ゼオガラヒー」三巻四冊本の第三巻に収められた第九編「アジア」のなかの「インドスタン王国ないし東インド」(Het Indostansche Ryk, of Oostindie) なる見出しをもつ箇所に拠って、これを翻訳紹介したものである。(20)

山村才助の『訂正増訳采覧異言』に序文を寄せた大槻玄沢は、才助が蘭学に志して自分のところに入門してきた当初から世界の地誌にとりわけ強い関心を抱いていたとして、次のように述べている。

独り山村子明が若《ごと》きは夙《つと》に群籍に耽り純《もつぱ》ら大地渾輿の学に志す。予《あらかじ》め西洋の書を読むに非れば、則ち其精確を得ざることを知る。乃ち贄《し》(礼物)を載せて来りて余に従て学ぶ。寔《まこと》に寛政の初年なり。余其志を奇として、乃ち先づ彼《かしこ》の国文、書法と言辞、配音とを授け、次に其天地、人倫、器械、草木の類語数千百言を伝ふ。子明欣然として之を受け、熟読、暗誦、鑽研して倦まず。疾風雷雨咫尺《しせき》(交々切迫)愁ふ可しと雖も、勇進敢往幾《ほとん》ど虚月無し。天下唯余茂質《しげかた》有ることを知りて他を顧るの意無し。講業討論十数年一日たり。遂に彼説を解し之が訳を成し、頗る著述に富み大いに其学を成すに至る。最も力を西洋輿地の諸書に竭《つく》す。

と。(21) そして才助がこの書を完成させたことを喜び、その出来映えについて、

図らざりき、我が社中にして斯《か》くの若きの人を得て、斯くの若きの盛挙を見んとは。試に此書を捧じて以て先生(新井白石)に地下に告げば、神豈に其継志纂緒《けいしさんしょ》(前人の志を継いで事業を継続)の功を歆饗《きんきょう》(享受)せざらんや。又試に此書を持して中道にして画《かぎ》り(止まり)誹議廃置(言い訳して放擲)する者に示さば、矍然《かくぜん》として興起し面を革《あらた》めて痛悔し、自ら既往を咎めて再び余燼を吹かざる者莫《な》

からん。

というように、惜みない賛辞を呈している。(22) 玄沢門下の四天王の一人と謳れた才助の異才ぶりを、師自らがよく伝えた文章といえよう。

才助は『訂正増訳采覧異言』の凡例中において、引証書目について触れた際に、

此外尚ヒブネルス所撰ノゼオガラヒト云《いえ》ル輿地統載ノ全書及ビ各国ノ地志等アルコトヲ聞ケリ。未ダ其書ヲ見ルコトヲ得ズ。他日若《もし》一見スルコトヲ得バ、須《すべか》ラク其精説ヲ訳シテ以テ考証ニ備フベシ。

と述べていた。その「ゼオガラヒー」をようやく手に入れ、その「インド」に関する部分を訳出したのが、この『印度志』である。

原書のオランダ語版「ゼオガラヒー」は、西欧で非常に好評を博していた世界地誌の概説書で、次々と増補を加えながら版を重ねていた。十六世紀に活躍したポルトガル人の後を継いで、オランダ人が十七世紀のインド洋世界に君臨するようになると、彼らの地理的理解は一気に広まり深まった。こうして増殖していったオランダ人の地理上の知識が、「ゼオガラヒー」の各版に反映していったのである。とはいえ、十七、十八世紀の西欧人の地理的理解に、今日の我々から見て各種の制約があるのはもとより当然である。にもかかわらず、才助が繙読を渇望して止まなかった「ゼオガラヒー」は、当時の日本人が望みうる最善の地理書であった。

すでに大部の『訂正増訳采覧異言』を完成させていた山村才助は、この「ゼオガラヒー」の翻訳者として最適任者であった。こうして、当時世界の第一線をいく包括的な地理的情報を盛り込んだ「ゼオガ

ラヒー」の「インド」部分を、その当時に望みうる最適の訳者によって翻訳された書が『印度志』であった。翻訳書といっても、これには才助の該博な知識に基づく豊富な按文が数多く含まれており、単なる翻訳書ではなくて研究書のような一面も併せもっている。かくして『印度志』は、鎖国下の近世後期の日本に登場した、最も包括的で最も良質の情報を盛り込んだインド地理書であった、ということができる。しかしながらこの『印度志』はいうに及ばず、『訂正増訳采覧異言』さえも刊本として公にされることはなかったので、これらの優れた書物が提供する情報は極く限られた範囲の人々にしか届いていなかった。

私はかねてからこの『印度志』に注目し、インド史の研究の傍ら、時々思い出してはこの書を取り出してきて読んだり、またその一部を大学の授業の教材に使用したりすることを長らく続けてきたが、このたび思い立って現時点で私のできる校注版を発表することにした。長島弘氏の厚意によって、早くからオランダ語版原書を手元にとどめておくことが可能となり、今回はこれと対照させながら校注作業を行った。それをしているうちに、山村才助が翻訳を時には省いたり、要約して訳したりしているところがあることに気が付いた。例えば「コシンシナ」（コーチシナ）を扱ったところでは、その節の末尾に当たるオランダ語一七五六年版五八五ページ下八行目から五八六ページ一二行目までが翻訳を飛ばしている。しかし、こうしたことは極く例外的であって、翻訳は明解な日本語で正確になされているように思われる。「思われる」というのは、私の貧弱なオランダ語の知識では正確な判定がつきかねるからである。これについては、その任に適した方がいつか検討されることを私は期待している。また今回の校訂に使用した写本は、最も良質の写本と目される国立国会図書館（旧上野図書館）所蔵の写本を底本とし、比較的容易に利用しえた京都大学附属図書館所蔵の写本と岡山大学附属図書館池田家文庫所蔵の写本を対校したのにとどまっている。『国書総目録』第一巻には、『印度志』および『印度亜志』の写本がなお他に数種存在することが示されている。目下私には時間的余裕がないので、今回の校注テキストとこれらの数種の未見の写本とを校合、検討される方が現れることを、これまた私は期待している。

『印度志』の校注作業をしているとき、私は天竺徳兵衛の『天竺渡海物語』を思い起こした。才助がコシンシナについて述べたところで、この地の人々が食事の際に箸を使用し、「敢て他の印度の人の食物を手を以て裂き撮《つま》み食ふが如き不浄なることをばなさず」と指摘して、同じ「インド」の人々でも所が変れば食事法も変わることを紹介し、東南アジアがれっきとして「インド」に含められることを示しているところなどは、徳兵衛がアユタヤまで渡航したことをもって「天竺」に渡海したとして、その体験を語り聞かせたことと不思議に符合するからである。播州高砂の船乗り徳兵衛は角倉与市（素庵）の朱印船に書役として雇われ、鎖国前二度にわたって東南アジアに渡航した。晩年は剃髪して宗心と名を改め、大阪の上塩町において齢八十四歳のときに語ったというのが『天竺渡海物語』である。(23) 徳兵衛がこの物語を語ったのは宝永四丁亥年（一七〇七年）であって、山村才助没年の丁度一〇〇年前のことであった。近代以前の西欧の地理的理解では東南アジアが「後インド」として広く「インド」に含められていたことは、第四章の注(12)において指摘している通りであるが、天竺徳兵衛が東南アジアをもって「天竺」としたのは、大和と唐以外を天竺とする日本の古い三国思想に彼もまだとらわれていたからであろうか。

それとも、彼は本当にインドに渡ったと思い込んでいたのであろうか。ともあれ才助の『印度志』によれば、徳兵衛は立派に「印度」に渡航していたことになる。

かつて本章のもととなる論文を準備中であったころ、山崎利男教授から一九八九年十月二十九日―十二月十日開催の土浦市立博物館の特別展「山村才助と蘭学の時代」の図録を恵送していただいた。この図録によって、同特別展には寛政十年（一七九八）の戯作「蘭学者相撲見立番付」も展示されており、才助二十九歳当時早くも彼がこの番付で西関脇の位置につけられていたことが分かるなど、興味深い面を知ることができた。

おわりに

私が朝夷厚生著『仏国考証』の存在に気がついたのは一九八〇年のことであった。三月のある日私は京都大学附属図書館のカード室で、あるテーマに関してインド史関係のカードを繰っていたところ、偶然にこの書物の存在を知ったのである。カウンターに請求して閲覧すると、和綴本中版のこの書には莫臥児《モーゴル》という名称が出てきたり、ムガル朝時代のかなり詳しい地図が収めてあったりして、私の興味を大いにそそるものがあった。このころ既に私は山崎利男教授の教示で山村才助の『印度志』の存在を知っており、できれば両書を併せて検討したいと考えて、この『仏国考証』の写真版を早速依頼した。

というのは、ムガル朝時代を中心とするインド史の研究を進めていた私は、当時まだ漠とした形ではあったが、近世の日印関係や鎖国下の日本人が同時代のインド世界をどのように見ていたのかといった点にも同時に関心をもっていたからである。その後『仏国考証』の別の版本が東京大学中央図書館にも所蔵されていることを知り、私はその写真版も取寄せた。こうして両大学から取寄せた『仏国考証』の文化十一年版と文化十四年版の写真版、それに国会図書館から先に取寄せていた『印度志』写本の写真版が私の手元に揃った。しかし古文書学の素養のない当時の私には、くずし字で書かれたこれらの文献を読むことは容易なことではなかった。そこで、迂遠ではあるが最も確実な方法、つまり私自身が古文書の読み方を学ぶ道を取ることとし、古文書学の講習会に出たり、独習をはじめたりすることとなった。

ちょうどこの前後、すなわち一九八一年の七月から九月にかけて大阪の朝日カルチャーセンターにおいて、「インドの歴史と日本」と題した連続六回の講演をすることになり、九月二日の第五回目の講演「ムガル朝と近世日本」のなかで、私は山村才助や朝夷厚生についても紹介し、後者については特に『仏国考証』中の地図について紹介した。もとよりこの講演中での紹介は不十分なものに過ぎなかったが、私が朝夷厚生についてともかくも公に発表した最初の機会だったのである。

『印度志』と『仏国考証』とのうち、私はまず『印度志』を読むことにし、勤務校での演習授業で学生たちと少しずつ読み進めることにした。悪戦苦闘の連続であったが、ようやく全巻を読了することができた。この『印度志』については、既に触れたように長島弘氏の尽力によって、山村才助の翻訳の原本となったオランダ語版と対照できるようになり、まことに喜ばしい限りであった。

その後、一九八五年八月、西ドイツのシュトゥットガルトで開催された第一六回国際歴史学会議の大テーマ「インド洋」の部会で、私は「ムガル帝国期の日本とインド洋」と題した報告を行なった。この報告では主として交易面での関係について触れたのであったが、その後、文化上の関係についても具体的に深く検討してみる必要があると強く考えるようになった。

『仏国考証』について調べるに際して、実に多くの方々と研究機関とのお世話になったので、ここでまとめて述べておきたい。まず愛知県一宮市の朝比奈家当代に当られる朝比奈秀氏からは懇切な私信とともに、同家過去帳の一部ならびに『明治文化』誌第六巻第一号所収の柳人生論文の複写コピーを恵送いただき、また朝夷厚生墓への展墓と拓本採取を許可され、研究に多大の便宜を与えて下さった。名古屋市照遠寺の長谷川鳳道住職および令夫人には同寺と平和公園内同寺墓域への参拝を快く許され、また朝比奈家を紹介する労もとって下さった。京都文教大学教授の杉本星子さんは私の名古屋大学出講時にいち早く照遠寺の所在地を確認し、同寺に案内していただくとともに、平和公園墓地の朝夷厚生墓の写真を事前に撮って恵送して下さった。名古屋大学大学院東洋史学専攻の岡寄佐代子嬢には照遠寺への同行のほか、拓本採取の当日にも援助していただいた。追手門学院大学文学部東洋文化学科卒業生の吉田（現八木）浩子さんは私の卒業論文演習ゼミ在籍中において熱心に『仏国考証』について調べ、しばしば私の気付かぬ重要点を指摘して下さった。また、幸いにして同じ学科におられた金谷治教授からは、墓碑銘文の読み方についていくつかの貴重な教示を頂戴した。各位に厚く御礼を申し上げる。

さらに研究機関としては、『仏国考証』文化十一年版の撮影を許された東京大学中央図書館、『名古屋市史』関連各冊の閲覧を許された名古屋大学附属図書館、『仏国考証』文化十四年版の閲覧と撮影、ならびに『尾張名家誌』二編の閲覧を許された京都大学附属図書館、『尾張名家誌』初編と『紙魚』の閲覧を許された大阪大学附属図書館、同じく『尾張名家誌』初編および関連図書の閲覧を許された大阪府立中之島図書館に対して、厚く御礼申し上げる。また一九八六年十月初旬、東洋大学附属図書館哲学堂文庫に所蔵された朝夷厚生の著作をいくつか閲覧させていただいた際、『釈氏古学考』写本に『国書総目録』では記載のない『摩訶衍不審十条』写本全九丁の付綴されていることを発見した。このとき国会図書館、国立公文書館内閣文庫、および東京都立中央図書館も同時に訪ね、朝夷厚生の著作類をかなり閲覧させていただいた。とくに都立中央図書館加賀文庫所蔵の『仏国考証』写本は著者自筆本とされるものであり、それには主に青と緑色を施した鮮明な「五天竺四図」も付されていた。これらの研究機関に対しても、この場をかりて厚く御礼申し上げる。

なお本章第二節冒頭において、『名古屋市史』、栗田論文、柳論文等に記載された朝夷厚生の著作一八点をまとめて列記しておいた。一方『国書総目録』には彼の著作として『外郎異談』『区内尻騒動記』『歳時本拠』『七奇図考詳説』『釈迦一代実録』『釈氏古学考』『西教同源考』『張州名勝志略』『独座謹記』『日本開国志』『日本武備考』『年中俗訓』『蕃書訳本考』『仏国考証』『仏国蘭説考』『法華弁疑』『蒙古賊船考』『崑崙考』『葱嶺考』の一九点が挙げられている。これらのうち『区内尻騒動記』『七奇図考詳説』『西教同源考』『張州名勝志略』『年中俗訓』『蕃書訳本考』『法華弁疑』『葱嶺考』の八点はさきの一八点のなかに含まれていない。従って朝夷厚生の著作としては、一八点と八点を合した総計二六点というのが現在までに判明しているところである。

注

（1）細野忠陳『尾張名家誌』初編、二巻、名府書肆皓月堂、安政四年（一八五七）刊。大阪大学附属図書館懐徳堂文庫蔵本を閲覧させていただいた。なお後日、この書は大阪府立中之島図書館および京都大学附属図書館にも所蔵されていることを確認した。

（2）細野忠陳『尾張名家誌』二編、二巻と補遺。筆者が閲覧した京都大学附属図書館蔵本には写本と大正七年刊の謄写本との二種がある。写本の方には巻一・巻二ともに書入れや後世の朱点、朱筆があるが、巻二末部に細野忠陳雑纂として彼の落款があるところから、これは著者の自筆本であること間違いない。このことは同じく巻二末に付された山本実という人が本書入手について記した識語に、京都三条の書肆大谷逮津堂が明治三十年五月尾張に行き細野要斎（忠陳）の遺書数千巻を携えて帰り、裏寺町妙心寺境内で競売されたとあることによっても裏付けられる。ただし補遺の巻は著者自筆本ではなく、大正五年に影写されたものであること、巻二末尾に付記されている通りである。同図書館のカードには補遺のみならず巻一、巻二を含む二編全巻が大正五年に影写されたように記入されているが、訂正を要しよう。一方、大正七年刊の謄写本は、部門の配列が著者自筆本と若干異っているほか、補遺の巻に小寺玉晁著『張城名家墓所集覧』を併載している。なお、著者の細野忠陳については、『尾張名家誌』初編を収めた関儀一郎編『近世儒家史料』中冊（井田書店、昭和十八年）の冒頭部例言において、近藤浩斎と深田香実に業を受けた尾張藩の儒官で、明治十一年歿、年六十八、と記されている。

（3）原文の割書きは以下ブラケット［ ］内に記すこととする。なお朝夷、朝比奈の読みについては、『国書総目録』は「あさいな」としているが、本書では『姓氏家系大辞典』等に従い「あさひな」の読みをとる。

（4）自筆本では通称貞右衛門の六字が割書となっている。

（5）謄写本では夙字が欠ける。

（6）銘文原文は次の通り。

先生氏朝夷諱厚生字君和俗称甚三郎如有子其号也実井上貞右衛門信豊次子也出為朝夷与兵衛正明之義子因襲朝夷氏正明没

後領遺跡采邑先生天資英邁才気不群少最好学而無常師矣長自九流百家之書至浮図外国之説無不究窮最詳山経地志所著図籍有数十篇時人喜其卓見争謄写焉晩患耳聾遂絶他嗜好唯文史之娯年既八十手不釈巻孜孜伋伋可謂老能学矣文政戊子十有二月病没実年八十一先生有一男一女男子早世養水谷氏次子以嗣采跡嗚呼則忠之不文安足揄揚先生之美哉然有親戚之誼不可辞也因題其墓云銘曰

天生偉人　云何不有
経術文章　一代泰斗
憲々令徳　以裕以厚
旻天所吊　哲人固寿
云焉乎葬　妙長之阜
美名勒石　永世不朽
文政己丑　杪冬

朝夷正康建

（7）朝比奈秀氏が一九八六年七月二十四日付の私信とともに送って下さった朝比奈家の過去帳の一部コピーによれば、この水谷氏から養子に迎えた人が六代目の朝比奈甚左衛門である。この過去帳によると朝比奈家の初代朝比奈甚左衛門はもと丹羽(波)国住与右衛門の三男であった。厚生、すなわち甚三郎は五代目に当る。

（8）『名古屋市史』学芸編、名古屋市役所、大正四年、二〇四ページ。『名古屋市史』はすべて名古屋大学附属図書館で閲覧させていただいた。

（9）『名古屋市史』地理編、名古屋市役所、大正五年、六六三ページ。

（10）柳人生「北方問題の研究者朝夷如有子に就いて」『明治文化』第六巻第一号、昭和五年一月、日本評論社、四一―四八ページ。この文章の複写コピーも、朝比奈秀氏が先に述べた私信とともに送って下さった。朝比奈氏の文面によると、系図、古文書等の諸記録が第二次大戦中の疎開先で焼失に合ってしまったということで、まことに残念なことである。

(11) 栗田元次「朝比奈如有子と日本開国志」『紙魚』第一八冊、昭和三年三月、紙魚社、二六―二八ページ。大阪大学附属図書館で閲覧させていただいた。

(12) 『名古屋市史』人物編二、名古屋市役所、昭和九年、五三五―五三六ページ。

(13) 開国百年記念文化事業会編（鮎沢信太郎・大久保利謙執筆）『鎖国時代日本人の海外知識』乾元社、昭和二十八年、覆刻、原書房、昭和五十三年、三一七―三一八ページ。

(14) 同書、三一八ページ。

(15) 岩崎克己「〝ゼオガラヒー〟の渡来とその影響」『書物展望』第十巻第十二号、昭和十五年、四六八―四七六ページ、同「山村才助伝」『日本医史学雑誌』第一二八八号、昭和十六年、四一―四八ページ、同「山村才助の著訳とその西洋知識の源泉に就いて」『歴史地理』第七七巻第四号、昭和十六年、二三七―二六四ページ。鮎沢信太郎「山村昌永の華夷一覧図について」『歴史地理』第八一巻第一号、昭和十八年、四四―五一ページ。

(16) 鮎沢信太郎『山村才助』吉川弘文館、昭和四十七年、および前掲『鎖国時代日本人の海外知識』。

(17) 『鎖国時代日本人の海外知識』四六、三一三ページ。

(18) 岩崎克己「〝ゼオガラヒー〟の渡来とその影響」参照。ゼオガラヒーはいうまでもなく地理学を意味するオランダ語ゲオグラフィーの訛ったもの。山村才助の利用したオランダ語版は、一七五六年アムステルダム刊の三巻四冊本のW・A・バヒーネによる次の増訳版である。Johan Hubner, *Volkomen Geographie, of Beschryving des Geheelen Aardryks*, vertaald door W. A. Bachiene, 3 delen (4 banden), Amsterdam, 1756. 杉田玄白が愛蔵したというのは、一七六九年に同じくアムステルダムから刊行された五巻六冊本で、これにはさらにクラメルスの増補訂正が付けられている。Johan Hubner, *Algemeene Geographie, of Beschryving des Geheelen Aardryks*, vertaald door W. A. Bachiene, verbeterd en vermeerderd door Ernst Willem Cramerus, 5 delen (6 banden), Amsterdam, 1769. これら一七五六年版と一七六九年版のオランダ語版は、かの国で研修されていた長崎県立大学の長島弘教授にお願いしていたところ、一九八五年五月両版のインド関係部分の複写コピーを恵送していただいた。同教授の厚意に深く感謝する。

(19) この書は、山村昌永訳述・小川博校定「亜細亜諸島志」『海事史研究』（日本海事史学会）第一四号、一九七〇年、一二九―一五六ページに全文紹介されている。小川博氏は当該号を二〇〇二年一月に恵送して下さるとともに、同氏の『中国人の南方見聞録――瀛涯勝覧』（平成十年再版）の恵送の際に付された二〇〇五年三月の私信によって、このことを再度教えて下さった。同氏の厚意に深謝する。

(20) *Volkomen Geographie*, 3 de deel, pp. 529–592. なお、これに対応する一七六九年刊の五巻六冊本の箇所は次の通りである。*Algemeene Geographie*, 5 de deel, pp. 172–246.

(21)『訂正増訳采覧異言』上（蘭学資料叢書Ⅰ）青史社、一九七九年、一四―一六ページ。原文は漢文。

(22) 同書、一九―二〇ページ。

(23)『天竺渡海物語』の解説と注釈を付した紹介としては、武田万里子「註解天竺徳兵衛物語」『歴史と人物』（中央公論社）、昭和五十三年一月号、一八六―一九七ページがある。この論文は、東京大学の山崎利男教授（現名誉教授）の厚意により複写の恵送を受けてその所在を知った。なお朝夷厚生も『仏国考証』において天竺徳兵衛の『天竺渡海物語』について言及し、この書の記述がタイ訪問に関するものに過ぎなかったことを指摘している。本書第三章、七九ページ参照。

第二章　章炳麟とインド

はじめに

いまから約一世紀前、アジアの二つの老文明大国、インドと中国は、いずれも深刻な病に冒されていた。インドは、イギリスの帝国主義的な植民地支配の抑圧を一段と強く受けるようになり、中国は諸列強による分割の危機が一層強まったのである。

しかしこの時代、両大国の間には歴史上かつて例をみなかったような連帯の動きがあった。民間にあって、そうした連帯の意識を鮮烈に表白していた中国側の一人の人物が章炳麟であった。章炳麟のインドびいき、インドとの提携論に最も早く学術的に注目されたのは、島田虔次先生であった。名著『中国革命の先駆者たち』において、先生は次のように述べられていた。

〔章〕太炎の見るところ、アジアにおいて固有の高い学術を有し、真に文明国の名に値するのは、中国を除いては印度の他にはない。印度は過去において中国に深い学問上の影響を与えた唯一の国であるという点からも最も関心に値するのであり、印度哲学（主として仏教）の深遠精密は、中国最高の哲学、たとえば『荘子』のごときも到底およぶことはできないのである。(1)

また次のようにも述べられていた。

印度は独立せねばならぬ、また永い目で見れば独立しうる、中国は印度と提携せねばならない、かくしてこそはじめて白人の帝国主義よりアジアを防衛しうる、という点にまで及ぼし、且つそのための多くの専論をものしたもの、少なくとも辛亥革命以前においては太炎のみであったといって過言ではない。……それ（アジア意識）が単なる革命の便宜主義的戦術論・情勢論もしくは空虚なアジア主義から来たものではなく、深く印度の学術、またその学術を生んだ印度民族、に対する尊敬と親愛感から発している点において、もっとも特徴を有する。(2)

本章では、この章炳麟がインドに関する論説を次々と発表していた時期にポイントを絞り、彼のインド論の概要について紹介することにする。そのために、この時期を含む二十世紀初頭のインドと中国の歴史的現実について、はじめに簡単にふれておきたい。

一 二十世紀初頭のインドと中国

二十世紀初頭インド総督の任に就いていたカーゾン（一八九九―一九〇五在任）は、辞任直前の一九〇五年十月にベンガル分割令を発表し、ベンガル州をベンガル本州と東ベンガル・アッサム州とに二分してしまった。この当時、イギリスの植民地支配機構の本拠であるインド政庁はカルカッタにおかれており、ベンガル地方はインドで最も強くイギリスの影響を受けていたところで、イギリスに批判的な民族意識が最も覚醒していたところであった。ベンガル分割令は、帝国主義的な支配体制をさらに強固に築こうとしたイギリスが民族運動の分断を狙って打ち出した政策であったことは明らかであった。これに対してインド人の側から反対運動が起こるべくして起こってきた。

創立後二〇年を経たインド国民会議は、この年の末に開かれたバナーラスでの年次大会で早速この分割問題を取り上げた。このときの議長報告では、反対運動がベンガル地方のみならず全インドの人々の連帯を強めていることを確認した。さらに翌年末の年次大会は開催地を渦中のカルカッタに移し、市中で進行していたイギリス商品ボイコット運動や国産品愛用運動、民族教育の推進を支持するとともに、これにインドの自治（スワラージ）を加え、四大決議として採択した。これとほぼ同じ時期の一九〇六年十二月、東ベンガルの中心地ダッカにおいて全インド・ムスリム連盟の創立大会が開かれた。この方は、着任したばかりの新総督ミントー（一九〇五―一〇在任）の内意をえて準備されたもので、ベンガル分割令の支持、イギリス商品ボイコットの反対を表明し、イギリスが折あるごとに繰り出す分割統治政策のもたらす難儀さを予示していた。

インド国民会議は一九〇七年十二月のスーラトにおける年次大会で、結局、穏健派と急進派とに分裂してしまった。年が明けると急進派の中心人物と目されたバール・ガンガーダル・ティラク（一八五六―一九二〇）は騒擾幇助罪で逮捕され、マンダレーで六年間の獄中生活を送ることとなった。国民会議派の再統一が成るのは一九一六年のことである。

ミントーがインド総督在任中、イギリス本国政府のインド大臣にはジョン・モーリーが就任し、二人の名前をとってモーリー・ミントー改革と呼ばれるインドの中央立法参事会法の改正が一九〇九年に実施された。これによって、制限された選挙制が立法参事会員の選出に採用されるようになった。その結果、インド国民会議やムスリム連盟のような大衆組織は、同時に院内政党的な性格をもつようになった。この年、一八九三年以来南アフリカ在住インド人の地位改善運動に取り組んでいたモーハンダース・カラムチャンド・ガンディーは『ヒンド・スワラージ』を著わして、インド自治獲得のための独自の考え方を示し、ラビンドラナート・タゴールは四年後にノーベル文学賞を受賞することとなるベンガリー語の『ギーターンジャリ』を発表していた。

一九一一年十二月英国ジョージ五世のデリー謁見式典（デリー・ダルバール）が開催され、その際にカルカッタからデリーへの遷都（一九一二年四月一日実施）とベンガル分割令の撤回が発表された。こうして二十世紀初頭一〇年間の激動の時期はひとまず区切りがつけられることとなった。

一方中国では、一八九八年六月変法派による戊戌の変法が敢行されたが、僅か百日にして保守派の巻き返しにあい、政変によって潰えてしまった。この年アメリカではジョン・ヘイが国務長官に就任し、積極的なアジア進出政策への転換を推進した。すなわち、米西戦争によってフィリピンをアジア最初の植民地として「安価に」獲得し、翌一八九九年中国への門戸開放と機会均等の原則を諸列強に承認させたのである。

義和団の活動が活発化してくるのは、このころからであった。清朝は諸列強の帝国主義的侵略に対抗する方策として義和団利用の政策をとり、一九〇〇年六月宣戦を布告した。しかし早くも二ヵ月後に日本やイギリス・アメリカ・フランス・ドイツ・ロシア等の派遣した連合国軍によって北京を占領されてしまい、西安への蒙塵を余儀無くされた。翌年九月清朝は諸列強と辛丑条約を結び、武器輸入の停止、外国軍隊の駐留、巨額賠償金の支払い、関税自主権の放棄などの容認を受け入れざるをえなくなった。かくして中国は諸列強の半植民地国へと転落してしまった。

このような半植民地状態から脱却し、中国を自由な独立国に解放しようとするさまざまな政治運動が各地で展開された。戊戌の変法・政変から辛亥革命（一九一一）へと続く十余年の間、こうした政治運動を支える各種の思想潮流が渦巻き、あるいは対立し、あるいは共同していた。そのような政治思想の潮流のなかでも、排満つまり満州人清朝の打倒を揚げるラディカルな革命派の成長が注目された。

革命派は義和団の乱から日露戦争（一九〇四―〇五）の間に、変法派と対立するほどの勢力にまで成長した。変法派にも君権変法を断念して革命派に転ずるものがあり、革命に共鳴する留学生はその数を増し、華僑にも排満共和に同調するものが多きを加えた。……革命派の内部にも対立があり、意見の相違はあったにしても、革命論は変法論を圧倒して、時代思潮の先頭に立ってくるのである。(3)

一九〇五年八月、革命派の孫文らは東京で中国同盟会を結成した。その機関誌は『民報』（東京刊）であった。十九世紀末以来増えつづけていた中国人の日本留学生は八〇〇〇人に垂んとしていたといわれるが、こうした留学生を有力読者として発行されたのである。いま一つの雑誌『新民叢報』も発行されていた。この方は変法派の機関誌として横浜から刊行されていた。これら両派の機関誌の間では激しい論戦が展開された。日本に亡命中『民報』の主筆に迎えられ、革命派の先頭に立って論陣を張ったのが章炳麟であった。

二　章炳麟とインド

章炳麟、字は枚叔、号は太炎、同治七年戊辰十一月三十日（一八六九年一月十二日）浙江省余杭に生まれ、民国二十五年丙子（一九三六年）六月十四日六十八歳で蘇州において病没した。ガンディーも一八六九年の生まれであるが、十月生まれであるので章炳麟の方が九カ月弱先輩、我が夏目漱石に比べるとほぼ二年後輩ということになる。

章炳麟の思想史的な研究としては、小野川秀美先生の『清末政治思想研究』の第七章「章炳麟の排満思想」が詳しい。(4) この論文は、章炳麟が三度目の日本渡航を果たし、『民報』の主筆に迎えられるまでの彼の事蹟と思想を、排満思想を中心にしながら我が国ではじめて詳細に論じたものである。またこれに続く『民報』主筆時代の章炳麟の思想にも論及したものに、本章の冒頭で紹介した島田先生の著書所収の論文がある。(5) 島田先生はまた、先生の遺稿論集となった大著『中国思想史の研究』においても、章炳麟の学術について「章炳麟、すなわち章太炎は、もっとも激しい革命家であったと同時に、清朝考証学の最後の大師であり、清朝の学術を総括して、新しい、いわゆる『国学』へと改鋳した大学者であった」と位置づけられている。(6)

我が国における章炳麟研究としては、辛亥革命以後の時期まで睨んで章炳麟思想の底流にある特徴を考究しようとした河田悌一氏の論文が参考になるところ多い。(7) 河田氏はこの論文で、章炳麟がその思想的本質をさして変えることなく、時流を越えた「否定の思想家」として一貫していたことを論じている。また高田淳氏や近藤邦康氏の関連著書があるが、ここで取り上げるのは控えておきたい。(8)

中国や台湾における章炳麟研究については、単行書を中心にして管見の及ぶ範囲で留意し、本書でも多少利用した。それらは、熊月之『章太炎』中国近代史叢書（上海人民出版社、一九八二年）、王有為『章太炎伝』広東近代史叢書（広東人民出版社、一九八四年）、姜義華『章太炎思想研究』（上海人民出版社、一九八五年）、王汎森『章太炎的思想——兼論其対儒学伝統的衝撃』文化叢書（台北時報文化、一九八五年）、何成軒『章炳麟的哲学思想』中国哲学史叢書（湖北人民出版社、一九八七年）、姜義華『章太炎評伝』国学大師叢書（南昌百花洲文芸出版社、一九九五年）、湯志鈞『章太炎伝』（台湾商務印書館、一九九六年）、張兵『章太炎伝』中国文化巨人叢書・近代巻（北京団結出版社、一九九八年）などである。右の著者たちのうち、王有為は後に紹介する『章太炎全集』の編集責任者、また湯志鈞は『章太炎年譜長編』や『章太炎政論選集』の編者でもある。これらの評伝のうち、私の見たところ、熊月之の書が簡潔だが要を尽くしており面白かったが、やはり湯志鈞の著した章炳麟研究が最もバランスがとれている書であるように思われた。

次に章炳麟の年譜であるが、これには彼の孫の章念馳の後記を付した『章太炎先生自定年譜』（上海書店、一九八六年）が先ず挙げられる。この書には初稿と清稿の手蹟本が影印して収められており、清稿の活字本も併収されている。この方は民国十一年（一九二二）五十五歳の年の「八月二十九日授勲一位」で終っているので、民国政府から叙勲を受ける準備に用意されたものの如くである。これには「先曾祖訓導君先祖国子君先考知県君事考」等手蹟稿三編が付録として付載されている。章炳麟の年譜として最も詳しいものは、先に言及した湯志鈞の編んだ『章太炎年譜長編』上・下（北京中華書局、一九七九年）である。千ページ近くにのぼるこの年譜は、死去の年である一九三六年までの関連事項が網羅的に編載し尽くされているように見えるが、その上にこれをさらに補充したのが、謝桜寧『章太炎年譜摭遺』（中国社会科学出版社、一九八七年）であった。その後、もっと簡便な姚奠中・董国炎『章太炎学術年譜』（山西古籍出版社、一九九六年）も刊行されている。

鄙見の限り、章炳麟の著作集は生前に三度印行されたようである。一回目は『章氏叢書』上・下二冊の鉛印本で、これは上海右文社から民国四年（一九一五）に刊行された。二回目は、この上海右文社鉛印本を増補した『章氏叢書』上・下二冊本で、浙江図書館から民国八年（一九一九）に刊行された。これの影印版は、台北世界書局から民国四十七年（一九五八）に刊行されている。(9) 三回目は『章太炎先生所著書』で、上海古書流通処から民国十三年（一九二四）に刊行された。線装本二帙二〇巻である。(10) 章炳麟の全集は、彼の没後に公刊された。すなわち、王有為を責任編輯とする『章太炎全集』㈠―㈥（上海人民出版社、一九八二―八六年）である。(11)

章炳麟の各種の選集ないし論集には、湯志鈞編『章太炎政論選集』上・下（北京中華書局、一九七七年）、朱維錚・姜義華編注『章太炎選集』（上海人民出版社、一九八一年）、唐振常編『章太炎・呉虞論集』（四川人民出版社、一九八一年）、陳平原編『章太炎巻』中国現代学術経典（河北教育出版社、一九九六年）、傅傑編『章太炎学術史論集』二十世紀国学名著（中国社会科学出版社、一九九七年）、傅傑編『自述与印象――章太

炎』（上海三聯書店、一九九七年）などがある。最後の書は、章炳麟の短編六編と朱希祖等の章炳麟関連の文章九編を収めている。これらの選集、論集に章炳麟のインドに関する論説が収載されていることは、まずない(12)。

章炳麟が妻の湯国梨夫人に宛てて書いた書簡集は、辛亥革命五十周年を記念して、一九六二年に夫人の編で上海中華書局から手蹟を影印した線装本の形で刊行された。その報紙本の再版は一九八五年、上海古籍出版社から出版された。そして彼の逝去五十周年に当たる翌年の一九八六年に再び線装本で重印されたのが、湯国梨編次『章太炎先生家書』（上海古籍出版社、一九八六年）である。この年に、先に紹介した章念馳は章炳麟の同じく手蹟稿を影印した論集を公にした。それは章念馳選『章太炎先生学術論著手迹選』（北京師範大学出版社、一九八六年）であって、これには湯志鈞が前言を寄せている。詩文を編んだものに章太炎著作編注組『章太炎詩文選注』(上)（上海人民出版社、一九七六年）があるが、(下)は未見である。家書以外の書簡集、馬勇編『章太炎書信集』（河北人民出版社、二〇〇三年）も最近刊行された。

ところで、小野川秀美先生の研究によると、章炳麟はすでに光緒二十五年（一八九九）梁啓超の勧めによって数カ月日本に滞在し、光緒二十八年（一九〇二）にも二月から七月にかけて日本を訪れ孫文派との交流を深めている(13)。この二度目の訪日からの帰国後、章炳麟は上海において蔡元培らと雑誌『蘇報』の刊行にたずさわった。翌光緒二十九年（一九〇三）五月、自ら序文を寄せた鄒容の『革命軍』が上海の大同書局から公にされると、章炳麟は『蘇報』誌上でもこの書を紹介し、これがもとで翌月「蘇報事件」に発展することとなる。章炳麟は禁錮三年の刑を受けて下獄し、一方激越な清朝批判書を著した鄒容は獄死してしまった[14]。

光緒三十二年（一九〇六）六月末、刑期満ちた章炳麟は出獄し、その足で日本に向かう船に乗船した。彼の三度目の日本亡命は、革命派の中国同盟会の人々によって迎えられた。中国同盟会の機関誌『民報』は、その第六号（明治三十九年七月二十五日刊）の冒頭に章炳麟と鄒容の写真を掲げ（写真参照）、章炳麟が七月十五日に在日中国人留学生の歓迎会で行なった演説を掲載した[15]。『民報』の主筆に迎えられた章炳麟は、早速第七号（明治三十九年九月五日刊）の巻頭に自らの筆になる「倶分進化論」を載せ、以後陸続とこの雑誌に論説を発表していく[16]。章炳麟のインドおよび仏教に関する数多い論説は、この『民報』誌上に発表されたのであった。

以下に章炳麟のこれらインド・仏教に関する論説の題目を発表順に列記して紹介してみよう。念のために、当該論説の『民報』および『章太炎全集』㈣の掲載ページも記すことにする。

(1)印度西婆耆王記念会記事（民報第一三号、一九〇七年、九三―九七ページ。全集㈣、三五六―三五八ページ[17]）。
(2)印度の鉢邏罕・保什二君を送るの序（民報第一三号、九七―一〇〇ページ。全集㈣、三五八―三六〇ページ[18]）。
(3)印度中興の望（民報第一七号、一九〇七年、九九―一〇三ページ。全集㈣、三六〇―三六三ページ）。
(4)大乗仏教縁起考[19]（民報第一九号、一九〇八年、一―二四ページ。全集㈣、四六六―四八一ページ）。
(5)大乗起信論弁[20]（民報一九号、二四―二九ページ。全集㈣、四八一―四八四ページ）。
(6)竜樹菩薩生滅年月考（民報一九号、二九―三一ページ。全集に収録されず）。

『民報』第6号に載った章炳麟の写真

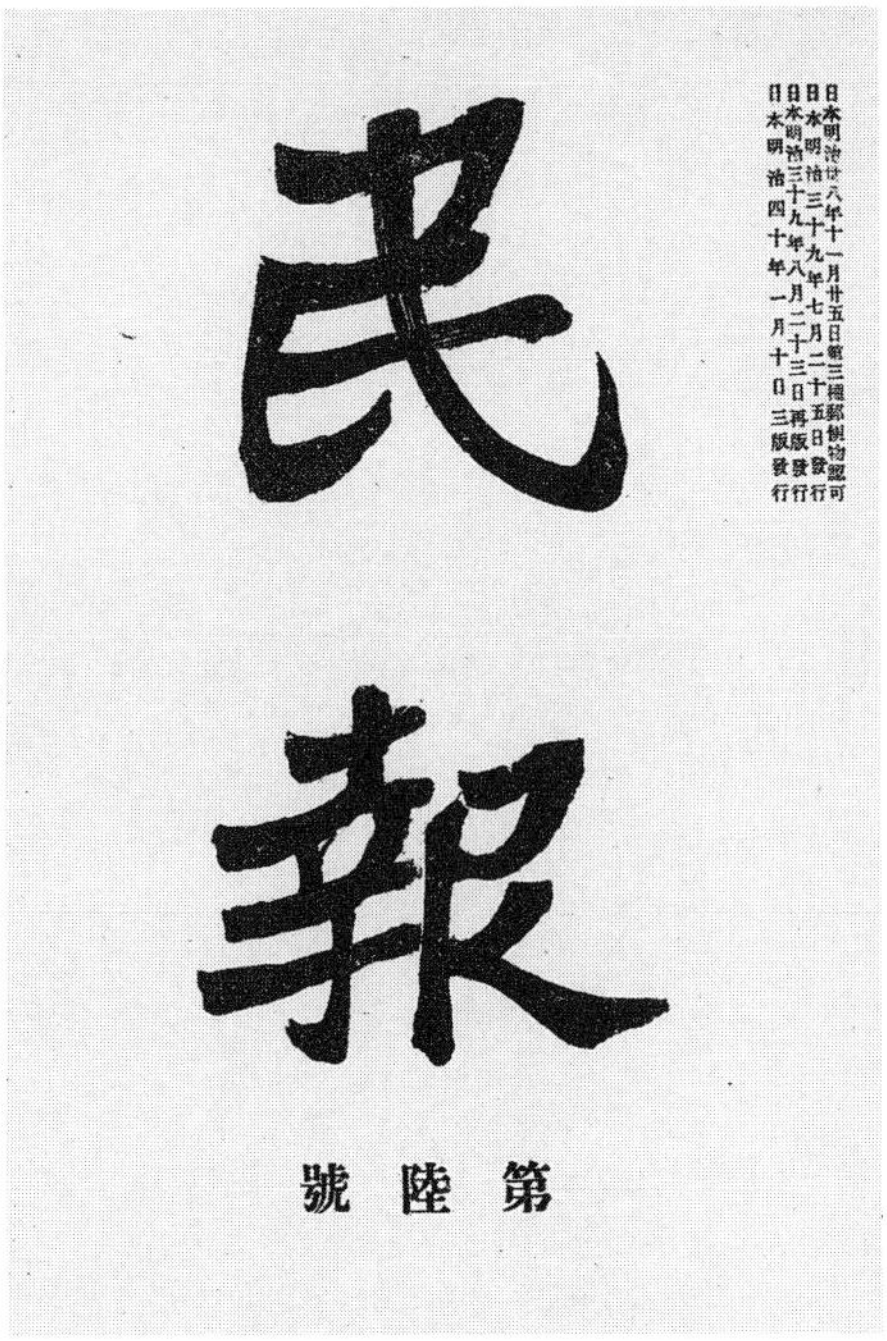

『民報』第６号表紙

(7)印度独立の方法（民報第二〇号、一九〇八年、三一一―三二一ページ。全集(四)、三六三―三六四ページ）。

(8)印度人の日本観（民報第二〇号、三二一―三二五ページ。全集(四)、三六四―三六五ページ）。[21]

(9)印度人の国粋論（民報第二〇号、三五一―三七ページ。全集(四)、三六六―三六七ページ）。[22]

(10)支那・印度連合の法（民報第二〇号、三七―三九ページ。全集(四)、三六七―三六八ページ）。

(11)印度先民、地球日を繞り人身精虫を有するの二事を知る（民報第二四号、一九〇八年、一三六―一三八ページ。全集(四)、三八二―三八三ページ）。

また、インドに関する論説とはいえないが、章炳麟の海外に対する並々ならぬ知見と関心、型破りの見方を示す興味深い論説として、次のようなものがある。

(1)法顕西半球発見説（民報第二四号、一二九―一三三ページ。全集(四)、四八四―四八七ページ）。

(2)大秦訳音説（民報第二四号、一三三―一三四ページ。全集(四)、三七九―三八〇ページ）。

(3)漢土始めて欧州各国を知るの略説（民報第二四号、一三四―一三五ページ。全集(四)、三八〇―三八一ページ）。

さらに、章炳麟の主筆時代の『民報』には、インドおよび欧米の新聞・雑誌等の記事がかなり精力的に翻訳紹介されていた。そのうちの主だったものも、参考までにここに列記しておくことにしよう。

(1)印度自由報発刊辞、題云「印度は印度人の印度」（台山訳、民報第二一号、一九〇八年、七三―七七ページ）。

(2)印度社会報（公侠訳、民報第二一号、七七―八〇ページ）。

(3)印度国民の英吉利を討つ露布（次奘訳、民報第二一号、一〇四―一〇八ページ）。

(4)印度自由報（公侠訳、民報第二二号、一九〇八年、五三―六五ページ）。

(5)亜州和親の希望（揆鄭訳、民報第二三号、一九〇八年、五五―五八ページ）。

(6)印度自由報（公侠訳、民報第二三号、七〇―七七ページ）。

(7)印度母国萬歳報（公侠訳、民報第二三号、七七―八二ページ）。

(8)印度社会報（公侠訳、民報第二三号、八二―八八ページ）。

(9)印度母国萬歳報（公侠訳、民報第二三号、一〇七―一一九ページ）。

(10)印度柯来因《カーライル》報（公侠訳、民報第二三号、一一九―一二八ページ）。

ここに紹介した訳者たちの名前は、明かにペンネームであることを連想させる。これらの訳文が章太炎の全集に収められていないのはいうまでもない。

なお、『章太炎年譜長編』によると、光緒三十三年（一九〇七）三月（旧暦）章炳麟は同志を誘って「亜州和親会」を組織し、その約章（規約）を作成した。これは、帝国主義に反対し、各民族の保全をめざすもので、まずインドと中国との二国の組織によって結成するものとされたが、その後ヴェトナム・ビルマ・フィリピン・朝鮮からも参加者があり、中国からは章炳麟のほかに張継・劉師培・何震・蘇曼殊・陶冶公・陳独秀・呂復・羅象陶など数十人が参加したという(23)。インドからは鉢邏罕《バルカン》、保什《ボース》などが参加した。亜州和親会の会長として章炳麟が起草した約章は『章太炎選集』に収められており、これによってこの会の英文名がThe Asiatic Humaniterian Brotherhoodであったことが分る(24)。

日本は一九〇二年一月、当時の超大国イギリスと日英同盟協約を結び、これを一九〇五年八月改訂して同盟の適用範囲をインドにまで拡大した。そのイギリスのインド統治のためのかつての国策会社、東インド会社の経験から多くを学んで満鉄、南満州鉄道株式会社が設立されたのは、日露戦争に勝利した翌年の一九〇六年十一月のことであった。こうして日本の大陸進出がまさに本格化しようとしていたときに、章炳麟は出獄し日本に亡命してきた。『民報』の主筆に迎えられた彼は早速同誌上で健筆を奮い、彼のインドに関する論説もここで次々と発表されたのであった。すでに島田先生が指摘されていたように、章炳麟がインドの学術やこれを生んだインド民族、さらにインド独立の運動に対して抱いた親愛感や共感が、これらの論説において遺憾なく示されている。それとともに、清朝支配下の自国の現状に対して抱く彼の悲嘆の気持も激しく伝わってくる。

時代は下るが、インド国民会議派は一九二七年のマドラス大会において、中国に医療使節団を派遣する計画を発表した。しかしこの計画はインド政庁の旅券発給拒否に合い、ようやくそれが実現したのは一九三八年九月のことであった。M・アタル博士以下五名の医師団が派遣されて、中国奥地での医療活動に従事した。医師団の一人D・コートニース博士は、中国滞在中に死亡した。インド国民会議派を代表してジャワーハルラール・ネルーが中国を訪問し、要人たちと会ったのは、医療使節団派遣の翌年のことであった。(25) 医療使節団やネルーの訪中は、章炳麟の没後二年ないし三年後のことであったが、彼がもし当時なお存命していたならば、こうしたインドからの医師団や要人の来訪をどのように受け止め、どのような論説を書き残したであろうか。

おわりに

章炳麟には印度に関する論説の多いことを島田虔次先生が教えて下さったおかげで、私はこの清末の大学者との出合いをもつことができた。私は修士論文でインド国民会議の成立史論に取り組んだこともあって、中国の近代史にもそれなりに関心をもっていた。当時、京都大学の人文科学研究所におられた島田先生は、一九六四年度から文学部でも週一回講義を担当されることになり、最初の年度は王陽明年譜の講義であったが、次の一九六五年度は清末「国学」の成立、一九六六年度は民報研究というように近代史の講義を講じられた。先生の学問的迫力に圧倒される思いを抱きながら、私は講筵の末席で聴講していたが、パキスタン留学の希望がかなえられたので一九六六年度の中途で聴講を断念し、パンジャーブ大学の方に移った。

一九六五年の初秋のころ、島田先生は講義の後で章炳麟にインドに関する論説のあることをさりげなく教えて下さった。そこで人文科学研究所の歴史研究室の小野和子さんのところに教えを乞いに行くと、章炳麟の筆になる『民報』所載の多くの論説を教えて下さった。『民報』に翻訳紹介されたインドや欧米の新聞・雑誌の記事が相当数あることも教えて下さった。私はこれらすべてを写真版に収め、製本して保管していた。後になって知ったことであるが、当時人文科学研究所では小野川秀美先生主宰の民報研究会のもとで民報の索引作りが進められていた。それが大冊二巻の『民報索引』上・下（京都大学人文科学研究所、一九七〇、七二年）となって公刊されたのである。

保管していた写真版をじっくり読む時間を確保することは、私にとってなかなか難しかった。日月のみが徒に過ぎ去っていった。一九九七年に入って、島田先生がかねて所望されていたガンディー思想に関する書の一つとして M. K. Gandhi, *Hind Swaraj and Other Writings*, ed. by Anthoney J. Parel, Cambridge : Cambridge University Press, 1997 が入手できたので、これを四月下旬に先生のところにお送りしたところ、折り返し先生から五月一日付けのお便りを頂戴した。そのなかで先生は「まさしく小生のひそかに求めていたところにピッタリの本」であるといってこの書を非常に気にいって下さるとともに、先生の著『中国革命の先駆者たち』と右の『民報索引』の二書を挙げて私が所持しているかどうか尋ねられ、「索引の方は中国専門家以外は持っている人は少いと思いますが、インド関係の項目も相当あるので学兄には御役に立つかも知れないと思います。……学兄によって中印関係史への御寄与が実現すれば望外の幸です」と述べて、『民報索引』の恵与を提案して下さった。かくして巨冊二巻本の索引は、先生のお宅から一旦人文科学研究所に運ばれ、同研究所の狭間直樹教授の厚意によって、同年十月一日私はこの書を佛教大学において安全に落掌した。

島田先生はもとよりのこと、多くの方々のこうした厚意によって実現した『民報索引』の入手は、私の章炳麟関係の文献蒐集に拍車をかけた。といっても、中国史の専門家ではない私の文献蒐集法は非能率的でかつ一面的であったであろう。しかし、島田先生の学恩に少しでも報いることができるよう章炳麟のインド論についてまとめてみたい、という私の気持ちは強まった。手始めに、一九九八年度の佛教大学大学院の文化交渉史特殊研究の授業で半期を章炳麟のインド論に充てたが、まだ論文にして発表するほどの自信はもてなかった。そうこう遷延している間、島田先生は二〇〇〇年三月二十一日忽然と不帰の客になって逝かれてしまった。自責の念に囚われた私は焦ったが、どうすることもできなかった。奈良大学の菅野正教授から二〇〇三年五月の同大学史学会大会で講演するよう慫慂を受けたとき、私は意を決して章炳麟を取り上げることにした。章炳麟のインド論の公表は、このようにして始まったのである。

もし本書を島田先生にお見せすることができたならば、先生自身が「太炎の文章の特徴たる難文の名文」（『中国革命の先駆者たち』一八四ページ）といわれる章炳麟に無謀にも飛び込み、とんでもない読み間違いをおかしているかもしれないことに苦笑されるに違いない。しかしそれも叶えられぬ今となっては、ただ先生のご仏前にこの小著を捧げるしか術はない。ご高配賜った小野和子教授、狭間直樹教授、菅野正教授にも、この場をかりて感謝の意を表する。島田先生が入手を喜ばれたガンディーの初期の作品

『ヒンド・スワラージ』は、英語版のもととなったグジャラーティー語版からの邦訳が先生ご逝去の翌年に刊行された。(26)

注

(1) 島田虔次『中国革命の先駆者たち』筑摩書房、一九六五年、二五〇ページ。
(2) 同書、二五三ページ。
(3) 小野川秀美『清末政治思想研究』東洋史研究会、一九六〇年、五ページ。
(4) 同書、三九八—四八〇ページ。長大なこの論文の初出は、『東洋史研究』第一三巻一・二合併号、同三号、第一四巻三号、一九五四—五五年、に分載された。
(5) 島田虔次「章炳麟について——中国伝統学術と革命」、同『中国革命の先駆者たち』一六七—二七一ページ。この論文の初出は『思想』第四〇七、四〇八号、一九五八年。
(6) 島田虔次『中国思想史の研究』京都大学学術出版会、二〇〇二年、五七三ページ。
(7) 河田悌一「否定の思想家・章炳麟」小野川秀美・島田虔次編『辛亥革命の研究』筑摩書房、一九七八年、一〇七—一三三ページ。
(8) 高田淳『章炳麟・章士釗・魯迅——辛亥の死と生と』龍溪書舎、一九七四年。近藤邦康『中国近代思想史研究』勁草書房、一九八一年。なお短編ではあるが、阿川修三「鬱蒼たる『章学』の森を歩くための地図」『東方』第二一五号、一九九九年、三四—三七ページ、が参考になった。さらに翻訳書としては西順蔵・近藤邦康編訳『章炳麟集』岩波文庫、一九九〇年があり、巻末に近藤邦康氏による解説が収められている。
(9) 章炳麟のインドに関する諸論考を収載した『太炎文録初編』別録巻二の関連箇所は、下冊八四二ページ以下である。
(10) 『太炎文録初編』別録巻二は巻一八に、また「大乗仏教縁起考」「大乗起信論弁」等の論説を載せた同別録巻三は巻一九に収める。
(11)『太炎文録初編』は、この全集の㈣に収められている。
(12)僅かに『章太炎巻』四九八―五一四ページに「大乗仏教縁起考」が、また『章太炎選集』四二七―四三一ページに「亜州和親会約章」が収載されているのみである。
(13)小野川秀美『清末政治思想研究』四一四―四一五ページ。『章太炎年譜長編』上、一三〇―一三七ページ参照。
(14)鄒容『革命軍』は、島田虔次・小野信爾編『辛亥革命の思想』筑摩書房、一九六八年、五―八二ページに小野信爾氏の訳注と解説で紹介されている。
(15)この演説は、島田虔次『中国革命の先駆者たち』一九六―二一六ページに邦訳、紹介されている。
(16)『民報』の第一号は明治三十八年（一九〇五）十一月東京で発行され、最終号の第二六号は一九一〇年二月パリで発行された。これら各号の影印版が四冊の合訂本として北京の科学出版社から一九五七年に出版された。この『民報』には、非常に浩瀚で精細な索引が作られている。すなわち、小野川秀美編『民報索引』上・下、京都大学人文科学研究所、一九七〇、七二年刊、である。上巻冒頭には民報総目録、下巻末には小野川先生による詳しい民報解題や、漢欧訳名対照表、欧漢訳名対照表、人名検索表などが付されてあって、利用上多大の便宜を受ける。
(17)島田虔次『中国革命の先駆者たち』二五四―二五八ページに全訳紹介されている。また『章炳麟集』二三九―二四五ページに現代語訳が収められている。
(18)『中国革命の先駆者たち』二五九―二六〇ページに抄訳紹介があり、『章炳麟集』二四五―二五〇ページに現代語訳を収める。
(19)『民報』では「大乗仏教縁起説」となっているが、全集版および『章氏叢書』ではこのような題名となっている。
(20)『民報』では「弁大乗起信論之真偽」となっている。
(21)島田虔次『中国革命の先駆者たち』二五九ページに抄訳紹介あり。
(22)同書、二四八―二四九ページに抄訳紹介あり、『章炳麟集』三五一―三五五ページに現代語訳を収める。

(23)『章太炎年譜長編』上冊、二四三―二四四ページ。

(24) 朱維錚・姜義華編注『章太炎選集』四二七―四三一ページ。また湯志鈞『章太炎伝』一九一―二〇一ページも参照。『章炳麟集』三四六―三五〇ページには「亜州和親会約章」の現代語訳を収める。なお、丁則良「章炳麟与印度民族解放闘争――兼論章氏対亜州民族解放闘争的一些看法」『歴史研究』一九五七年第一期、二五―四〇ページ、は主として『章氏叢書』を援用しながら、そこに盛られた章炳麟のインドに関する諸論説を公式的な観点から論じたものであるが、亜州和親会については何もふれていない。

(25) インド医療使節団の中国派遣等については、中村平治『南アジア現代史I』(世界現代史9)山川出版社、第二版、一九九一年、九九、一三六―一三七ページ参照。

(26) M・K・ガーンディー(田中敏雄訳)『真の独立への道(ヒンド・スワラージ)』岩波文庫、二〇〇一年。この書については、長崎暢子『ガンディー――反近代の実験』岩波書店、一九九六年、参照。

第二部　校注篇

第三章　朝夷厚生『仏国考証』校注

はじめに

第一章で朝夷厚生の著作とされる作品二六点を挙げたが、ここでもそれらを整理し成稿年の目下判明しているものをカッコ内に示しながら列記すれば、次の通りである。

『仏国考証』（文化十一）『仏国図考』『仏国蘭説考』『葱嶺考』（文化十一）『崑崙考』（文化十二）『釈氏古学考』（文化九）『摩訶衍不審十条』（文化九）『釈迦一代実録』（文化十二）『法華独悟考』『法華弁疑』『西教同源考』『年中俗訓』（天明二）『歳時本拠』『区内尻騒動記』（寛政元）(1)『独座謹記』（文化四）『日本開国志』（文化五）『外郎異談校閲』(2)（文化五）『日本武備考』（文化六）『張州名勝志略』『七奇図考詳説』『蒙古賊船備考』(3)『赤夷談』『客船一条考』『水火篇』『漂民考』『蕃書訳本考』

これらのうち著者生前中に公刊されたことが現在確認できるものは、わずかに『仏国考証』の一書のみである。その後も明治維新以前に公刊された著作はなかったようであるが、昭和になって『外郎異談校閲』『独座謹記』『日本開国志』の三書が名古屋の安藤次郎氏を発行人とする非売品の尚徳堂叢書に収められ、それぞれその第三集（昭和六）、第五集（昭和七）、第六集（昭和十）として活版印刷によって公にされた。数多い朝夷厚生の著作の中で、これまでに公刊されたものは右の四編を数えるに過ぎない。

朝夷厚生の生前に唯一公刊された『仏国考証』の木版には、第一章で明かにしたように文化十一年版と文化十四年版とがある。両版は同一の版木を用いたらしく本文中の異同は全くない。一方、その写本は『国書総目録』によれば、東京都立日比谷図書館加賀文庫に蔵されているということであるが、同文庫は現在東京都立中央図書館に移されている。私は一九八六年十月と二〇〇五年十月の両度、同図書館において写本を閲覧させていただいた。同図書館備え付けの加賀文庫目録は『仏国考証』を朝夷厚生手写としており、この写本が著者の自筆本であることを明かにしている。序文の最後に「文化十一年歳次甲戌秋八月　朝夷厚生識」とあるのは版本と同じである。本文は漢字・片仮名交じりで書かれており、保存状態はよく、判読は比較的容易である。五天竺四図は海・湖が青、山が緑に彩色されていて、極めて鮮明である。全巻に墨書が入れられて訂正・傍線・注記が施されている。また巻末には山崎景義蔵・印と龍湖大邑氏蔵・印とが並記されており、後者の上部にWoomla（オオムラ?）とローマ字書きがされている。さらに本文の六丁目が一二丁目に飛んで綴じられるという乱丁が見られる。

本章では、右のような特徴をもつ唯一現存の写本を底本とし、それに文化十一年版および文化十四年版の版本を参照しながら、『仏国考証』の校訂を行ない、必要に応じて注記も加えることにした。以下に『仏国考証』校注の凡例を示しておこう。

一、文化十一年の写本を底本とし、文化十一年版および文化十四年版の版本を校本とし、写本と校本との間に注目すべき異同のあるときは写本の字句に傍点を付しギメ〈　〉内に版本の字句を示した。
一、原文中の簡単な誤記はパーレン（　）内において訂正し、また原文にない文字を加えた場合はキッコー〔　〕に入れて示した。
一、原文中の漢文は、読み下して送仮名を片仮名にした。
一、漢字は原則として常用漢字表中にあるものを用い、これにないものは現行普通の字体を用いた。
一、仮名遣いは原文通りとした。ただし校注者の付した振仮名は現代仮名遣いとした。
一、振仮名は原文にあるものは片仮名で、また校注者の付したものは平仮名で示した。
一、原文にない濁音・半濁音の符号は校注者において付した。
一、句読点は校注者において付した。
一、原文に段落冒頭〇印のあるものはそれに依ったが、その他の改行は校注者において行なった。
一、原文にある割書きの注記、按文はブラケット［　］内の一行書きに改めた。
一、固有名詞の現今の表記はパーレン（　）内において補った。また簡単な注記も本文中の（　）内に記し、それ以外の注記は一括して後注とした。

注

（1）『国書総目録』によれば『区内尻騒動記』は新井田孫三郎等述、朝比奈厚生編となっており、写本が市立函館図書館に蔵されているということである。また『クナ尻騒動記』は国立国会図書館、『久奈尻騒動』は東北大学狩野文庫、『クナシリ騒動消息』と『クナシリ騒擾一件取調日記』とは市立函館図書館に、それぞれ写本が蔵されているということである。朝比奈家当代朝比奈秀氏は、一九八七年二月八日付の書翰とともに『区内尻騒動記』の写本（の一部？）の複写を私のところに送ってきて下さった。それには「于時文化戊辰（五年、一八〇八）秋七月中元　尾張朝比奈厚生識」と記されていた。

（2）『国書総目録』は『外郎異談』とし、また昭和六年名古屋で刊行された尚徳堂叢書第三集も『外郎異談』の書名をとっている。ただしこの書は朝夷厚生個人の著作ではなく、その冒頭部に人見璣邑問、本多利明答、朝比奈厚生校とあるように、尾張藩農政上の功績者とされる人見の質問とこれに対する経世家本多の回答とを朝夷厚生が一書に編み、かつ各処にかなり長い按語を施したものである。従ってここでは、前稿で紹介した柳人生の論文に従い『外郎異談校閲』としておく。

（3）国会図書館所蔵の写本は『蒙古賊船考』となっている。

『仏国考証』校注

仏国考証序（原文は漢文）

昔ハ緇流《しりゅう》（僧侶のこと）ノ身ヲ遐荒《かこう》（僻遠の地）ニ投ズルハ法ヲ求メント欲ス。地理ヲ窮ムルニ意無シ。故ニ其ノ域ヲ履《ふ》ム者ハ即チ其ノ域ヲ識《し》ルニ、其ノ域ヲ履マザル者ハ其ノ域ヲ識ラズ。六朝自《よ》リ唐ニ至ルノ間数《しばしば》葱嶺《そうれい》（パミール高原）ヲ逾《こ》ユル者有リト雖モ、其ノ轍跡梽（杜）絶スレバ即チ其ノ域ヲ識ラズ。泰西人ノ務《つと》メテ意ヲ地理ニ用ヒ、其ノ到ル所必ズ其ノ星度ヲ測量シ、其ノ疆域（領土）ヲ窮究ス。故ニ其ノ域ヲ履ム者ハ即チ其ノ域ヲ識リ、其ノ域ヲ履マザル者モ亦タ其ノ域ヲ識ル。其ノ徒嘗《かつ》テ印度南海ヲ占拠セシ自リノ後、其ノ真図ヲ製シテ以テ之ヲ後昆《こうこん》（後の子孫）ニ詒《のこ》ス。其ノ域ヲ履マザル者ヲシテ其ノ域ヲ識ラ使ム。然シテ其ノ徒地理ヲ窮メント欲ス。聖跡（仏跡）ヲ尋ヌルニ意無シ。且ツ今古地名異ナリ、其ノ古名ヲ知ラズ、其ノ事跡ニ昧《くら》シ。特《ひと》リ仏国ニ於テ其ノ確説ヲ見ザルナリ。此ノ挙ヤ、其ノ輿図ノ載スル所ニ拠リテ五竺（五天竺）ノ梗概ヲ得テ、古名ヲ以テ之ヲ推歩ス。今古地名異《い》ナリト雖モ、山河海陸確然トシテ其ノ処ヲ変ヘズ。其ノ所謂《いわゆ》ル確然トシテ其ノ処ヲ変ヘザル者、幸ニ之ヲ坐右ニ観ルコト有リ。之ヲ坐右ニ観ルコト有リテ、而ル後、古《いにしえ》者其ノ域ヲ履ム者即チ其ノ域ヲ識ルノ言ニ従《よ》リテ、之ヲ推歩ス。其ノ域ヲ履マザル者モ亦タ其ノ域ヲ識ルニ庶《ちか》カランカ。

文化十一年歳次甲戌（一八一四年）秋八月

朝夷厚生識《しる》ス・印

題言　八条

此《この》書一編の主意、人間《じんかん》（世の中）仏国を知らざるを証すると、仏国の実跡を推歩するの二事なれども、其《その》所詮は推歩の一事なり。和漢之《これ》無き所の真図、実録を世に流布せんと欲すればなり。然れども亦《また》人間知らざる〈版本にはこの下に所の字あり〉を証するに由《より》て推歩の益在るべければ、此二事欠べからざる所以《ゆえん》なり。予其人に非れども、印度地理を研窮し傍はら仏国を捜索し、世に知る人なきを傍観して愚意黙止すべからざる所有《ある》に由て、図考[1]を著して其実跡を詳《つまび》らかにす。又此編を述て実測する所の考証とす。五竺及仏国を尋索する人、参考の一助ならんか。

○仏国記（東晉法顕のインド旅行記、法顕伝ともいう）・西域記（初唐玄奘の大唐西域記）等有れども図なし。此諸所方位弁ずべからず。近世泰西人（ヨーロッパ人）印度に住せしより其図有《あり》て、地理始て弁ずべし。此書西図に拠ると云へども、其図大同小異有《ある》を以て、西域記・慈恩伝（後出、注（22）参照）等の諸書を併考し、葱嶺以東は清朝に帰化せしより清人《しんひと》の製善図多きを以て、清会典[2]・衛蔵図識[3]等諸図に照して、西洋板数図を校合し、其最も善なる者に従がふ。毫も臆説にあらず。

○中古以来、和漢僧俗ともに仏国の実を知らざる事、一句に云ときは（一言でいえば）古来天竺の真図を支那へ伝へざる故なり［此事、編中詳らかに証す］。然るに〔仏国〕図考及此書は始て真図に拠る所なり。此編一挙して明清諸家及仏氏蘭説の誤を訂《ただ》し、諸説区別《マチマチ》する者、是に由て一定せしめ、世間僧俗の惑ひを解くに足んか。

○此書を読《よむ》者或は信ぜざる人有《あら》んか。是《これ》必ず五天（五天竺）の古名を知て莫臥児《モーゴル》部中（ムガル部族）を知らざる人と有〈に在〉べし。具眼の人は一読の下に通暁すべし。

○旧図［西図之《これ》無き時の図なり］五竺分界正しからず。中天竺を正中とし、他の四天竺を其四方周囲〈版本にはグルリの振仮名を付す〉とす。(4) 非なり。中天竺は正中よりは東南界に而《して》、其東南二方ともに東天竺なり。中天竺西南より又南へ四千里許《ばかり》鋭出せる処が南天竺なり。中天竺の正西は北天竺の南界に而《して》、又其西が西天竺なり。図に依て諭《さと》すべし。

○西図之《これ》無き時、五竺の図間《ママ》之《これ》有る者、皆古名を記す。作者地理不案内に而、今の地名を知らざる故なり。且《かつ》拠る処の図無く而、謾製（漫然と製作）する者故、其記する所古名も其方位大《おおい》に差《たが》へり。去ば〈されば〉古今地名異なる故、真図に由て推歩せざれば、仏国方位の実を得ず〈写本は得レ不と転倒しており、版本は得べからずとする〉［西図以前、和漢有《ある》所の輿図、名体志(5)及掌果図(6)の数〈類〉にて、其他も準知すべし］。依てをもふに〈仍て意《オモ》ふに〉仏の遺跡及其《その》四方諸国、今の地名は何れの国なるや試に問はんとするに、世間僧俗の中に答ふる人在《あり》や不《いな》や。

○末に至て仏国故跡霊地の梗概を記す。編中第二図に依〈由〉て仏□〈版本にある跡の字が写本では欠落〉所々〈処々〉方位地理を考索せしめんが為なり。(7)

○和漢是迄仏国図志之《これ》無きは一闕事と云べし。毎に〈殊に〉釈門の徒、本師の遺跡霊地に於て其真図、実録を明確《タシカ》にすべき事ならずや。然れども世に其書無く、其拠り所なきは、我も他《ヒト》も知らざるにてやみたりしなり。若し知るべきの手順有りては、知らずんば有《ある》べからず。此書則ち是を知《しら》しむるの金口木舌《フレナガシ》たらんか。

仏国考証目録

人間《じんかん》仏国を知らざるを証す

仏国知るべからざる所以有事《ゆえんあること》を論ず

仏国知るべからざる所以有事を証す　四条

其一条　仏書に依て仏国知るべからざるを証す

其二条　支那の書に依て仏国知るべからざるを証す

其三条　蘭説に依て仏国知るべからざるを証す

其四条　本朝伝ふる所に依て仏国知るべからざるを証す

仏国推歩の説

五天竺四図

仏国地方略説

舎衛国より東摩伽陀国に至［二千五百里］路程及諸国霊地

祇園精舎　娑羅《サラ》双林　鹿苑

摩伽陀国

王舎城　霊鷲山　前正覚山　菩提樹　竹園　那爛陀《ナランダ》　三蔵結集場

附

檀特山《ダンドク》　補陀洛山《フダラク》　楞伽山《レウガ》

仏国考証目録　畢《おわり》

仏国考証

尾張　朝夷厚生君和編述並製図

人間仏国を知らざるを証す

仏の東漸久し。唐土にて八、九宗（八家九宗）に流別し、我国へも天台、禅那、曼陀羅氏の諸流を伝へ、和漢ともに盛んなる教法なるに、人間仏国を知らず。毎に〈殊に〉和漢仏氏、博覧の人に乏しからず。然るに仏跡の実説伝はらざる事、怪むべきに非ずや。姑《しば》らく爰《ここ》に和漢僧俗、仏国を知らざるの証を挙る事、左の如し。

詔納樸兒《チャムノボル》(8)、一名金剛座（ブッダガヤーの釈迦成道の座所）国とす［三才図会］(9)。占城（インドシナ半島東海岸の国チャンパ）、山続きの国を舎衛（古代インドのコーサラ国都城シュラーヴァスティー）乞食の所とす［明史］。目連（仏陀十大弟子の一人）所居の遺址、同国に有《あり》とす［星槎勝覧、八紘訳史］(10)。錫蘭《セイラン》島を涅槃の地とす［続文献通考］。莫臥児《モーゴル》をモールとし、回々を相混じて古印度の地とす。及暹羅《シャムラウ》国に須達長者（舎衛城の長者で祇園精舎の施主）が居址在《あり》と云［采覧異言］。金剛座を印度の中とす[11]［明会典諸書］。榜葛剌《ベンガラ》を東印度とす[12]［輿地全図］。古の耽摩栗底《タマリチ》（タームラリプティ、後のタムルーク）国を今の榜葛剌を〈と〉す[13]［地図賛統（説）］。応帝亜《インデア》を西印度とし、亜剌干《アラカン》、琶牛《ペグウ》を南印度とす［異言（采覧異言）］。印帝亜及印度私党《スタン》の二名、旧五印度とするが如しとす。及莫臥児の国名、仏書梵土と云に同じとす［贅説（地図贅説）］。タマリチ迤《ななめ》西行六十余駅、詔納樸児《チャムノボル》国に至ると云［同上］。又近世蘭説に亜当斯《アタムス》山（セイロン島の聖山アダムズ峰）を霊鷲山とす［蘭諸書説〈蘭説諸書〉］。且其絶頂の足跡を釈迦登天の所とす［此説は亜当《アタム》を誤て釈迦と混同す］。及八功徳池[14]も同処とし［紅毛雑話］[15]、祇園精舎も山上とす［泰西の書、花蓮的印を引証する所、予仏国蘭説考に委記す］[16]。仏の生国も錫蘭島とす［増訳采覧異言］[17]。榜葛剌を摩伽陀《まがだ》国とす［近世蘭説］。釈迦は厄日多《エヂット》（エジプト）の産とす［萬国管闚］[18]。此説は聖多黙《シントヲマス》（聖トーマス）を誤て釈迦と混同す］。

以上挙る所、諸説其俗昔より誤り伝ふる説等も有て、何れの説も誤らざる者鮮《すく》なし。其他北印度の檀特山《ダンドクセン》を悉達《シッタ》太子得道の所と云［此説は蘇達拏《ソタナ》（須達多《すだつた》）[19]太子を誤て釈迦と混合す］。又迦文《かもん》（釈迦文《しやかもん》また釈迦《しやか》文尼《もんに》の略、釈迦牟尼）は必ず東印度の産ならん、頭の螺髪《ラホツ》は熱国の証なりと云類《たぐい》、仏国を想像《オモヒヤル》して臆断を以て決する者なり。人間仏国を知らざる事、亦甚しと云べし。畢境《ひっきよう》知らざる故に此区別《マチマチ》の異説有《ある》なり。

我国は儒仏並び行はるる国なるが、孔子の生国魯国と云を知らざる人もなきに、如何にしてか釈迦の国を人の知らざるや。殊に仏氏は其本師の事なれども、和漢仏家の説も誤り亦多きなり。熙連河《キレン》（尼連禅河、ナイランジャナー川）、跋提《バチ》（伐底河、アジラヴァティー川）異名同河とす［梁宗法師説］[20]。跋提河を熙連河の南とす［章安説］(21)。伐弾那《バタンナ》を南印度とす［慈恩伝］(22)。楞伽《レウカ》（セイロン島の山名）を国名とし、其山を摩羅耶《マラヤ》山（南インド西岸にあるとされる山）として、秣羅矩吒《マラクタ》国（インド南端部の国）を僧伽羅《そうから》国（セイロン島シンハラ国）に混合す［翻訳名義集］(23)。烏茶《うだ》を烏仗《うじょう》の転訛とす(24)［翻訳名義集］。霊鷲山《りゅうじゅせん》を王舎城（ラージャグリハ）の東北とし、且《かつ》墓田を鷲峰の南とす［法華秦本註］。葱嶺已西（以西）鉄門（アム川源流部の要害鉄門関）の左を胡梵（西域とインド）分界の所とす［彦琮（悰）法師説］(25)。応帝亜の四千里許《ばかり》南海へ鋭出するを知らず［世界名体志］。恒河《ごうが》（ガンジス川）は周《マハ》り四十里と云［般若経註疏］。此周り四十里と云は、河幅を云か解し難き説なり。玄奘曰ク、河源ノ広サ三、四里、東南ニ流レテ海ニ入ル処、広サ十里ト。按ずるに支那の僧徒、仏国記、西域記等の書、昔は其国にても手に入らずして、読事《よむこと》容易ならざる事と見へて、往々此等の誤説有なり。以上挙る所の類、仏国図考編中委《くわ》しく其誤りを訂《ただ》す］。又近世我国の説に莫臥児を夷狄とし、印度を聖域として別国とす［神国神字弁］(26)。莫臥児を印度中一大都会とす［金竜説］(27)。天竺の支那に先立て韃子（蒙古族の支配下、ここではイスラーム教徒の支配下）に変じたるを知らずして、支那の韃子に変じたるを誇る［諦忍（認）引証する所〔の〕鳳潭説］(28)。徒多河（シータ川、現今ヤルカンド川か）を黄河とし、徒多の番（蕃）名を支那の訛転とす。及崑崙山を天竺の正北とす［近世或説］。秣剌耶《マラヤ》山、布咀落伽《フダラク》山を各海島とす［掌果図］。那爛陀（ナーランダー）を摩伽陀の極南界に記し、伽耶（ガヤー）山は東北に記して波吒利城（パータリプトラ）と相並ぶ。其他謬妄枚挙に遑《いとま》あらず［同上］。

仏国知るべからざる所以有るを論ず

仏の生国は中天竺迦毗羅衛《カピラエ》（カピラヴァストゥ）国と云は誰も知たる事なれども、其所今何れの所なると云事を知たる人なきなり。今の地名を知らざれば地理に昧《くら》くして、五天茫然として手を措《オク》所なし。唯古しへの国名を知《しる》のみにて、五印度分界を始めとして四方遠近の各国を分別して仏国諸所の方位を弁ずる事能はざる故、諸説紛々たる事、前条に挙る如く多く首鼠《しゅそ》（首鼠両端、どっちつかずのこと）の説なる故、詳らかなる事能はず。

此《かく》の如く人間仏国を知らざる事いかなる故と云事を推究《おしきわ》めて見るに、其筈《はず》の所以有を爰《ここ》に四条とす。其一曰《いわく》、仏書に由て仏国知べからず。其二曰、支那の書に由て仏国知べからず。其三曰、蘭説に由て仏国知べからず。其四曰、本朝伝ふる所に由て仏国知べからず。右の四条、一として仏国知る可きに由《よし》なき故を以て、後世和漢ともに其確論詳説を得ざるなり。支那の地理家及仏家の中に其確説を知れる人あれば、其説必ず我国へも伝ふれども、其伝ふる所は前条に挙る如きの誤説にて、其書之《これ》無きは是正《これまさ》しく人間〔仏国を〕知らざるの証なり。其然る所以の四条、左に記して考証に備ふ。

仏国知るべからざる所以有《ある》を証す　四条

第一条　仏書に拠て仏国知るべからざるを証す

都《すべ》て輿地の事は図に拠るに非れば弁ずべからず。善図に非ざれば実測を得難し。然るに仏書に天竺を説くは、多く広大を云こと実に過る故、其説に由て図は製すべからず。姑《しば》らく爰に其説を挙ぐ。

成光子曰ク、中天竺、東ハ震旦《しんたん》（中国）ニ至ルコト五万八千里、南ハ金地国〔此国詳かならず。意《おも》ふに寓言ならんか」ニ至リ、西ハ阿拘遮国《あくしや》［百児西亜《べるしあ》をいふか］ニ至リ、北ハ阿耨達《あのくだつ》(29)ニ至ルコト亦タ各五万八千里、云云。謂所〈いはゆる〉四方各五万八千里の諸国、皆地理に合はざるなり。此説は、仏説に、金剛座昔シ賢劫《げんごう》（現世）ノ初成、大地ト倶《とも》ニ起テ三千世界ノ中ニ拠ル、と云を以て、四方各五万八千里国を杜撰《ずさん》して、仏国相去《あいさる》の里数を密合せしむる為なり。古《いに》しへ支那にて西域地理甚だ不案内の時、梵僧の徒此等の説を作為して、支那に対して自ら誇るの言なり。又楞厳《りょうごん》(30)［経］に大国二千三百と有るに、仁王《にんのう》経(31)には十六の大国と云如き不同なる事甚だし。又仁王［経］に十万の小国と云へるが、近世莫臥児一統の後、四印度（五天竺から南インドを除く）を小王国三十五国とす。然るときは、仏説に十万小国と云《いう》は一聚落の小邑を呼て国と称するにや。仏書に多く金剛座を世界の中（中心地）とするに、竺法蘭《ちくほうらん》（中インド出身の僧。後漢明帝期に中国に来る）が漢明（後漢の明帝）に説くには、迦毗羅衛《かびらえ》は大千の中なりと云へり。両国相去事五十由旬《ゆじゅん》、支那の二千里なり(32)。寓言なる故、其定まらざる事此の如きなり。

また阿耨達池《アノクダッチ》の四面に牛・馬・獅・象等の頭面有て、其口より恒河《ごうが》等の四大河を吐出すと云。其河各此池の周囲を繞《めぐ》る事一帀《めぐり》すと云。其説の奇怪極まると云べし。云く、大（八）地菩薩願力ヲ以テ、故ニ化シテ竜王ト為《な》リ、中ニ潜宅シテ、清冷水ヲ出シテ、贍部洲《せんぶしゅう》（人間の住む世界、閻浮提《えんぶだい》）ニ給ス。是ヲ以テ池ノ東面銀牛ノ口ヨリ、殑伽《きょうが》河（ガンジス川）流出シテ、池ヲ繞ルコト一帀シテ、東海ニ入ル［西域記］。近此《ちかごろ》此地方は清朝の版図に入《いり》て、甚だ詳らかに知れしに由て、千歳伝へ来たる説、今日に至て一笑話と成《なり》しなり。衛蔵図識等に記する所は、此池の近傍四山在て、山形の象・馬等に似たるなり。何等の怪談もなきなり［按ずるに、此地方の実録は西蔵志、西蔵記、衛蔵図識、西域紀事、準噶爾略(33)等の書、近世甚だ多し。

〔衛蔵〕図識は西征の役《えき》（乾隆帝時代のチベット遠征）に成る所の書。我寛政四壬子（一七九二年）十二月編集筆を起し、翌正月梓に付す。蔵部（チベット）へ往来する官軍の為に撰す。清朝の官板なり」。又或る説に、崑崙を阿耨達山に混同して、起世経《きせきょう》(34)等を引証す。云く、崑崙、高サ五百由旬〔二万里〕、闊厚（山幅）亦タ爾《シカ》リ。山ノ頂上ニ於テ、池有リ、名《な》ヅケテ阿耨達多《あのくだった》ト曰フ。其ノ地〈池〉縦横五十由旬ト〔阿耨達池は西蔵の阿里東北界。番（蕃）名今は岡底斯と云。〔衛蔵〕図識等に説く所は、岡底斯の一山、周囲一百四十里、獅・象等の四山とともに五山相連なる所の綿亘《ヒトツヅキ》八百余里と云へり。西域記に池の周り八百里と有るに符合す。崑崙は長安を去事《さること》僅か五千里、天竺とは絶遠の境なる故、崑崙は漢語にて、山名の梵語之無し。又唐の劉元鼎が吐蕃《トツバン》に使して、崑崙山を経見せしが、三山中高くして四下《ヨモヒキシ》、河源其間を流ると云て、さして高山なることを云《いわ》ず。予、崑崙考(35)に委《くわ》しく記す」。

仏説に印度地方を説《とく》事、大抵此類なり。万国地理、経緯の度数をきわめて、輿図に由て其方位を弁ずべし。右挙る如き実測と異なる広大の説に由て推歩すべからざれば、仏〈仏書〉に由て仏国知れざる事、此の如きなり。

所詮、須彌楼《すみろ》山、蓮華蔵海、九山八海等の図（仏典の世界像）は、地理実測の外にして、別に其説を伝ふべし。其図中に冬夏至線及極星の高度を盛《も》り、五大州万国地名を相混雑して、同図とすべからず。古来仏書に輿図を伝へざるも、其実測を図しては、彼説の広大なるに合はざる故成《なる》べし。歴代博覧の仏者有ても、五竺の真図伝はらざるを証とすべし。且亦世界名体志及掌果図等の如き、皆印度の西波斯《はし》（ペルシア）地方を平陸の尽る所とし、其西を都《すべ》て大海とす。僅かに印度の少し西海陸の事をも知らざる事、斯《かく》の如し。仏書に地理の実説之無き故なり。由てまた西域記にも、波斯地方に至て西海を称する事、他の諸書に同じ。

亦浪華子(36)が言に、我国の寺院、名刹に古来収むる所、五竺の図有り。五天の界、分ヲ排シ稽ヲ失フ（区別があいまいででたらめである）。取ルニ足ラズ、と云へり。其図の誤れる事、譏《そし》るべし。然るに浪華子自製する所も、拠る所なくして謾製の図故、五天の分界を知らずして、其是非を論ずと云へども、五十歩〈五十歩百歩〉の間に過ず。仏氏と雖も仏国を知らざる事は、彼徒の製図の疎漏なるを以て証とすべし。仏書に拠て仏国知るべき事ならば、仏家の博覧にして、名体志及掌果図の如き図は製せざるべし。

此の如く仏国の知れざる事は、古来天竺の真図、支那へ伝はらざるが故なり。其徒西域記等の説に拠り、桶帚模索《メクラサグリ》して製図するの外、其真を得べき手段之無き故なり。然れども仏氏にして仏国の図著はせるは、支那にて名体志、我国にて掌果図の二家なり。南宋以来、求法訳経の業廃《すた》れ、其徒葱嶺を逾《こえ》ざりしよりのちは、仏氏も仏国を知る人無きを見つべし。

第二条　支那載籍に由て仏国知るべからざるを証す

明《みん》以前、西図［西洋板輿図を云］之無き時、支那に西域真図伝はらず。隋の裴矩《はいく》が西域図記(37)を著はすと云も、今の回部（タムリ盆地地方）に過ぎず。云く、敦煌自リ西海ニ至ルニ凡ソ三道ト為ス。北道ハ伊吾《いご》（天山山脈東端の都市、後の哈密《はみ》）従リ払菻《ふつりん》（コンスタンティノープル、すなわち東ローマ帝国）ニ至ル。中道ハ高昌（トルファン地方の都市）従リ波斯ニ至ル。南道ハ于闐《うてん》（タリム盆地南部の都市ホータン）従リ北婆羅門（北天竺）ニ至ル。各西海ニ達スト［隋書裴矩伝］。此の所謂《いわゆ》る西域三道、皆西海に達すと云事、支那にて西域地理甚だ不案内の証なり。此地方の西に真海有るにあらず。右三道の西、皆西海と云べからず。此地方の西には、南の方百児西亜紅《ヘルシヤコウ》（ペルシア湾）、北の方に北高海（カスピ海）在り。其中間は地中海迄陸地なり。すべて百児西亜紅、西紅海、地中海、北高海、黒海等の水陸の差別を知る人、明以前支那に之無き故、儒仏の書ともに其説無きなり。波斯、大秦［今の百児西亜《ヘルシヤ》、如徳亜《ジユデア》（ユダヤ）］地方以西、極南より極北に至て大海にする事、欧羅巴極西の如し。是を西海と称せしなり。依て亦此所を世界西の地端とし、日輪の入る所、或は西王母（西の果てに住み不死の妙薬を有すという女仙人）の所居とす。云く、大秦国ノ西、弱水（西方仙境の川）流沙《るさ》（西域の大砂漠）有リ。西王母所居ノ処ニ近ク、日ノ入ル所ニ幾《チカ》シト［文献通考(38)］。支那古来伝ふる所、西海の説此の如きなり。宋儒臣程大昌《ていだいしょう》が禹貢（『書経』の一篇で地理書）を講ぜし時、帝（孝宗）北胡を問はれしに、即答ならざりしを深く恥て、夫《それ》より十七年、史籍を窮《きわめ》て北辺備対(39)を著はす。其書亦西海の説有れども、北高海等の水陸の確説もなし。且大秦と波斯を異称同国とす。云く、後漢ノ班超、嘗《かつ》テ甘英ガ輩ヲ親シク其地ニ至ラ遣《し》ム。西海ノ西ニ至テ、又大秦ナル者有リ。即チ波斯ナリト［北辺備対］。程氏十七年博覧を窮むと云へども、元《も》と支那に其書無き故、知るべき様なし。由て見れば、宋元の頃、西域地理開けざるを知《しる》べし。椿園氏曰ク、伊吾以西、常ニ簡冊（書物）ニ見エズ。別史ノ載スル所、齟齬多シト［西域聞見録(40)。以上、明以前、西域地理支那に闢《ヒラ》けざるを証す］。

　華人、梵国（インド）を遊歴せし者、僧にては玄奘、官吏にては王元（玄）策(41)、古今此二子に如《し》く者なし。二子西遊、ともに唐の国初なり。是を以て、其頃は天竺の風土委細に支那へ伝へしなり。其書は即我国へも伝はりし西域記等の書にして、五竺及仏国を説く者、是より詳らかなるはなし。然れども、其時は求法を専務として、地理に意を用ひざりし故、図を載するの書なし。故に宋の時、五天（五天竺）皆来朝せしに、其国名考ふべからずと云へり。云く、五竺ノ国名、校スルニ西域記ヲ以テス。唯《ただ》師子国（セイロン）見ルベシ。余ハ考フベカラズト［仏祖統紀］[42]。纔《わず》かに唐宋の間にして、考ふべからざること此の如きなり。是《これ》、古今地名を異にする故、輿図なくして、西域記を以て校すれども、考ふべからざるなり。此時五竺の諸国、拠るべき図なき故なり［以上、支那に五竺の図伝はざるを証す］。

元の太祖（世祖クビライの誤り）、曾《かつ》て都実に命じて河源を尋ねしむ。至元庚辰（一二八〇年）、河州（甘粛省蘭州一帯）より五千里河源に至る。帰て後、其説始て定ると云。然れども、其以前河源に到らざるに非ず。唐将君集等、吐谷渾《トコツコン》（ママ）の役に河源を見て帰りしなり。云く、君集等、空荒ノ二千里ヲ行ク。盛夏霜降リ、水草乏シ。士ハ氷ヲ糜《カユ》ニシ、馬ハ雪ニ秣《マグサカ》フ。月ヲ閲《ヘ》テ星宿川ニ次《ヤド》リ、栢海《はっかい》（青海地方の黄河源流に近い古湖）ニ達ス。上ニ積石山ヲ望ミ、河源ヲ観覧スト［唐書］。是《これ》、其輿図無きが故に、其域に到る者は其域を知る、其域に到らざる者は其域を知らざる事、此一事を以て証すべし［以上、輿図之無く、其域に到らざる者は、其域を知らざるを証す］。

葱嶺以東は今多く版図に入り、国によっては図及説とも諸書に見へたれども、葱嶺以西は尚詳らかなる事能はず。故に印度に至ては、其地求法の事止《ヤン》で後、其地方を知らざる事、西域見聞録に温都斯坦《ウントスタン》（ヒンドスタン、インド）を説《とく》の不都束《フツツカ》なるにて察すべし。就中《なかんずく》其誤り最も甚だしきは、諸書に錫蘭島《せいろん》を涅槃の地とし、占城（チャンパ）地方を舎衛乞食の遺跡とする如き、其他前条挙る類の明清諸家の誤説に由て、其実録を得べき様なきなり［以上、清人に至て五竺地理に昧《くら》きを証す］。

西域記等の書有《あり》と云へども、図なくして其方位を考ふべからざる事、前文に云ふ如し。強て其説に拠て図を製するときは、名体志及掌果図の杜撰《ずさん》なる類なり。支那の書に拠て仏国知べからざる事、此の如きなり。但し、明《ミン》に至て詔納樸児《チャムノボル》〔莫臥児を云、蓋し転訛〕国を仏国とす。永楽間中、官侯〈官侯顕〉(43)詔納樸児に至て、其中路（途中）金剛座（ブッダガヤーにある菩提樹下の釈迦成道座所）の地を過ぐ。是自りして明儒の説に、詔納樸児一名金剛座国とす。云く、詔納樸児、一名金剛座国、古へノ天竺国、乃《すなわ》チ釈迦得道ノ所ト〔三才図会、明史〕。然《しかれ》ども金剛座は国名にあらず。〔金剛座国の如く〕金剛座に国字添《そえ》て呼ぶは非なり。四訳考、(44)星槎勝覧等の諸書、皆詔納樸児国を載せて、其頃はいまだ莫臥児の国名を載せず。清朝に至て明史、八紘訳史等の書に、榜葛刺《べんがる》及詔納樸児を載せて、莫臥児の国名を載せず。近世に至ても、西域見聞録に温都斯坦を載せて、莫臥児の国名なし。独《ひと》り艾氏(45)の説、莫臥児を載す。云く、四印度、皆莫臥児ノ為メニ併セラルト。是、明末の時既に此国名を載せて、且確説を為す者は、西客（西洋からの来客）の著作なる故なり。

我国の地理書、釆覧異言に始て莫臥児の国名を載せて、回々（イスラーム教徒）の変名とす〔按ずるに、莫臥児の三字はモーゴルなり。然るを我国にてモールと呼ぶは、非なり。モールは教法の名なり。回々をモールと訓するは是なり。其宗門の諸国、すべてモール国と云。本《も》とマゴメターネン、又マアゴメタン、訛略してモーレン、及モールと云。(46)利末（未）(47)亜の内、モール国多しと云へり。故にモールの名はモーレンの転声にて、莫臥児の転声には非るなり。然るを、莫臥児をモールと呼ぶ故、教法のモールと相混じたるを以て、〔釆覧〕異言に莫臥児国を誤て回部とし、莫臥児の条に、其国を古印度の地として、元明の世呼て回々と為す者と云へるは、大に非なり。莫臥児国を古印度の地とするは可なり。回々は莫臥児の祖国と云べし。莫臥児国は古しへの梵界（インド）にして、回々は胡境なり。今も莫臥児の北、葱嶺及大雪山（ヒマラヤ山脈）に到れば、其地方より北及東の諸国は回部の境域なり」。又地図贅説に、莫臥児国名の義を、仏書に梵と云に同じと云。非なり。其国は古しへの梵界なり。其国名の義を梵の義に同じと云べからず。我国の二書に云所、皆推量の臆断なるも、支那の人印度地理に昧くして確説なき故、我国にても其実を得ざる事、此の如きなり。

第三条　蘭説に拠て仏国知るべからざるを証す

蘭説に莫臥児三十余部の諸国を説事《とくこと》、応帝亜を説く如く詳悉ならば、其説に由て仏国も委細に知るべき事なれども、其諸部は欧羅巴人詳《つまびらか》ならざる故、地図及地志にも其詳説を為す事能はず。然れども其梗概、西図に依て其実録を得たるなり。昔の求法僧時代は、支竺（中国とインド）の往来絶えず。其頃の地名は多く支那へ伝はりしが、今の地名及輿図を知べき事、西図の外に得べき様なきなり。恨《うらむ》らくは、古今地名異なるに、西客古名を知らずして図中に記せざる故、仏国推歩しがたし。且前条に云仏跡を誤て錫蘭《せいらん》島とする如きも、是れ即ち莫臥児部中の事、西客不案内の証なり。其部中徘徊自由ならば、祇園、霊山（霊鷲山）等の仏跡を見聞せざるは有べからず。花蓮的印《パアレンテイン》が錫蘭島の土人より聞伝へし誤説を、蘭書に確証として記載する事はなき筈《はず》なり。但し彼諸部の中にては、亜瓦刺《アガラ》（アーグラ）の都城及ベンガラ、坎巴牙《カンパヤ》（カンバト、キャンベイ）の二国頗《すこ》ぶる詳らかなるのみにて、其他の三十余部は諸書に載する所、唯其名を知《しる》に足れり。然るに今の莫臥児部中は、日本の里法の六百里四方と云。此境域、東西二十度強、南北も二十度に及《およぶ》べし。是れ古しへの東、中、西、北四印度の境域なり。西域記に載する所、すべて此境域にして、其説く所広漠たる事、観《み》つべし。然るに西客も此地方の事不案内なれば、今の世、其国の委細を詳らかにするの書之無きなり。

依て蘭説にも支那の書にも、唯応帝亜《インデア》中及《および》南海諸島を説事委《とくことく》はしくして、莫臥児部中は異域の人容易《たやす》く徘徊し難き事、古しへ求法僧時代自由を得し如くならざる事識るべし。故に印度志に、(48)莫臥児諸国三十五部の内にて欧羅巴人の能く知る所二部有り、ベンガラ、カンパヤ是なりと云へば、其余諸部は詳ならざる事、識るべし。又亜瓦剌は王城なれば、土人の説を聞伝へても其梗概を得たる成《なる》べけれども、麻《マ》辣襪爾《ラバアル》及穀羅満垤児《コロマンデル》地方の詳説に比するに、十分の一にも及ばざるなり。又、ベンガラ、カンパヤの二部はモーゴル諸部の極南にして、アガラ都城へは遙かに遠く、応帝亜へは近くして、欧羅巴人住処□奇〈模寄《もより》（最寄り）〉なる故、此地方は西客往来、通商する事、其自由を得たる成べし。是に由て見れば、独り仏国の事、蘭説に由は〈て〉其確説を得ざるなり。然れども百歳の後、早晩《イツカ》仏国の確説委細を伝へん者は、必ず蘭説に有《あら》んか。

第四条　本朝伝ふる所に拠て仏国知るべからざるを証す

我国にて、長崎へ年々西客来舶する如く莫臥児国より来らば、仏国知べけれども、古印度の地莫臥児一統の後、支那へも通信せず〔明史に、詔納樸児、其王中国ヲ去ルコト絶遠ナルヲ以テ、朝貢竟《つい》ニ至ラズ、と云へり。莫臥児始祖苔墨児蘭《タメルラン》（ティムール）初め労児《ラホル》（ラホール）に都す。(49)其地北京と絶遠なるを云〕。又我国は、古来天竺と通船せず。古へ仏教も初め百済より渡し、其後追々《おいおい》支那より伝へ得たるなり。五印度より我国へ来りし事、古今其例を聞かず。元和年間（一六一五―二四）暹羅《シャムロウ》国（タイ国）通信せし事は、采覧異言等の書にも粗記せり。又寛永〔年〕間（一六二四―四四）角の倉紅屋など云商家、[50]天竺へ通商せしと云も、暹羅の事なり。世に天竺徳兵衛[51]渡天と云も、其紀行を閲するに、暹羅へ渡りし事なり。其説に、暹羅を摩伽陀国とす。且霊鷲山も其国に有《あり》とす。故に其人中天竺へ渡りしと思ふと記録せし故、其云ふ所終始埒《らち》もなき者なり。流沙《るさ》、恒河、暹羅、摩伽陀を皆一国中同所とす。是れ、蓋し土人昔より云伝へたる説なるべし。支那浙江寧波府の海島に、日本僧慧鍔《えがく》[52]（蕚）が観音を安置せしを、補陀落迦山《ホタラキャセン》と云類なり。采覧異言にも宗心[53]紀行を引証して、暹羅の寺を須達《すだつ》長者が居址とす。我国にて仏国の実説知れざる事、観つべし。諸国、仏の遺跡を擬造する故、霊鷲山も数多《あまた》諸国に在るなり。独り錫蘭島に仏跡を写せるのみにも非ず。

又或る説に彼暹羅へ渡海する頃、長崎人甚兵衛、仏国を尋ねんとて、祇園精舎に至る。其所路程四日、瓴甓《シキガハラ》在りしと云。然るに西域記、慈恩伝等に祇林を委記せしが、其事なし。未審《イブカ》し。又暹羅より行くならば、すぐに摩伽陀国に到るべきに、夫より又西北の方、日本里法の二百五十里許《ばかり》遠き祇園へ到りしは、亦未審《いぶ》かし。舎衛国（シュラーヴァスティー）は古しへも豊饒殷富の地なるが、西の方既に亜瓦羅《アガラ》都城を去る事、甚だ遠きに非ず。此の地方、中国（五天竺の一つである中国）なり。然るに異域の人徘徊許せし事、亦未審かし。是に由て見れば、是も亦実の給孤独園《ぎっこどくおん》（祇園精舎）に非る事は知（疑）べからず。其人、暹羅を出てより祇園に到りたる往返の路程、見聞する所の紀行を遺《のこ》さざりし事、惜むべし。

すべて我国の昔は天竺の事、支那より伝ふるの外、何国よりも伝ふ可き様なかりしが、其輿図は支那へも伝へざれば、元来我国に有るべき様なきなり。近世蘭説闢《ヒラ》けしより、地球図を始め万国地理、清人の知らざる所を識るに至れり。然れども、仏国の事は蘭説に由て詳ならざる事は、前条に記するが如し。然るに右三条説く所の仏書、支那の書、蘭説等に拠て其確説を得ざれば、我国に於て外に知る可き様なきなり。其他、我宝永年間（一七〇四―一一）梓行《しこう》（上梓）の掌果図、及寺院に間《ママ》所蔵する写本の図之有る事、既に粗《ほぼ》第一条に記す。

仏国推歩の説

蘭説の古《いに》しへを稽《かんが》へざるは、典故（故実）に昧《くら》く、祇園の祇字は祇陀太子の祇字なるを知らず。仏家の今を諭《さと》さざるは、地理に疎《うと》く、莫臥児を夷狄とし、其国古しへの仏国なるを知らず。儒者は仏書を詳らかにせずして、一に史籍に拠る故、明の鄭和、〔官〕侯顕等が説に従がって、錫蘭島を涅槃の地とする事、和漢皆然り。支那にては明史、勝覧[54]等に其誤説を載せ、我国にては采覧異言に是を祖述せり。然るに明儒の説と蘭説と符合して、独り仏説是に合はず。然れども明儒及蘭説、皆非なり。明儒の説は鄭和より起て、明清諸家其説に従ふ。蘭説は花蓮的《パアレンテイン》印より出づ。是れ皆土人より伝へ来たる所なり。諸家仏国を誤れる事、此の如きなり。和漢世俗の誤れるは、宜《うべ》なりと云べし。

此編、一挙して明清諸家、及仏氏、蘭説の誤りを訂《ただ》し、中古以来和漢僧俗の茅塞《ぼうそく》（真実がふさがれていること）を開くに足んか。然るに亦儒釈（儒者と仏家）諸書、確然たる実録あらば、其説世上に流布すべけれども、予未だ其書を見ず〔明（宋）の志盤、我国にて浪華子が製図を観て、其他準知すべし〕。其書之無きは、人間仏国を知らざるの証、明白なる者なり。然《しこ》ふして仏家伝ふる所は、西域記等に拠るを以て、錫蘭島の誤説はなけれども、印度真図に拠らざる故、今の地名を知らず。恒河《ごうが》を知て、安日河《がんげす》を知らざる類にて、地理に疎く、其輿図載する所の古名も其方位的当せず、五竺分界を誤り、諸国遠近の差別なく、隔遠の諸国を前後左右に接壌して、処として誤らざる者すくなし。故に此編の主意、五竺分界及今古の地名を照し、諸所方位を弁知せしめんとす。

或る人予に問て曰《いわく》、和漢の書、仏書、蘭説等皆仏国知《しる》べからざれば、果《はた》して知るべきの手段之無しとして已《ヤマ》んか〔と〕。予曰、今の世に西図之無きときは、人間知る可きの手段実に之無しとすべし。之有る者は真図に非ず。彼《かの》西域記等の説にて謾製する所、掌果図の類なり。然るに今の世に西図之有れば、之に依て知るべきの手段なくんば有べからず。然れども、西図に抛て推歩する人、世に之無きが故に、今尚《な》を其書之無し。是を要するに、仏書、蘭説を兼る人、仏国を捜索〔調査、研究〕する志有て、加《シカノミナラズ》之西図を閲する事を得ば、実測を推歩すべきなり。然るに西図は支那にても、明末以来の物なれども、清人の書を閲するに、今の世尚《な》を西図を覧る者稀なり。我国にても尚《な》を得易からず。且西図の中にも殊に印度図稀にして、世間僧俗容易《たや》すく見る事能はざる、と。

罕《マレ》に見る人有ても、仏書を兼ざる故、是迄推歩する人なく、世に其確説なかりしなり。予は其人に非れども、輿地の癖有るを以て、曾て五竺の地理を研究し、傍はら釈迦の遺跡を捜索し、遂に其実測を得たりしが、後世（これまで）儒釈の書ともに印度真図を伝へず。和漢僧俗、仏国を知らざるを傍観して、此挙に及べり。故に前条、人間知らざる所以を証す。此に推歩せし所以を証する事、左の如し。

　求法僧紀行は、其人仏国を履《フン》で見聞する所の実録なれども、図を載せざる故、今考ふべからず。又西図は、其徒印度に居住して製する所の真図なれども、古名を記さざる故、是亦推歩しがたし。一は実録にして図なく、一は真図にして古名を記さず。予倩々《ツラツラ》思惟するに、此二の者を相照して併考するときは、必ず推歩すべしと以《ヲ》為《モ》へり。幸はひに、西図の印度を載する者数図を得て之を閲し、其地方の梗概を得て、然ふして西域記等の里数を以て、安日河《ガンゲス》（ガンジス川）に順って推歩す［仏国図考編中、仏国諸里数を委記す。且恒河（ガンジス川）三図を載せて、併考に備ふ］。仏国、皆此大河の前後左右に在るを以なり。故に恒水の河形と、幸ひに一、二古名の今存せる者と、及極星（北極星）の高度とに依て、故を以て遂に仏国の方位を推窮《おしきわ》む。彼《かの》紀行、西図の二の者は、古今代を異にすと云へども、実録を以て真図に相照して推歩せるを以て、山河海陸、里数遠近、古今変りなければ、皆符合せざる者なし。其符合する所が実測を得たる証なり。然ふして後、読書に就て校閲するに、和漢載籍、仏書、蘭説、其説く所紛々たりと云へども、其是非、虚実皆眼目に在て、分明に弁知せざる事なし。

　されば此書載する所の説及図は、所謂《いわゆ》る拠る所の西図及推歩する所の紀行、此二の者、実録と真図とを相照して、符合する所に依て、後世（これまで）人間知らざる所の仏国、今得て見るべきか。抑亦《そもまた》、和漢是迄真図に拠者《よるもの》なく、仏国図志絶て之無きは、一闕事《けつじ》（一大欠点）に非ずや。図考（仏国図考）及此編（仏国考証）西洋版に拠る所にして、此挙に於て始て世に仏国図志を著はせり。百家説〈諸説〉紛々たる者、此実測に由て一定せしむべきか。おもふに、世間僧俗、多く天竺を知て莫臥児を知らず、恒河を知て安日河を知らざるの人、卒《ニハカ》に此書を読て、或は疑ふ人有んか。是、其地詳かならざる者にして、他の所以《ユエ》有《ある》に非ず。故に試みに仏国の方位、及其四方遠近、今の地名を問はば、其人必定《ひつじょう》答ふる事能はざるべし。若し能《よく》答ふる人有らば、編中論ずる所、一読して諒察すべし。

西天五竺図説

近世輿図を製するに、図面経緯線を施し、北極出地を榜書す。旧図に比するに、精密を得ると云べし。然れども地球図の外、游子（旅行者）が経天合地図の類、経緯共に直線にして、棋枰為罫《ゴバンノメヲモル》者は里数に由て量《はか》る所遠近大差有《ある》を以て、左の図、極高に随て経度広狭を為す者なり。故に図面の正南北は実の正南北に非ず、緯（経）線に準じて斜に見る所が正南北なり。東西は緯度に広狭なき故、経度（緯線）を直線にす。仍《よっ》て図面の正東西が、則ち実の正東西なり。是も地球の円体に従ふときは、経線を直に図すべからずと云へども、地理の実測に害せざる故、姑《しば》らく製図の便利に従ふと云。

五天竺四図　犬馬七十如有子製図(55)

四図拠ル所ノ者ハ、西洋板印度図二板、西域図二板〔四板各々小差有リ〕、及ビ清ノ会典、衛蔵図識、輿図備考、経天合地図、明清皇輿諸図、西客通舶諸図ノ類ナリ。他ニ増訳異言(56)等、諸家数図ヲ校シテ、最モ善ニシテ、多ク符合スル者ヲ撰テ、之ニ従フ。図面ノ経度、南北広狭有ル者、極高一度二百四十九里九六、同十度二百四十六里二、同廿度二百三十四里九二、同三十度二百一十六里五、同

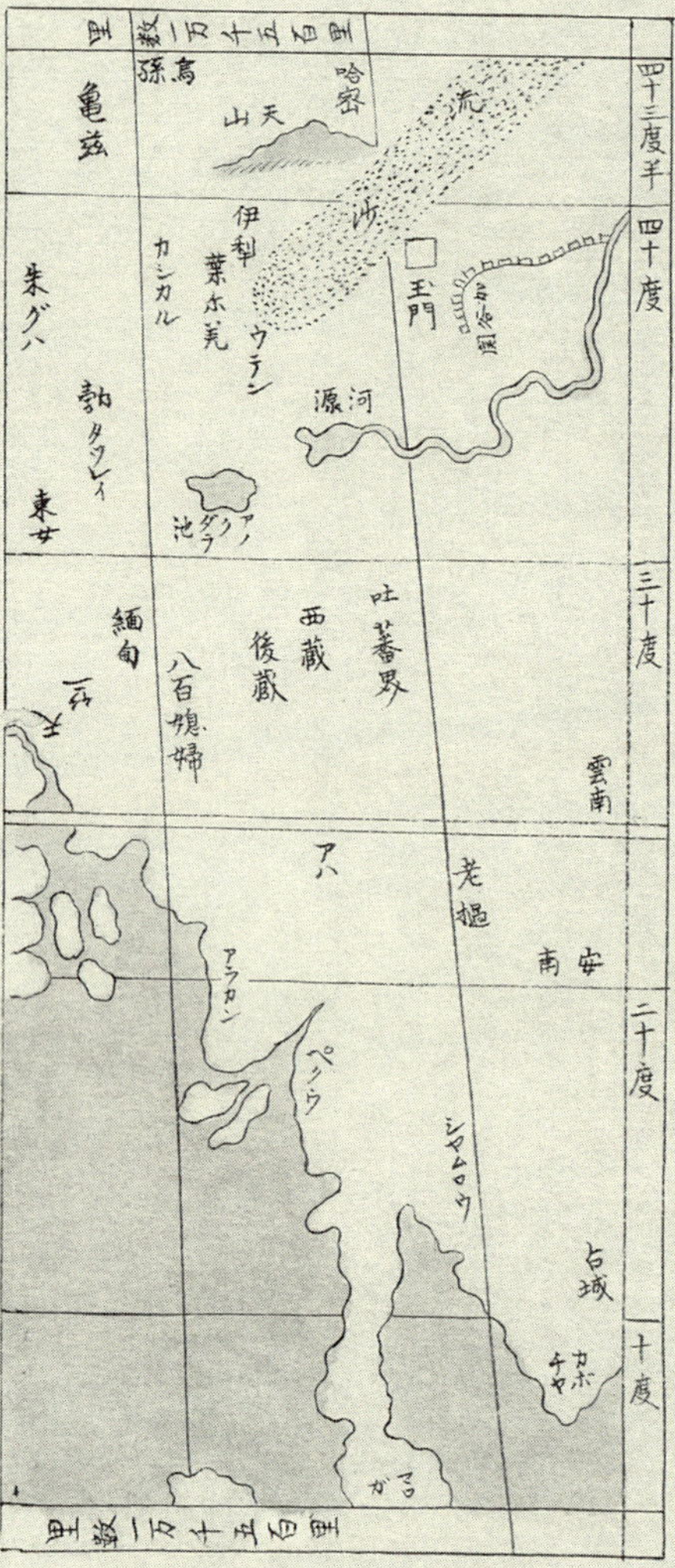

◯其一全圖也東ハ中國ヨリ西ハ波斯ニ至ル北ハ胡國ヨリ南ハ应帝亜地端ニ至テ一圖面ニシテ唐土ヨリ天竺ニ至ル所ヲ一ト目ニ周覧シ佛國方角遠近里數ヲ量リ及五天竺ノ分界ヲ知シム　此圖緯度極高三度半以北四十度直徑里數一万里

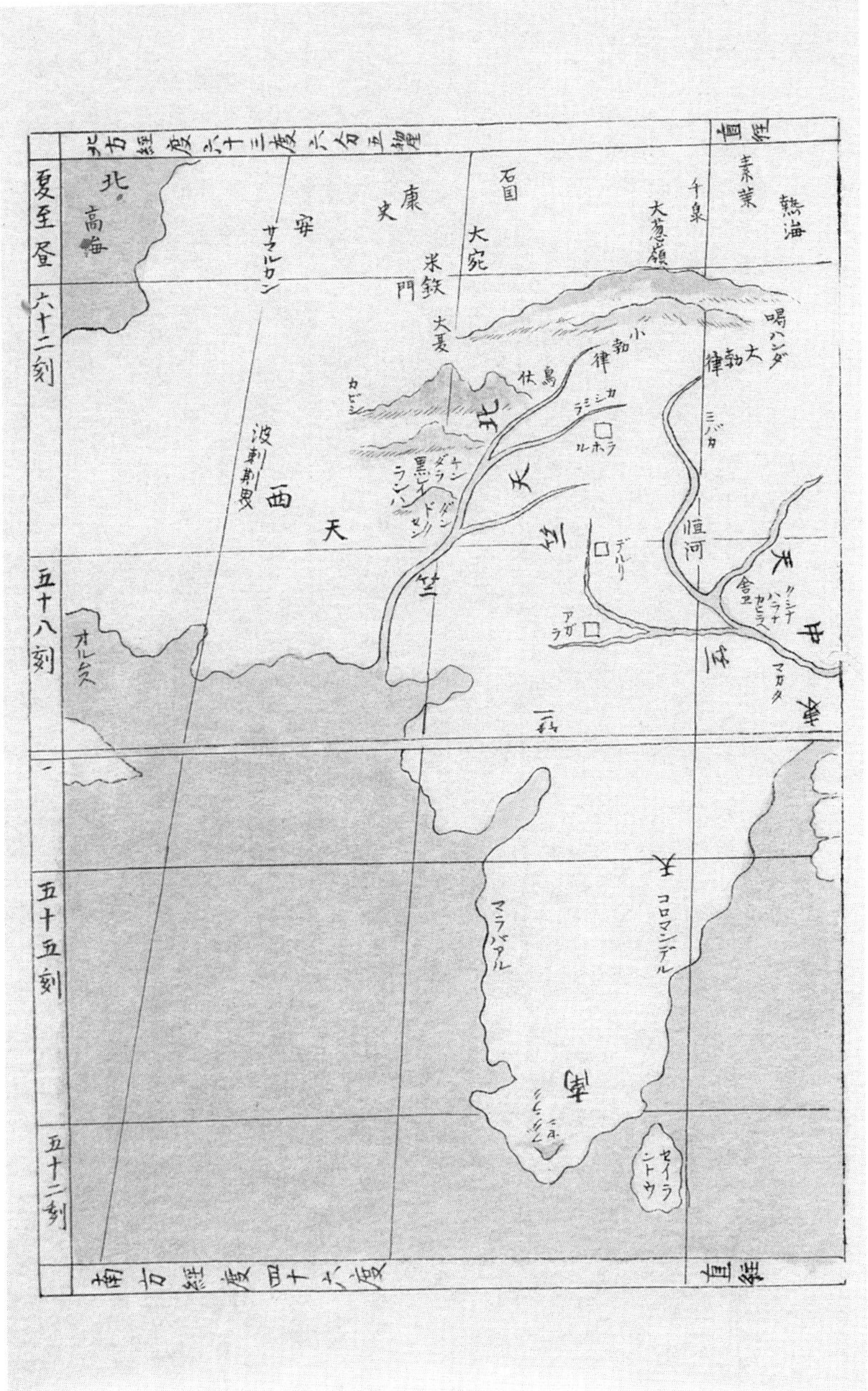
北古経度六十三度六分五釐
夏至昼
六十二刻
五十八刻
五十五刻
五十二刻
南古経度四十六度
北高海
安
サマルカン
康
史
石国
大宛
米鉄
門
大夏
千泉
素葉
熱海
大葱嶺
小勃律
大勃律
北
天
竺
西
天
波剌斯
恒河
中
天
竺
南
天
デルリ
アガラ
マラバアル
コロマンデル
セイランドウ

○其二全圖狭小ニシテ地名詳ラカニシ難キ故夏至線以北ヲ分テ二圖トスル東ノ圖也

此圖緯度夏至線以北二十度直径里數五千里

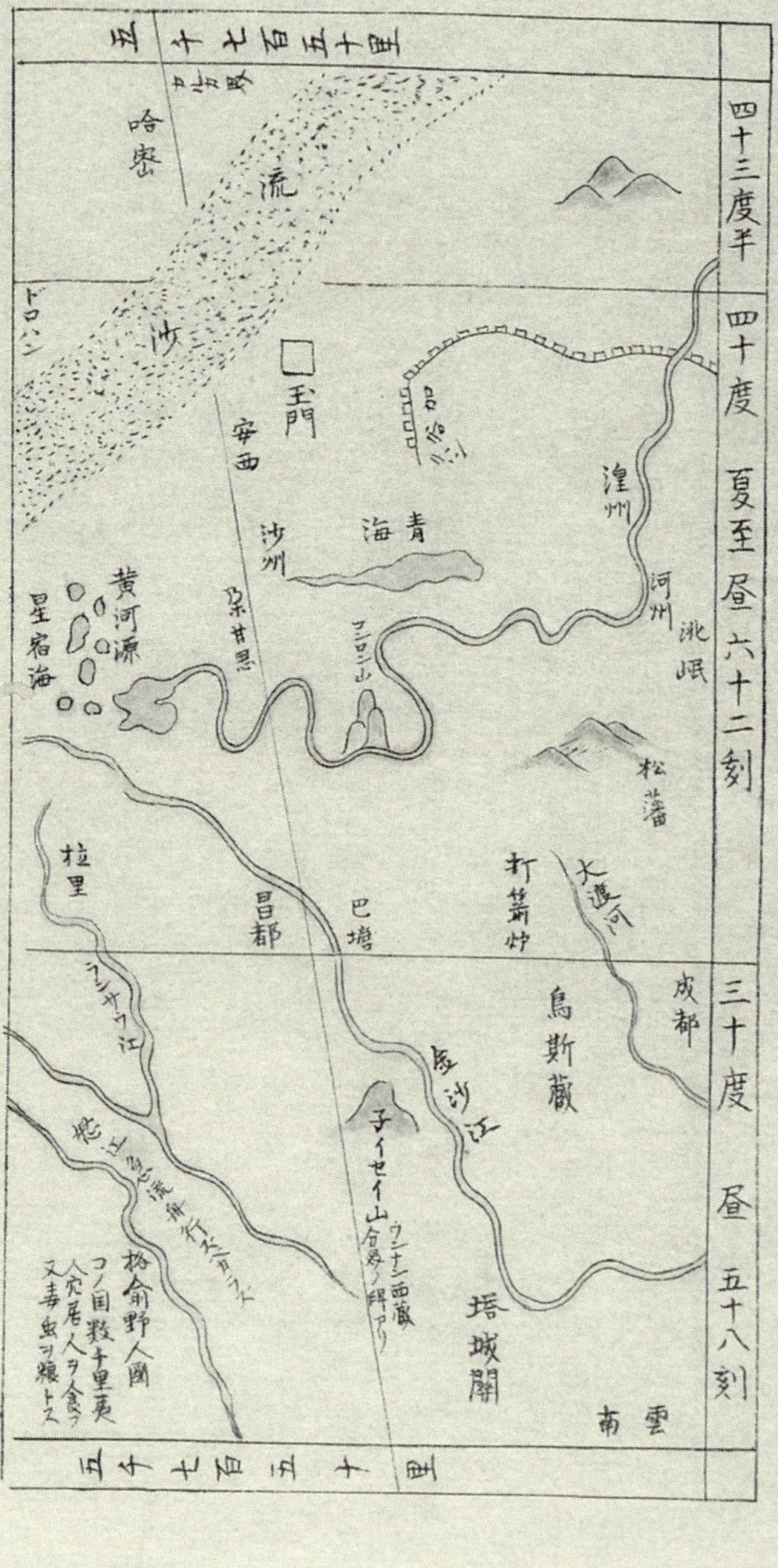

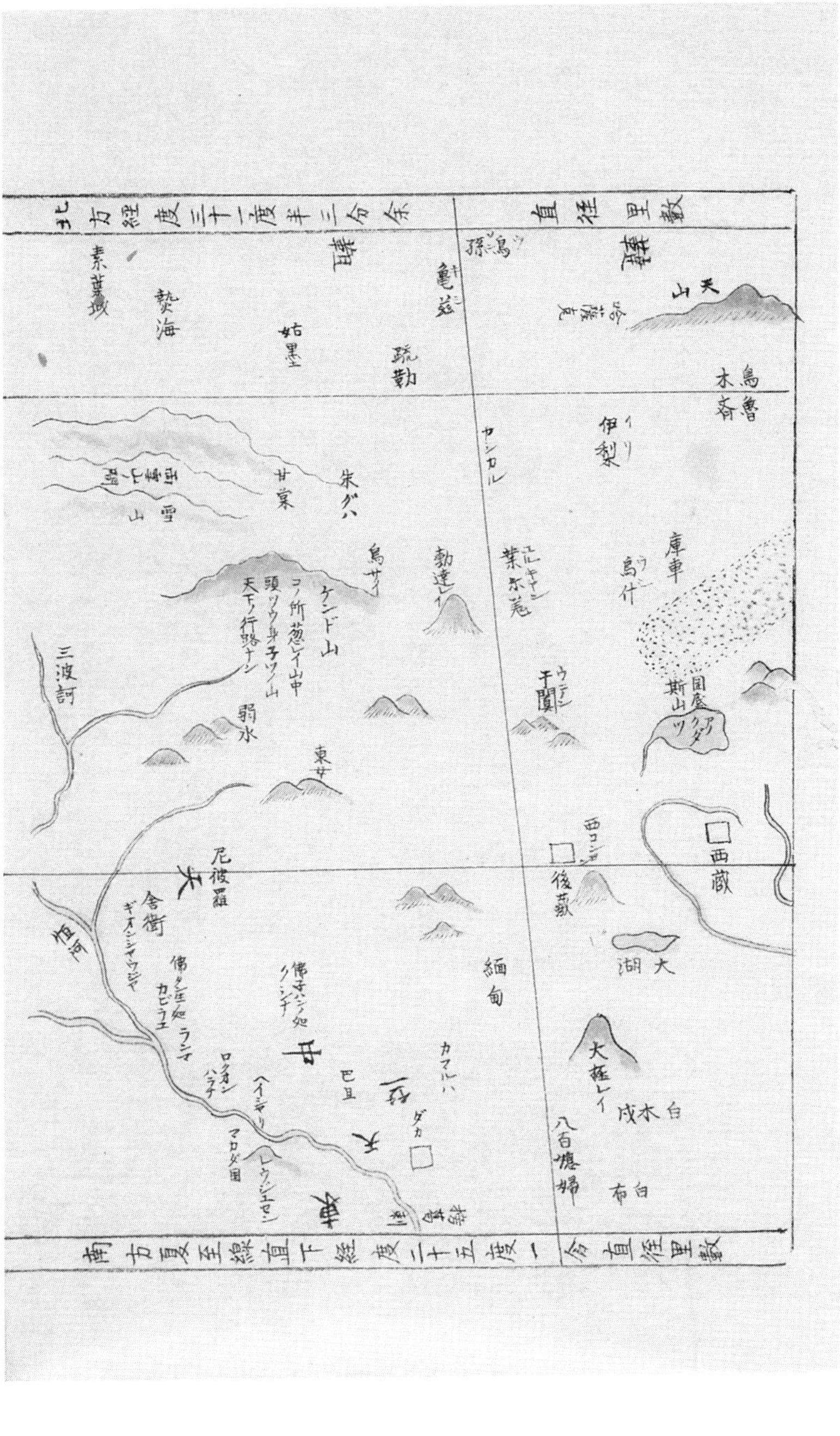
天山
烏魯木斉
伊犁
庫車
烏什
于闐
西蔵
後蔵
大湖
緬甸
三波訶
弱水
東女
尼波羅
舎衛
雪山

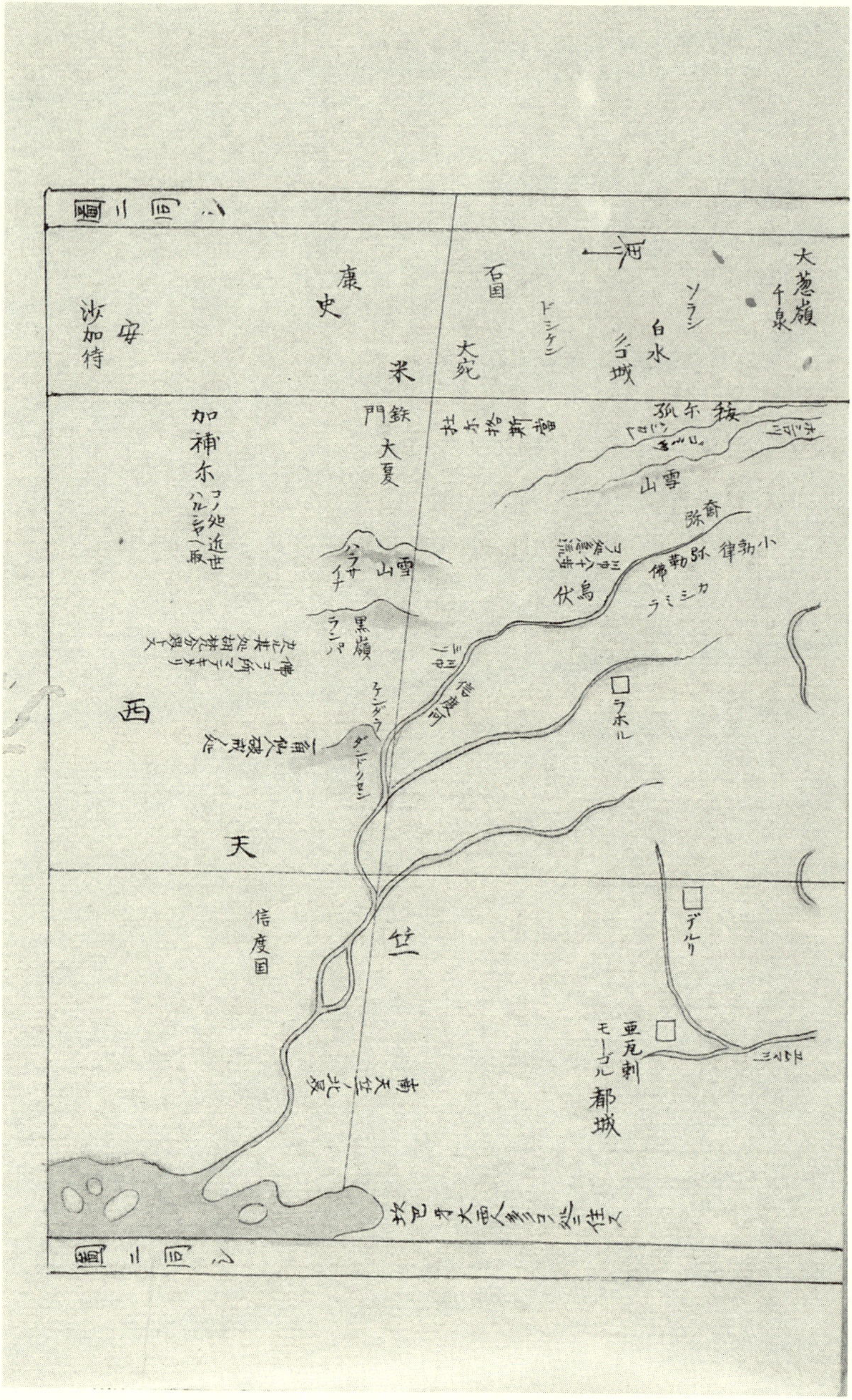
大葱嶺
千泉
白水城
石国
大宛
康
史
米
安
沙加待
加補尓
鉄門
大夏
雪山
黒嶺
西
天
竺
信度国
都城
ラホル
デルリ

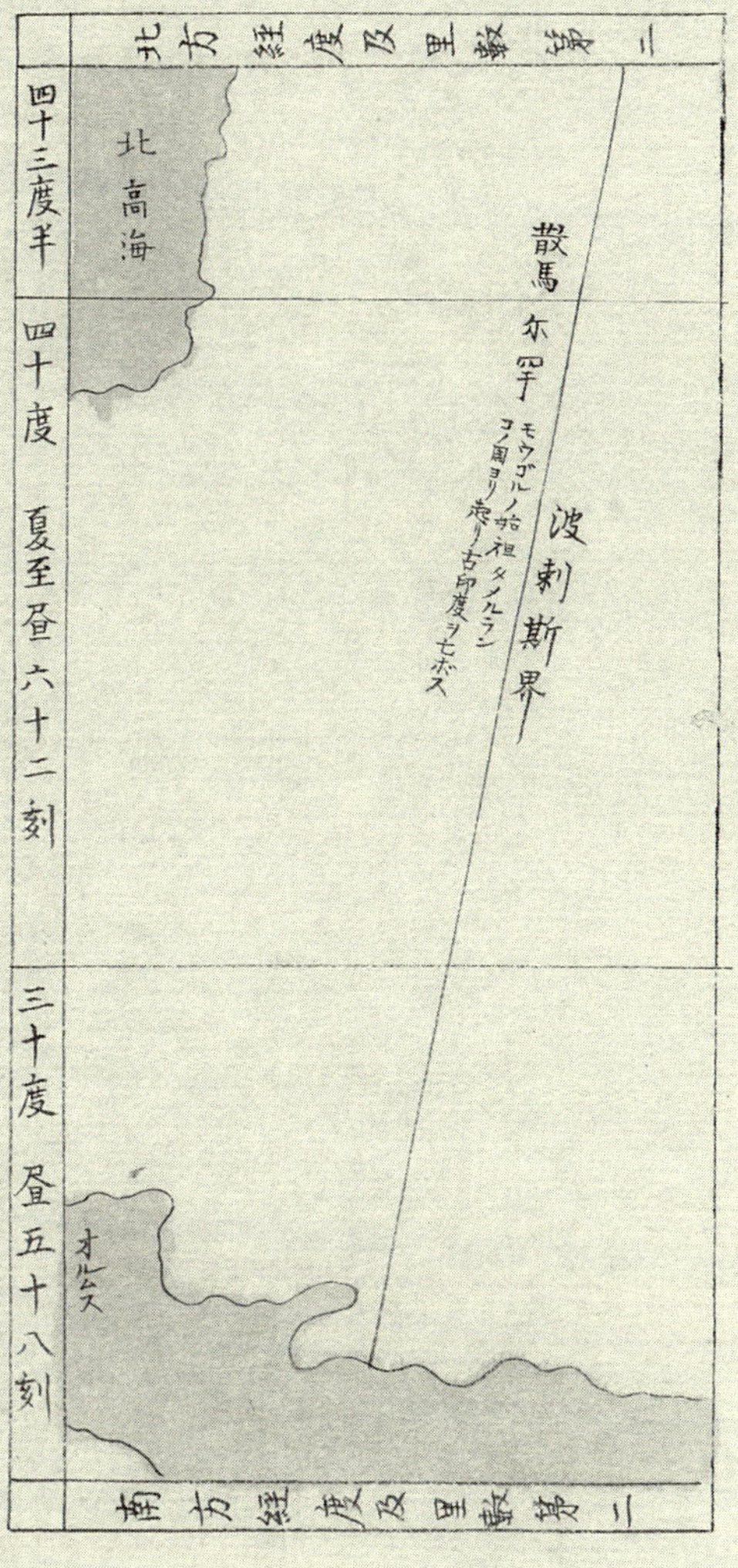

○右其三夏至線以北西ノ圖也

○左ニ所載之者其四夏至線以南ヲ一圖トスル者也共ニ四圖トス　緯度及里數第三四圖共ニ第二圖ニ同シ

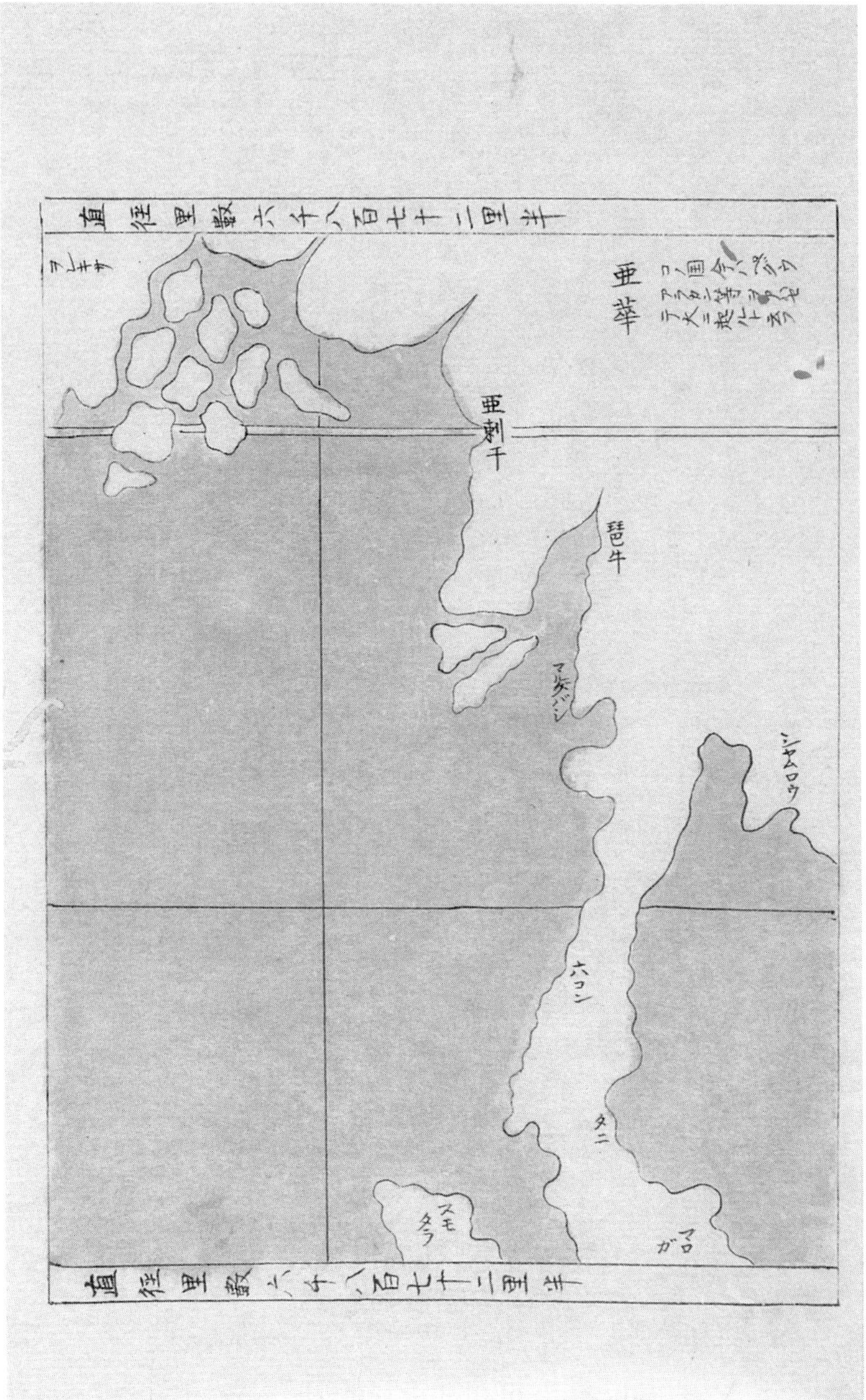
直径里数六千八百七十二里半
亜華
亜刺干
琵邑牛
シャムロウ
六コン
タニ
直径里数六千八百七十二里半

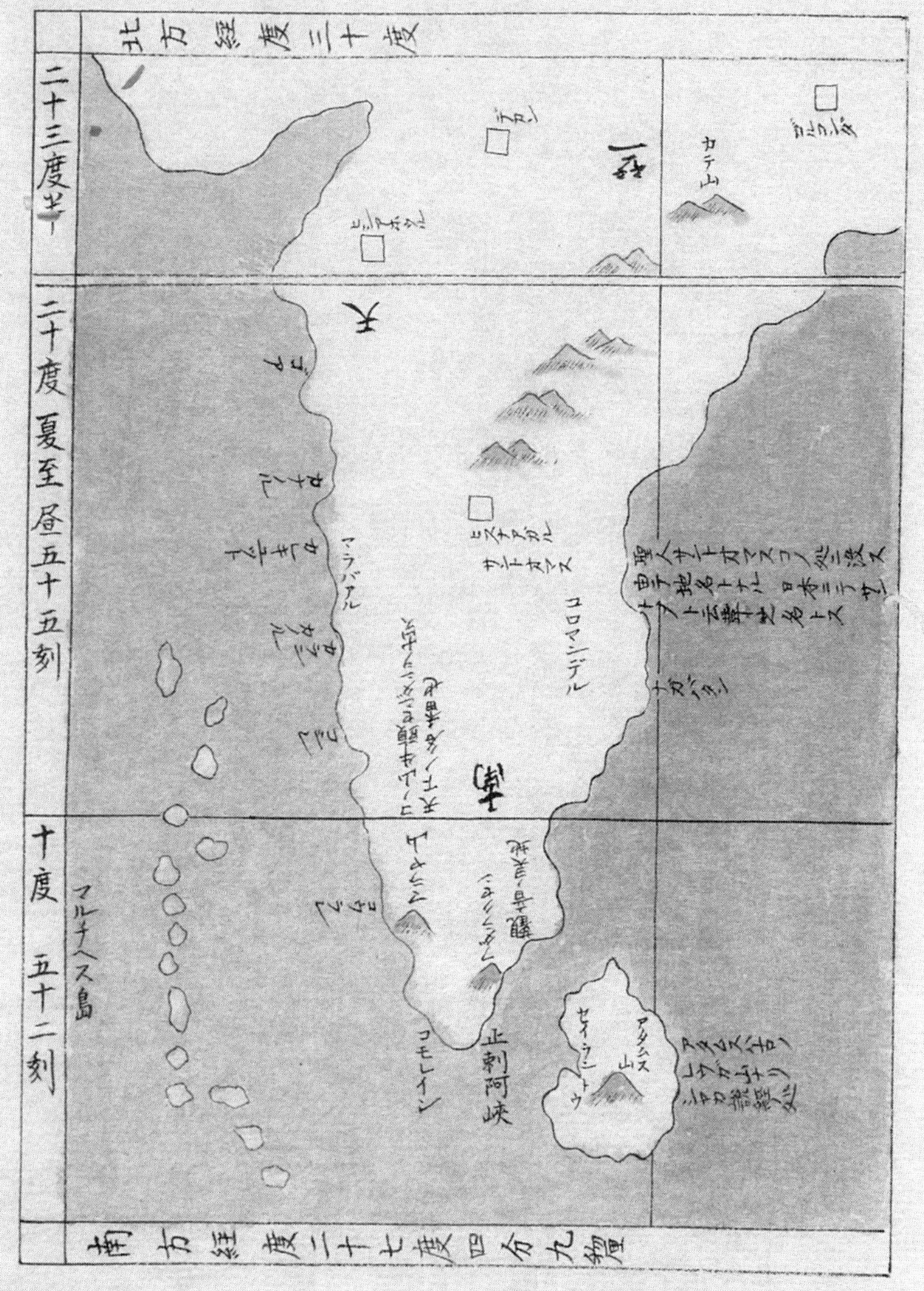

（以上四葉の地図はすべて東京都立中央図書館加賀文庫所蔵の写本『仏国考証』より撮影）

四十度一百九十一里五一。右、水野氏［本藩ノ人、名ハ政和、号鳧山《ふざん》］記スル所、暦書ノ説甚ダ密数ナル故、其説ニ準ズ。

○其一。全図なり。東は中国より、西は波斯《ハルシア》に至る。北は胡国より、南は応帝亜地端に至て一図面にして、唐土より天竺に至る所を一と目に周覧し、仏国方角、遠近里数を量《はか》り、及《および》五天竺の分界を知《しら》しむ［此図、緯度極高三度半以北四十度、直径里数一万里］（図は八四―八五ページに収載）。

○其二。全図狭小にして地名詳らかにし難き故、夏至線（北回帰線）以北を分《わかち》て二図とする。東の図なり［此図、緯度夏至線以北二十度、直径里数五千里］（図は八六―八七ページに収載）。

○右其三。夏至線以北、西の図なり（図は八八―八九ページに収載）。

○左に所載の者其四。夏至線以南を一図とする者なり。共に四図とす［経度及里数、第三、四図共に第二図に同じ］（図は九〇―九一ページに収載）。

右四図載する所の地名、新古を相交へて之を記す。我国は多く天竺の古名を通用し、且旧図皆古名を記す。然るに近世地理学開けしより、今の地名通用する者亦多きを以て、新古に拘《かか》わらず、其能《よく》通用の者を載す。覧る者、諭《さと》し易きを取《とれ》［且今の地名に由て、古名の方位を併考するに便なり］。

仏国地方略説

仏国図考に詳説を為すといへども、姑《しばら》く此に仏の故跡霊地の梗概を略記す。第二図中、図面西南の方は、舎衛国より東は摩伽陀国に至《いたる》［凡《およそ》二千五百里許《ばかり》］。記する所、地名に由て仏国地方の大略を考索（考究）せしめんが為なり［里数を記する者、支那の里法且路程の里数なり。面、〈図面〉に記す所の経緯度の里数と同じからず］。

○舎衛城（シュラーヴァスティー）。東の方、須達長者が故宅有《あり》［采覧異言、暹羅とす。非なり］。又城南五、六里に、一林有り。是則ち祇園なり。其地の景色、池水清浄にして林木茂り、衆花色を異にして、其絶景愛すべし［法顕覧所《みるところ》］。其処に寺在り、則《すなわち》祇園精舎是なり。大門は東向にて、門の左右に石柱を建《たつ》。高さ七丈余《あまり》［左柱の上端に輪形を刻し、右柱に牛形を刻す］。其東北六、七里、又一寺在り。是則須達長者、金銭を布《しき》たる所なり。精舎は東南五里の間縁《マチハズレ》に在《あり》［金剛略疏］と云へば、仏時（仏陀在世時）の城下の市中、頭陀行の所を舎衛乞食の霊地とす［般若経に出《いづ》。然るに明儒賓童龍国の説、非なり］。舎衛城東南五百里、カビラヱ（カピラヴァストゥ）国に到る。

○迦毗羅衛《かびらえ》国。城内に故基在る者、則浄飯王《じょうぼんのう》（釈尊の父）殿なり。其処に寺有て、王像を安置す。又摩《マ》耶夫人《ヤブニン》、耶輸多羅《ヤシュタラ》（釈尊出家前の妻ヤショーダラー）等の寝宮にも、各々寺在て皆其像を安置す。太子城を踰《こ》へし所は、城の東南隅に寺有り。其寺中に、太子白馬に乗て虚空を行《ゆく》の像を造る。城の東凡《およそ》百余里、仏誕生の所。国の東三百里、ランマ（ラーマガーマ）国に到《いたる》。

○藍摩《らんま》国（羅摩伽《らまな》国とも）。都城の東、大林中百里、大塔在り。是則太子城を踰《こえ》て此所に到《いたり》、始て出家の所［太子、跋伽（バッガヴァ、跋伽婆）仙林に至、剣を抜て自ら髪を剃り、跋伽仙に往《ゆき》て法を問と云］。此所より東百六十里、尼拘律《ニクロタ》（ニグローダ）林。又東北五百里、此路険阻を経て、クシナ（クシナガラ）国に到。

○拘尸那《くしな》。城の西北三、四里、阿恃多代底河《アヂトバチカ》（アジラヴァティー川）に到［古《いに》しへ尼連河《にれんが》（ナイランジャナー川）と異称同河の説有り。仏（釈尊）地ニ因ス（この地に止まる）。此ニ在テ身ヲ捨ツ。故ニ彼《カシコ》（拘戸那）ニ至テ入滅ス、と云。此説非なり。章安[57]之を弁じて別とするは、是《ぜ》なり。然るに伐底《ばち》河を熙連河《きれんが》（尼連河）の南とし、其間百里とするもの、皆非なり］。河を渡て、其西岸遠からずして娑羅双林《サラサウリン》に至［又鶴林《かくりん》と云］。此林高く聳へて、遠方より見ゆる者、則仏の墓処なり。大なる甎《カハラ》精舎に、涅槃像を安置す［北首にして、西を前、東を後にす］。其傍に一塔在り。高さ二十丈。前に石碑在り。如来寂滅の事を記す。城の北の方、河を渡れば、塔在り。仏の遺骸を火葬せし処なり［其間三百余歩有り。明儒（のいう）錫蘭島に涅槃真身側臥の説、諸書にあれども非なり］。クシナ国東南六百八十里、ヘイシヤリ（ヴァイシャーリー）国に到［是《これ》クシナよりマカダ国に行《ゆく》路程なり］。又クシナ国西南七百里、ハラナ（バーラーナシー、ヴァーラーナシー）国に到。

○波羅痆《はらな》（婆羅捺《ばらな》とも）。河の東北十余里、鹿苑（サールナート、鹿野苑）に到る。大垣中精舎、高さ二十丈［上に黄金の阿摩落《アモラ》（アームラ、すなわちマンゴー）果を作る］。是則ち鹿野伽藍なり。其西南に石の塔在《あり》、高さ十丈。其前に建る所の石柱、高さ七丈。是《これ》成道後、始而《はじめて》説法の遺跡に建《たて》し旌表《シルシ》なり。此東三百里、戦主（ユダパティ）国。又四百三十里、ペイシヤリ（ヴァイシャーリー）国に到。

○毗舎利《ぺいしやり》（吠舎釐《べいしやり》とも）。城の北七、八里、維摩詰《ゆいまきつ》（ヴァイシャーリーの富豪ヴィマラキールティ）故宅。遠からずして一神（精）舎在り。丈室（方丈の室）に数百千の師子座を現ぜし遺跡の状《カタチ》、瓦を畳《たた》む如く、石を積《つむ》［唐王元（玄）策[58]、維摩の故宅に至て、手板を以て量るに、縦横ともに十笏《しやく》を得と云］。遠からずして大林精舎、重閣講堂に到る。是則ち仏涅槃の前年、クシナへ行《ゆく》半途、冬十一月此所に到り、居住の遺跡なり。

城東百六十里、五河合口（合流）に到る。是阿難《あなん》（アーナンダ、仏陀十大弟子の一人）寂滅の所。河を渡て四十里、マカダ国巴連弗（パータリプトラ）邑に到。
○王舎城。梵語羅閲城（ラージャグリハ、後のラージギル）と云。上茅城［国中の大城国の正中に在り］外郭を離るる事四、五里［日本の半里許《ばかり》］。城下の傍にて、屍を捨る三昧荼毗場《ヤキバ》の類なり［屍陁《した》林、又寒林と云］。蓱沙《へいしゃ》王（ビンビサーラ）此墓田に王舎を建《たて》、後に城を築く。由て王舎城と名《なづ》く［上茅城の内郭を宮城と云。其四方、五山を以て外郭とす。周り百五十余里。是を山城（ギリヴラジャ）と云。上茅城、梵語拘奢掲羅補羅《クシャキャラホラ》城（クシャーグラプラ）と云。唐書に誤て波吒利《ハタリ》城（パータリプトラ）と相混じ、恒河に瀕す（沿う）と云。非なり］。
○霊鷲山《りょうじゅせん》の梵語、耆闍崛山《ギトクツセン》（グリドラクータ）と云。上茅城外郭五山の一峰にして、東北に当る所の高嶺なり。宮城の東北十四、五里、南の麓に到［秦本法華の註に、王舎城の東北十五里と云。是、宮城を誤て王舎城に相混ずる者］。三峰有て、其北の一峰就中《なかんずく》高し。山峰秀でて端厳、五山中最も高《たかし》［法顕覧所《みるところ》］。空翠（空と屹立する山の緑と）相映じて、濃淡色を分つ［玄奘覧所］。泉石清奇、林樹森鬱［慈恩伝記す所］。蓱沙王、山麓より山上迄石梯（石段）を造り、仏所に詣《いた》る［広さ十余歩、長さ五、六里］。其中路（途中）、二処［に］塔を建《たつ》。其一を下乗と云《いい》［王、徒行す］、其一を退凡と云《いう》［凡夫を禁ず］。山上に至て、其西崖に甎《かわら》の精舎在り。此処、仏の住所。其南に大石室在り。仏座禅の所［是、山上より三里の所］。其西北三十余歩、大盤石在り。阿難座禅して、妖怪に遇ふ所。此地方、舎利弗（シャーリプトラ、仏陀最初の弟子）、目連（マウドガリアーヤナ、仏陀十大弟子の一人）以下仏弟子衆面々の座禅石室、数百在り。精舎の東北の方に、仏足石在り。
○前正覚山《ぜんしょうかくせん》。梵語鉢羅笈菩提《ばらぐぼだい》（プラーグボーディ）山と云。其西南、菩提樹を距《へだて》る事十四、五里の所、太子王宮を出て所々諸仙に法を問ひ、鬱陀羅《ウトラ》（ウドラカ）仙を辞して後、伽耶山、尼連禅（ネーランジャラー）河の辺《ほとり》に往て、常に座禅して起《タツ》ことなし［其所地名、鞞羅《ヒラ》梵志村と云］。其所は此山の西、一大河を隔つ［鬱陀羅入定の処も此地方なり］。其後苦行を止て、此山中を時々游覧して其幽寂を愛し、山の半崖に至て澗水《かんすい》（谷川）を前にし巌石を後にして座禅の所、毎年一夏《ゲ》終はる日、遠近の僧俗山上して、拝礼供養する事なり。

○菩提樹は釈迦得道の所［霊鷲山の西百六十里］。故に道場、又金剛座と云ふ［仏国第一の霊地とす。明史等の書、金剛座を国名とし、金剛座国と云は非なり］。菩提樹垣、高さ二丈四尺、周り五百余歩。東西長く、南北狭し。其中の景色、奇樹名花、陰を連ね影を接し、細沙異草、彌漫緑被す［玄奘覧所］。其正中、金剛座。周り百余歩。其南北両端に観世音の像、東面して界を限る。其外《ソト》の大門は東向、尼連河に対し［河巾（幅）四丈と云。此所より少《やや》東南に、仏時々此河水に沐浴の遺跡在り］、南門は大華池に対す［池の周り七百余歩］。金剛座上の菩提樹、名を畢鉢羅《ひっぱら》（ピッパラ）と云。高さ四丈八尺［玄奘覧所］。垣の東に寺有り。本堂高さ十六、七丈、重閣三層。寺中の本尊は始て成道の釈迦座禅の像。其神在《いま》す如し。相伝ふ、彌勒が仏在世肉身の生写《いきうつ》しを規則《ねらい》にすと云［高さ一丈一尺五寸］。大華池の東南、苦行の処。寺在て、仏苦行憔悴の像を安置す［唐高宗の時、金剛座に支那より石碑を建《たつ》］。

○迦蘭陀《からんだ》竹園は、山城北門を出て一里余、迦蘭陀長者、須陳那（迦蘭陀長者の息子スディンナ）、迦文《かもん》（釈迦牟尼）に施す所故、名とす。仏、精舎に住居、此竹園を始めとす。故に鷲峰（霊鷲山）に次《つぐ》の霊地とす。又諸の僧伽藍の始とす［今の仏寺の始めなり。按ずるに、慈恩伝に、仏戒律ヲ制スルノ所、と云。其説、出曜経《しゅつようきょう》に出《いづ》(59)。云く、仏羅閲城ニ在《いま》ス時、迦蘭陀ノ子律ヲ犯ス。故ニ戒蔵ヲ説クト。是なり」。竹林精舎の北二百余歩、迦蘭陀池に到。仏、亦此処にて多く説法在り。且其池水清澄なるを以て、八功徳池と云。

○那爛陀（ナーランダー）大刹は王舎城の北三十余里、五印度仏子の学館なり。歴世の君王、堂伽藍を増建。印度伽藍千万にして、其壮観の最上とす［慈恩伝］。其中に僧徒数千人在り。四方異域の学人来り学ぶ［唐徳宗時（七八〇―八〇四）、天子自ら鐘銘を制して、那爛陀精舎に賜ふ］。

○竹園より西南五、六里、南山の山陰に大なる竹林中に大石室在り。是、三蔵結集の所なり。仏国記（法顕伝）に車帝と云《いい》、統紀（仏祖統紀）に畢鉢羅《ヒハラ》窟と云《いう》。又一説、七葉岩内（七葉窟）とす。然るに霊鷲山の北山続き搏《わき》（側）南山の西三百歩にして、一石室在り。迦文食後に座禅の所なり。此所を西域記、賓波羅《ひんはら》窟と云。結集場より五、六里東の方なるが、畢鉢羅窟、賓波羅窟〈の〉転声なるべし。結集場西北に塔在り。阿難、始め結集の列を退けられし遺跡なり［王舎城以下此に至て数条、皆摩伽陀国］。

舎衛城以下数条、〈皆〉第二図に属する者〈なり〉。

○檀特山《だんどくせん》［山名。第三図に出《いづ》］は北天竺犍駄羅《けんだら》（ガンダーラ）国、跋虜沙《ばるしゃ》（パルシャ）城東北二十余里の所なり。正しく云ときは弾多落迦《だんたらか》（ダンダローカ）山なり。絶頂に塔在り。往古、此国の太子蘇達拏《ソダナ》といへる仁人有しが、山上に棲隠せし遺跡なり。岩の間に石室在り。是、太子座禅の石室と云。依て我国にて、誤て悉達《シッタ》太子座禅及成道の所とす。又此山の西北百余里、一塔在り。昔、独角仙人婬女《ようじょ》（美女）に誘はれ、神通を失ひ、婬女独角が肩に駕して還りし遺跡なり［独角は仙人の名。然るに我国にて一角仙に作るは、独角を誤り伝ふるか。右載する所の二塔、ともに仏滅一百年、無憂王（アショーカ、阿育王）建つる所と云へば、蘇達拏、独角皆大古の人物なり」。

○補陀落山《ふだらくせん》［山名。第四図に出］。正しく云ときは布咀洛迦《フソラカ》（ポータラカ）山なり。漢訳、海島を云。此地名、三処有《あり》。其一、応帝亜《インテヤ》の西南秣羅矩吒《マラクタ》国［今の秣剌襪爾《マラバアル》］、其国極南の方秣利耶《マリヤ》山［此山に牛頭旃檀《ゴツセンダン》を産す。他〈比〉類なき名香なり。此山の外、天下に之無し。然るに旃檀你婆《ニハ》樹（似非樹）有て、香樹と別つべからず。之れを識《しる》事は、香樹は木の性、涼冷なる故、盛夏の時、高処に登り遠く臨むに、大蛇の縈《まと》ふ者有。是を見すまして箭《や》を射て記《オボヘ》を為し、大蛇冬蟄して後、其香樹を伐ると云］、其東の方補陀洛山。絶頂に大池在《あり》。其水大河と成て、山腰を繞《めぐり》て流れ落《おつ》。其池の側石、天宮在り。観自在菩薩、往来遊舎すと云。是、真の補陀洛山なり。其二、支那浙江寧波府の海島［日本僧慧锷（萼）が観音を安置せし所なり］。其三、西蔵の布塔拉《ふたら》山。また布達拉《フタロウ》に作る。布達拉、則ち補陀洛の訛転なり［応帝亜、海島の観音、霊験有《あり》しより、此山名高きに由て、補陀洛の名、観音の霊地と成《なる》。何国にても、此名を用ふる事となりぬ」。

○楞伽山《りようがせん》［山名。第四図に出］は錫蘭島の亜当斯《アダムス》山なり。故に明史に、錫蘭山、即チ古ノ狼牙修《ろうがしゅう》（ランカスカ）、と云。楞伽の転訛なり。翻訳名義〔集〕に、仏、楞伽国摩羅耶山ニ入リテ経ヲ説ク、と云。楞伽を国名とし、其山を摩羅耶山とす。皆非なり。仏祖統紀に、楞伽阿跋多羅《アバタラ》宝経とす。楞伽を唐に不可得と云《いい》、阿跋多羅を遊入と云《いう》。仏、空に遊んで其島に入《いる》。故に不可得遊入を経名とすと云。今其土人誤り伝へて霊鷲山とするを、泰西人花蓮的印紀《パアレンテイン》(60)行せし故、蘭説諸書に記載す。此山名、古しへ不可得と名けて、神通の者ならで到る事得べからずと云し処なるが、今は此島に欧羅巴《エウロウパ》人来り往し、亜当斯山頂へも諸国の人、多く山上する由に聞ゆ。

仏国考証　終

注

（1）朝夷厚生の著作の一つ『仏国図考』のこと。ただしこの書の現存はいまだ確認されていない。『仏国考証』とこの書とは互いに対をなす関係にあったと思われる。
（2）清代に編纂された総合法典の類で、康熙会典以下五種あり、それぞれ付図をもつ。
（3）清の馬掲・盛縄祖の撰した清代チベットの地誌。五巻。図考編を収める。
（4）法隆寺蔵「五天竺図」（十四世紀）や「拾芥抄天竺図」はこのような構図になっている。織田武雄『地図の歴史』講談社、昭和四十八年、二一九―二二〇ページ参照。
（5）「名体志」は『仏祖統紀』（後出注（42）参照）巻三一および巻三二の「世界名体志」を指す。巻三一には華蔵世界図、大千世界万億須彌之図、四州九山八海図、忉利天宮之図、大千三界図の五つの仏教的世界概念図が描かれ、巻三二には東震旦地理図、漢西域諸国図、西土五印之図の三図が描かれている。『大正新修大蔵経』巻四九所収。
（6）掌果図また掌菓図は、仏教系の世界地図に日本図や諸地域の地名を描き入れたもの。その代表的なものは注（28）の鳳潭作「南瞻部州万国掌菓之図」である。鮎沢信太郎・大久保利謙『鎖国時代日本人の海外知識』乾元社、昭和二十八年、覆刻、原書房、昭和五十三年、二六八ページ参照。
（7）写本ではこの段落は直前の段落に続けて書かれ、改行されていない。しかし「題言八条」という限り、版本の如くこの段落を独立させなくてはならない。
（8）チャムノボルはジャウンプル（Jaunpur）に当ると思われる。ジャウンプルは北インドの一独立ムスリム政権のあったところで、ムガル朝を中断させたスール朝の祖シェール・シャーの本拠となったところでもある。朝夷厚生は本書のなかの「仏国知るべからざる所以有事を証す」の章中第二条で、詔納楳児に割書きをし、「莫臥児を云、蓋し転訛」と述べているが、誤りである。

（9）『三才図会』一〇六巻は、すぐ後に出る『続文献通考』二五四巻とともに明の王圻《おうき》の撰。以下、朝夷厚生は仏国に関するさまざまな間違った記述の典拠を割書きで示していく記述法をとっているが、本章では凡例で述べたようにブラケット［　］内の一行書きに改めている。

（10）『星槎勝覧』は明の費信の撰した南海諸国の地誌。二巻。『八紘訳史』は清の陸次雲の撰。四巻。

（11）ブッダガヤーの金剛座は中インドにあるので、これは朝夷厚生の思い違いと思われる。

（12）朝夷厚生の思い違いで、ベンガル地方は東インドに属す。出典の輿地全図がいずれの書（地図）をさすのか、今のところ特定するのは難しい。

（13）朝夷厚生の思い違いで、古代のタームラリプティは今のベンガル地方に属す。出典の地図賛説は、第四章注（3）に挙げた北島見信の『紅毛天地二図賛説』をさすようである。

（14）甘・冷・浄等八つの功徳を具えた水をたたえる池。本書後半「仏国地方略説」の竹園の条にも見える。

（15）森島中良編。五巻。天明七年（一七八七）刊。当時の海外異聞を収めたもの。

（16）花蓮的印はオランダの聖職者出身の地理学者フランソワ・ヴァレンティンでハレンテイン、パアレンテインなどと音写された。近藤守重、司馬江漢、大槻玄沢等近世後期の学者にしばしば援用された。詳しくは第四章注（10）参照。『仏国蘭説考』は既述の如く朝夷厚生の作。

（17）山村才助の主著『訂正増訳采覧異言』。享和三年（一八〇三）に成る。一二巻。新井白石の『采覧異言』を大幅に増補したもの。本書第一章第三節参照。

（18）志筑忠次郎著。天明二年（一七八二）に成る。二巻。世界地理雑記の書。

（19）舎衛城（シュラーヴァスティー）の給孤独長者の本名スダッタの音写。単に須達とも記す。仏陀に祇園精舎を寄進した。

（20）この出典については未詳。

（21）唐初の高僧灌頂大師、字法雲。著書に『涅槃玄義』『天台八教大意』など。

（22）唐の慧立・彦悰撰『大慈恩寺三蔵法師伝』。一〇巻。

（23）南宋の法雲撰。紹興十三年（一一四三）刊。七巻。仏典中の梵語の字義解説集。

（24）烏茶はオリッサの古名。一方烏仗那は西北インドのスワート川流域地方。高桑駒吉『大唐西域記に記せる東南印度諸国の研究』森江書店、大正十五年、覆刻、国書刊行会、昭和四十九年、一〇―一一、一五―一六ページ、および水谷真成訳『大唐西域記』（中国古典文学大系二二）平凡社、昭和四十六年、九九、三二〇ページ参照。

（25）彦悰は注（22）の『大慈恩寺三蔵法師伝』の撰者。

（26）『神国神字弁論』。諦認と敬雄すなわち金竜道人の著。安永七年（一七七八）に成り、同九年刊。

（27）前注参照。

（28）諦認は注（26）参照。鳳潭は松尾華厳寺開山の僧濬、字浪華子で、華厳中興の祖とされる。『起信論義記幻虎録』（元禄十四）、『金剛槌論』（享保十九）等の著作があるが、「南瞻部州万国掌菓之図」（宝永七年、一七一〇）の作者としても有名である。応地利明『絵地図の世界像』岩波新書、一九九六年、一八五―一八九ページおよび同「日本と天竺・インド――前近代日本におけるインドの地理的世界像」（近藤治編『インド世界――その歴史と文化』世界思想社、一九八四年）二三〇―二三二ページ、および前掲『鎖国時代日本人の海外知識』二六九―二七〇ページ参照。

（29）ヒマラヤ山中にあって、ガンジス・インダス等四大河の河源があるとされる阿那婆答多（アナヴァタプタ）池。無熱悩池。マーナサローワル湖がこれに比定される。

（30）大仏頂如来密因修証了義諸菩薩万行首楞厳経、略して首楞厳経とも。唐の般刺密帝《はんしみってい》訳。一〇巻。仏陀の神力によって仏弟子阿難が女難から救出されたことを説く。大正大蔵経巻一九所収。

（31）仏説仁王般若波羅蜜経。仁王般若経とも。鳩摩羅什訳。二巻。大正大蔵経巻八所収。現存のものは後世の偽経とされる。

（32）由旬は古代インドの距離の単位ヨージャナ。その長さに諸説あるが四〇里とすれば、五十由旬は二千里ということになる。

（33）『平定準噶爾方略』のこと。清の乾隆期のジュンガル地方平定の記録。傅恒等の撰。一七二巻。

（34）『起世因本経』とも。一〇巻。大正大蔵経巻一所収。本書、第五章注（58）参照。

（35）朝夷厚生の著。文化十二年（一八一五）に成る。

（36）「南瞻部州万国掌菓之図」の作者鳳潭。注（28）参照。

（37）隋の裴矩撰。三巻。西域の地誌、風俗を紹介したものであるが佚書。

（38）宋末元初の馬端臨撰。三四八巻。唐代の『通典』をついだ制度集成。

（39）南宋の程大昌撰。中国北辺の地理書。一巻。本文中にある禹貢論も程大昌の撰。

（40）清代に成った西域地誌で、古代西域の見聞録を集める。満洲旗人の七十一《しちじゅういち》撰。八巻。椿園は七十一の字。

（41）ハルシャ・ヴァルダナ王没後のインドを三度訪れた唐の遣使。王玄策の書『中天竺行記』は佚したが、他書にその断片が収められている。本書、補論一参照。

（42）南宋の志磐撰。五四巻。天台を中心として仏教諸派の承伝、仏事等を広く記したもの。

（43）明の永楽帝時代の宦官。チベットに使節として派遣され、ついでネパール、インドも訪問した。

（44）清の江蘩撰の四訳館考、六巻のことか。四訳館は清代設置の翻訳館。

（45）艾儒略。明末中国に来たイタリア人宣教師アレーニの中国名。彼の多くの書のうち、世界地理書『職方外紀』五巻が有名。写本の頭部には、この艾氏について「艾氏ハ西海艾儒略ナリ、明末中国ニ入テ識《ママ》方外紀ノ選アリ」と、別筆の墨書がある。なお前掲『鎖国時代日本人の海外知識』三一六ページも参照。

（46）マゴメターネン、マアゴメタンは、イスラーム教徒を意味するヨーロッパの言葉モハメダン（英語）、マホメタン（フランス語）等の転訛形を写そうとしたもののようである。モールは、ポルトガル人を介して広まった主としてインドのイスラーム教徒を意味する言葉。

（47）版本も利末亜《リマア》としているが、利末亜《りびあ》が正しい。北アフリカと同義である。

（48）山村才助がドイツ人ヒューブナーの世界地理書オランダ語版からインド関係部分を翻訳した書。文化四年（一八〇七）に成る。二巻。本書第四章に全文校注。

(49) ムガル朝の創始者はバーブル。彼はティムールの六代目の子孫に当る。ラホールはアクバルが一時遷都して以来、そこにムガル朝の離宮がおかれた。

(50) 角倉了以（一五五四—一六一四）同素庵（一五七一—一六三二）父子のころ、産学ともに大きを成した京都の豪商。

(51) 播州高砂出身の米沢徳兵衛。天竺徳兵衛は通称。京都の貿易商角倉素庵の朱印船に書役として乗船し、寛永年間シャムに二度渡航した。晩年剃髪して宗心と号し、大阪上汐町に住した。宝永四年（一七〇七）、渡海時の見聞を書きとめたものが『天竺徳兵衛物語』である。『天竺渡海物語』『天竺物語』などの異称もある。武田万里子「註解天竺徳兵衛物語」『歴史と人物』昭和五十三年一月号、一八六—一九七ページ参照。本書第一章、二七ページおよび第一章注（23）も参照。

(52) 慧蕚は平安初期京都の僧。八五八年、二度目の入唐の帰路海難に遭い、浙江省舟山列島の一島に観音像を安置して無事帰国したという。

(53) 宗心については、注（51）参照。

(54) 注（10）の『星槎勝覧』。馬歓撰『瀛涯勝覧』一巻と同様、鄭和南海遠征の随行記。

(55) この見出し書きの一行は篆文で書かれ、五天竺四図の五文字は葉中央部に大書されている。如有子は既述の如く朝夷厚生の号。『仏国考証』が成ったのは文化十一年厚生六十七歳のときであるが、彼は自分の年齢つまり犬馬の歯が七十歳とここでは称している。

(56) ここでは、注（17）で紹介した山村才助の『訂正増訳采覧異言』に付された『采覧異言附図』をさす。文化元年（一八〇四）に作成されたこの世界地図は、鮮明に配色されており、わが国最初の世界地図帳とも称される。本書二一—二三ページ掲載の地図参照。また前掲『鎖国時代日本人の海外知識』三一三ページも参照。

(57) 章安については、注（21）参照。

(58) 王玄策については、注（41）参照。

(59) 竺仏念《じくぶつねん》訳。三〇巻。大正大蔵経巻四所収。

（60）花蓮的印については、注（16）参照。

第四章　山村才助『印度志』校注

はじめに

『印度志』上下二巻の写本はいくつかあるが、本稿では国立国会図書館（旧上野図書館）蔵の写本（上野本と略称）を底本とした。この写本の下巻末尾には「文化丁卯（文化四年）春二月訳了　夢遊道人」と記されており、写本のあちこちに朱筆が入れられている。題簽には「印度史　乾・坤（二冊）」とあるが、写本の本体はもちろん「印度志巻之上」で始っている。

京都大学附属図書館所蔵の写本（京大本と略称）は、書名が「印度亜志」となっており、上野本が冒頭に「東洋　山村昌永子明譯」とあるのに対し、ただ「東洋」とあるのみである。そして上野本と異り、漢字混じりの片仮名書きである。表現もやや異なるところが処々あり、欠落もあって不完全写本である。別筆で漢字の読みを記入したところもある。

岡山大学附属図書館所蔵の池田家文庫に収められている写本（池田家本と略称）は、冒頭に「東洋池田長発著」となっている。京大本と違って漢字混じりの平仮名書きであるが、同様の欠落や誤記が散見され、京大本と同系統の写本と思われる。[1]しかも、上巻を巻之壹、巻之弐に分ち、下巻を巻之三、巻之四に分ち、都合四巻の構成をとっている。ただし表題は「印度志」となっている。著者と称す池田長発（一八三七―七九）は、幕末に外国奉行に任じられたこともある人物である。(2)

応地利明氏は『絵地図の世界像』において、山村才助の『印度志』を京大本に処ってであろうか『印度亜志』としているが、やはり上野本等に従って本書の如く『印度志』とする方がよいように思われる。(3)

本書では上野本を底本とし、京大本と池田家本を適宜参照しながら校注していくこととする。また、山村才助が邦訳する際に原本とした一七五六年版のオランダ語版の当該箇所を参照し、固有名詞等に関し必要に応じてオランダ語を表示するとともに、時にはその現今の表記も示すことにした。このオランダ語版の当該箇所は、第一章で述べたように、一七六九年版オランダ語版の当該箇所とともに、長崎県立大学の長島弘教授がライデン大学研修当時、アムステルダム大学図書館より複写コピーを取り寄せて下さったものである。

以下に『印度志』校注の凡例を示しておくことにしよう。

一、写本原文中の簡単な誤記はパーレン（　）を付して訂正し、また原文にない文字を加えた場合はキッコー〔　〕に入れて示した。

一、一七五六年刊のオランダ語版の綴りを必要に応じてパーレン（　）内に示し、時にはこれに現行表記の綴りもイタリック体で並記した。

一、原文中の漢文は、読み下し文に改めた。

一、漢字は原則として常用漢字表中にあるものを用い、これにないものは現行普通の字体を用いた。
一、仮名遣いは原文通りとした。ただし校注者の付した振仮名は現代仮名遣いとした。
一、振仮名は原文にあるものは片仮名で、また校注者の付したものは平仮名で示した。
一、固有名詞の表記に用いられた原文中の濁音、半濁音は、そのまま生かすことにした。
一、句読点は校注者において付した。
一、見出し、段落、改行は原文に依った。
一、原文にある割書きの訳者注記、按文は、ブラケット［　］内の一行書きに改めた。
一、オランダ語版中のイタリック体の名辞の訳名に付された「　」ないし⎾⏋の記号は、すべて省くこととした。
一、簡単な注記は本文中の（　）内に記し、それ以外の注記は一括して後注とした。

注

（1）欠落の一例を挙げれば、上野本上巻後半の四二葉表「王国カリキュト」の条にある「明の時所謂古里国なり」なる一文が京大本、池田家本ではともに欠落している。また、下巻末尾に近い「善地図」の条で「又千七百四十八年」以下四行が京大本、池田家本ともにそっくり欠落している。ただし、京大本と池田家本との間にも微細な差異が数多く存在する。

（2）池田長発は備中の旗本池田修理家第十代当主で、文久三年（一八六三）二十七歳の若さで外国奉行に抜擢され、遣欧使節の正使となってフランスへ派遣されたが、横浜鎖港の幕命を果せず、帰国後岡山に隠居して可軒と号した。幕末に軍艦奉行に再度登用されるが、半年ほどで再び隠遁生活に入る。池田家本はこの隠遁生活時代に成ったものであろう。岸加四郎『池田筑後守長発とパリ』岡山ユネスコ協会、昭和五十年、二六―二七ページ参照。

(3) 応地利明『絵地図の世界像』岩波新書、一九九六年、二一〇―二一一ページ。

『印度志』校注

印度志巻之上

東洋　山村昌永子明訳

名義

此国地方総称して印弟亜《インデア》といふ。これ古の世よりしてかくの如く称する所にして、印度《インドス》といへる大河其地の西にありて百児西亜《ベルシア》国との界を分つに因て名《な》づくる所なり。其《その》土人は自称して印度斯当《インドスタン》（Indostan）といふ。これ東方諸国の方言にて土地を呼てイスタンといふ。すなはち印度《インドス》河の傍の地といへる義なり。

此諸国の地を世にまた称してオーストインヂーといふ［和蘭《おらんだ》の語にて東をオオストという。すなわち東方印度といへる儀（義）なり。ラテンの語にてインデア・オラユンターリスといふ。その義またこれにおなじ］。これを以て亜墨利加《アメリカ》洲を呼てウエスト・インヂーといふものと区別するなり［和蘭の語にて西をウエストといふ。ラテンの語にてインデア・オクシテンタアリスといふ。共に西方の印度といへる義なり。和蘭等の欧羅巴諸国よりして印弟亜は東にあたり、亜墨利加洲は西にあたるゆへなり］。

此諸国の内地［海に浜せざる地をいふ］の総名を今また称してモゴリスタン（Mogulstan）といふ。これ自立の帝ありて一統してこれを治め、その尊号を莫臥児《モゴル》またク（グ）ロオテ・モゴル（grote Mogol）と

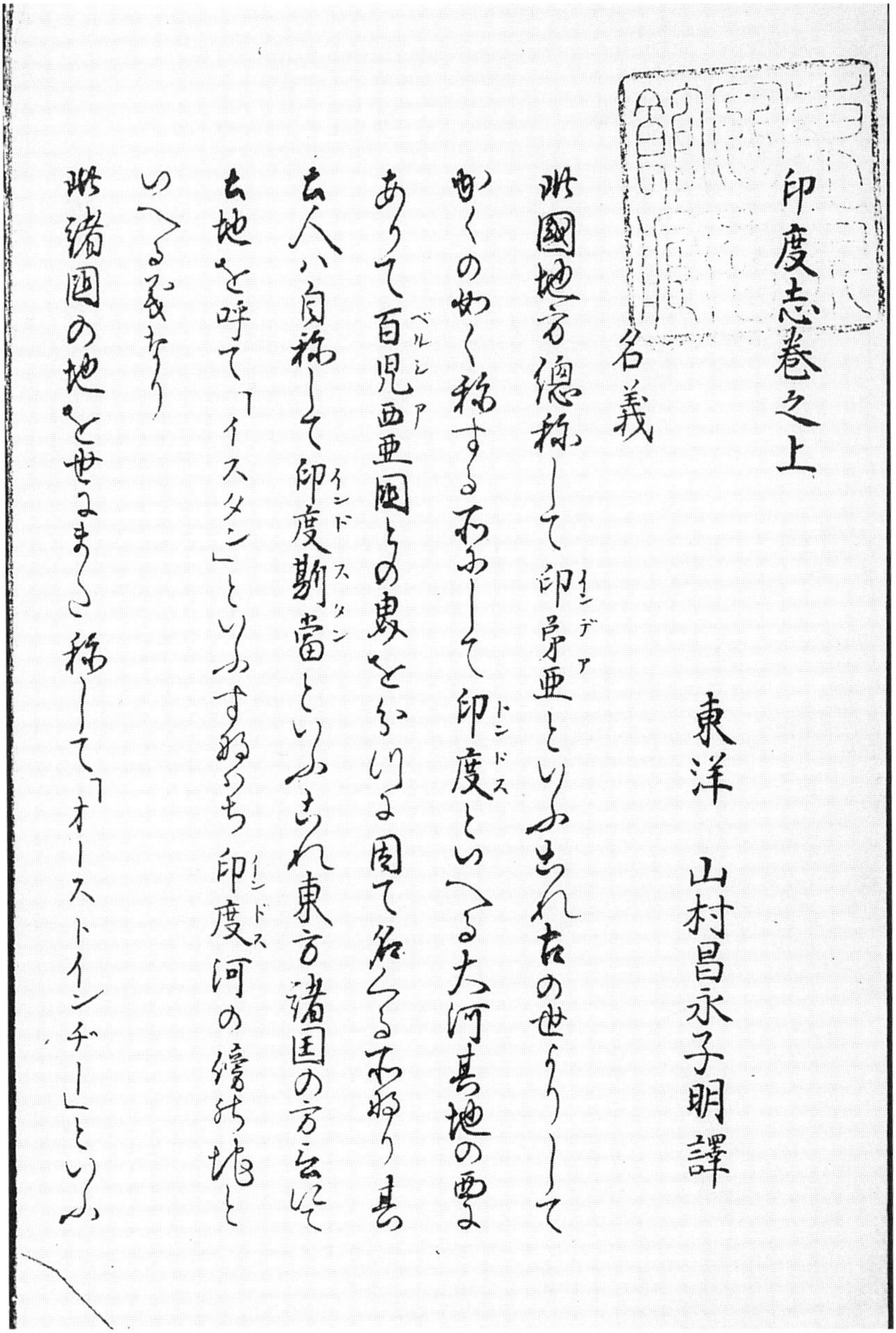

印度志巻之上

東洋　山村昌永子明譯

名義

此國地方總称して印第亜《インデア》といふ是れ古の世よりして
かくのごとく称する所以にして印度《トンドス》といへる大河其地の要
ありて百児西亜《ベルシア》国との東をかぎるに因て名くる所なり其
土人は自称して印度斯当《インドスタン》といふ是れ東方諸国の方言にて
土地を呼て「イスタン」といふすなはち印度《インドス》河の繞れる地と
いへる義なり
此諸国の地をせまく称して「オーストインヂー」といふ

国立国会図書館（旧上野図書館）蔵『印度志』写本冒頭部

いふ［グロオテは大をいふ］。ラテンの語また払郎察《フランス》語を以て刊行せる地図には此国をテルラ・マグニモゴリス（Terra Magni Mogolis）［これラテンの語なり。テルラは地をいふ。マグニは大をいふ。三言合して大莫臥児国といへる義なり］またエタツ・ギユ・モゴル（Etats du Mogol）［これ払郎察語なり。其義また上に同じ］と記せり。

方位

印度斯当諸国の地、其西は百児西亜に界ひ、北は大韃靼《だったん》(1)に接し、東は支那に至り、南は東方の大洋に臨む［これ此海、和蘭等の諸国の地よりは東にあたる故に東方の大洋と称するなり］。故にこの海を称してインヂセ・オセアアン（Indische Oceaan）という［印度の大海といへる義なり］。其幅員東西五百里［日本の一千里］南北七百里［日本の一千四百里］。則ち波爾杜瓦爾《ぼるとがる》(2)、伊斯把你亜《イスパニア》、払郎察《フランス》、諳厄利亜《アンゲリア》（イギリス）、思可斉亜《スコシア》（Schotland　スコットランド）、意而蘭大《イルランド》（Ierland　アイルランド）、和蘭、赫爾勿萋亜《ヘルベシア》（Zwitserland　スイス）、意太里亜《イタリア》、九国の地を合せたる大きさにあたるなり。

河水

此地内におゐて最《もっとも》世に名ある河水は

印度河《インデス》は其名上古よりして世に著くしてスタラボ（Strabo）、ブリニウス（Plinius）、キュリユシウス（Curtius）［皆な今を去る事千五、六百年前の人にして共に諸国地理図説を著はせる者なり］およびその他の書にも記載し、且《かつ》アレキサンデル・デン・コ（ゴ）ロオテ［古への厄勒祭亜《ギリシア》の帝にして欧羅巴《エウロッパ》諸国、亜弗利加《アフリカ》の北方諸国、幷《ならび》に那多里亜《ナトリア》（アナトリア）、西利牙《シリヤ》、百児西亜《ベルシア》、印弟亜《インデア》、是的亜《シチイア》（シチリア）諸国を一統せり。これ日本孝安天皇の世にあたれり。漢にはこれを歴山大王と訳せり］の大軍東方に向ひし時に此河を渡ること再びせしによりて、西洋におゐてきわめて世に名高きなり。其河源は韃靼の王国チベットの界《さかい》なるイマ（Ima　ヒマすなわちヒマラヤ）といへる大山よりいでて、南に流れて印度海に注《そそぎ》て、その海に注ぐまでの間に他の数多の河ありてこれに合するのゆへに、此河身広くして深し。しかれども其海に注ぐの辺《あたり》は沙堵（渚）多きに因て大船を出入するにかたし。土人はまた此河を名づけて身毒《センド》（Sinde）ともいふなり。

安日河《ガンゲス》［寄陽（長崎）の北島見信[3]が天地二図贅説に此河は仏説に所謂恒河なりとて、仏言を引て証せり］は其河印度《インデス》河の支流の所を去ること遠からず。またチベット国の辺なる大山より出て東北より流れ、此国の中央をすぎ数多《あまた》の河口を分ちて榜葛剌《ベンガラ》の海湾に注ぐ。此河連雨の時候にいたれば、水大《おおい》に増漲《ましみなぎ》りて其近辺の地に溢る。是によりてその溢れたる所の地は水退きて後甚だ膏腴《こうゆ》肥饒（地味豊饒）なり。此河水極めて清潔にして、また能《よく》これを汲貯《くみたくわう》るに久く腐れざる事他の諸河の水に勝れり。故に航海の徒恒にこれを汲み貯へて、以て海上の用に供す。印度の人は甚《はなはだ》此河を尊重しその書にも記し伝へて、此水に浴すればよく其罪障を消滅して生天の果を得るといふ。故に毎日此河水に浴するもの多し。而していふ、よく此河水に潜り入りて久しきに堪て無事なる者は、則ち其福利を得たる験《しるし》なりと。ここを以て諸人毎《つね》に此水中に潜り入りて久しく居らん事を欲し、ややもすれば溺死するもの多し。

ガンガ（Ganga）河、一名キュエンガ（Guenga）といふ。其源は王国デカン（Dekan）の地より出て、東に流れて榜葛剌の海湾に注ぐ。其海に注ぐの所は安日《アンゲス》河の口と甚相遠からず。[4]
ラクキア（Laquia）河は其源支那の界よりいでて流れて、また榜葛剌の海湾に注ぐ。その注ぐの所は安日河の口よりして少しく東の方にあたれり。[5]

風土

其北辺に在て韃靼に界するの諸州は、其地方すべて山岳多く、山中には種々の猛獣を産す。其気候は清涼にして且融和なり。南方にあるの諸州は、これに反して気候きわめて炎熱に、土地甚肥沃にして菓実能《よく》熟し、林樹原野終歳（年中）すべて緑なり。其平但（坦）なる広地には鉄蕉（ソテツ）、椰樹（ヤシの木）殊に多く林をなす。

其南方の諸国は、六月［西洋の暦を以ていふなり。西洋の六月は此方の小満より十日或は十一日の比《ころ》よりして夏至より十日或は十一日に至るの間の三十日をいふ］より九月［西洋の九月は此方の処暑の十日或は十一日の比よりして秋分より十日或は十一日に至るの間を云］に至るまで四ケ月の間は連雨止時《やむとき》なし。其他の八ケ月の間はこれに反して天気甚だ晴明なり。

其風の如きは十月［西洋の十月は此方の秋分より十日或は十一日の比よりして霜降の十日或は十一日の比に至るの間を云］より四月［西洋の四月は此方の春分より十日或は十一日の比よりして穀雨の十日或は十一日の比に至るの間なり］に至る迄六ケ月の間は恒に東北より吹き、四月より十月に至るまで六ケ月の間は恒に西南より吹く。而してその四月と十月とも、風変ぜんとするの節には必ず狂風をなす。人この時を以て悪時候と

称す。(6)

其地みな諸穀を産する事極めて夥敷《おびただしく》して、大小麦、燕麦、黎豆（クロマメ）、翹揺《ぎょうよう》実（linzen　ヒラマメ）、豆、米、稗等充満して用を欠く事なく、其他甘蔗（サトウキビ）、沙（砂）糖、麻枲《まし》（アサ）、茴香《ういきょう》、芥子《けし》の類、その夥しきこと勝《あげ》て云ふべからず。

又此地世に名誉ある薬草ヂュトロア（Dutroa）なるものを産す。又其ギュシュラテ（Guzuratte/*Gujarat* グジャラート）国のアマダバット（Amadabat/*Ahmadabad*　アフマダバード）といへる地よりしてコストス（Costus）といへる薬草を産す。此物、金瘡（切り傷）を治するの妙また世に名あり。土人はこれを呼てビュンコ（Punco）といふ。

其花には玫瑰《まいかい》（バラ）およびロオスマレイン（rosmaryn　ローズマリー）最多し。

また蒲萄《ぶどう》あり。しかれども多くは産せず。土人は椰子を以て酒を醸す。其美なる事蒲萄酒より貴し。

其諸山は多く金銀および金剛、夜光、猫睛（晴）、瑪瑙《めのう》、スマラグデン（緑玉）、サッヒイレン（青玉）、ヘイアシンテン（ヒアシンス石）、ケレイソリテン（貴橄欖石）、アメチステン（紫水晶）、コルナレイエン（紅玉髄）、トパアセン（黄玉）、ガラナーテン（柘榴《ざくろ》石）、ヤスビス（碧玉）［皆玉石の名なり］等の諸宝石を産す。また蛇石（serpentynsteenen）あり［世に所謂スランカ（ガ）ステンなり］。能《よく》諸毒を吸ふ。(7) 其海辺にて所々皆明珠（真珠）を採る。

上にいふ処の諸品の外に尚夥しく欧羅巴洲に輸すものは貴重なる絹布、絨緞《じゅうたん》、木綿、鮓荅《さとう》（生薬用の牛《ご》黄《おう》）、龍涎《りゅうぜん》（龍涎香）、麝香《じゃこう》、甘松（甘松香）、阿片、靛花《てんか》（インディゴ）、生姜《しょうが》、肉桂、胡椒、萪籐《かとう》（蔓性の木）、香水、焔硝《えんしょう》（硝石）、瀝青、蠟、蜜、この類なり。

其畜《か》ふ所の獣には牛、羊、猪（豚）および野羊《やぎ》甚多し。馬は産すること少なし。牛はこれを屠《ほふ》ること甚稀《はなはだまれ》なり。これ、此地の浮屠《ふと》(8)の徒以て霊物としてこれを貴《たうと》むの故なり。

其野獣には犀、象、虎、獼猴《びこう》（大猿）、長尾猿、栗鼠《りす》等多く、其他鰐、大亀の類多し。

象は此地にきわめて多し。莫臥児《モゴル》の都にてはこれを馴しめ畜ふこと数千隻《せき》、以て重きを荷《にな》しむべく、また戦闘の時にはこれを以て隊に加へて勝を得べくして甚緊要の獣なり。

虎は山林の間に産し、時々出て人家に至りて人を攫《つか》み食ふ。殊に幼児を好む。

獼猴は多く群を成す。毎《つね》に人家の屋上に登る。此時米及び甘蔗等を地におけば、獼猴これを見てみな顚倒して急に下に落下り、其食物をあらそひて互に相咬《か》み傷つくといふ。

亀は此地に産する所は大低（抵）その大きさ強力《ごうりき》の夫《ふ》僅に一亀を負ふべし。その卵を生むときはこれを沙中に埋め、日光の熱気を受けて生育する事恰《あたか》も鰐に同じ。人その卵を埋むる処を捜索するも、時として一所において卵百餘数を得る事あり。この卵および亀の肉、共に味佳《あじか》にして食ふべし。

鳥には雉《きじ》、鸚鵡《おうむ》、孔雀、烏、鴉（ハシブトガラス）等多し。また蝙蝠《こうもり》を産す。その大さ恰も鶴の如し。

鳥はその性甚だ兇悪なり。毎《つね》に人家に飛のりて鉢《はち》、盤《ばん》中の食物を窃む。獼猴また鳥の去るを伺ひ、其巣に入てその卵を食ふ。

虫には蛇および蝎《さそり》、蝗《いなご》等多し。また此地産する所の鼠はその形大にして能《よく》猫と闘ふ。また蟻多し。これ人家を蛀《むしば》みて是を損する而已《のみ》ならず、亦船の害をもなす也。

風俗

およそ印度斯当《インドスタン》の土人は其種族分《わかち》て二とす。共に是《これ》上古の世よりして此地に在て、敢て居を他邦に遷す事をなさず。その子孫蔓衍《まんえん》してみな本土を去らず。其事既に古《いにし》へのラテンおよび厄勒祭亜《ゲレシア》（ギリシア）国の書にも明白なるものなり。分て二種とするものは、一は其族姓貴きものにして世に衆人の上に立《たち》［按ずるに、是所謂婆羅門《いわゆるバラモン》、乃勒《ナイロ》（南インドの戦士階級ナーヤル）等の貴族なるべし］、一はその族姓賤しくして世に下卑に居る者也。共に浮屠の教を崇奉するなり。

然るに西洋中興歴（暦）数千三百餘年の末［即ち千四百年に近き時節を云なり。千四百年は日本応永七年、明の建文二年也］のころほひに、彼《かの》英雄絶倫なるタメルラアン(9)［これ西洋にて称する所の名なり。其事ゴッドリキドが西洋全史に見へたり］、東方にてはチムルベキ（Timur-Bec）と称するの人、其本国大韃靼のウスベッキ（ウズベク）国より興りて諸《もろもろ》の東方諸国［これ西洋よりして東方にあたる地をさしていふ也］西利亜《セイリア》《シリヤ》（両側にルビあり）、亜爾墨泥亜《アルメニア》、日阿爾日亜《ジオルジア》（グルジヤ）、および百児西亜《ベルシヤ》国の半《なかば》を攻《せめ》破り、その後遂に印度斯当《インドスタン》の諸国を破滅して、その地に帝となりしより［タメルラアンは即今の莫臥児《モゴル》の太祖にして、元の太祖鉄木真《てむじん》（チンギス汗）の皇子、封を西域に受けたる者の正胤なり。其事フランリ（ソ）イス・バレンテインといふ人の印度諸国記（紀）行の中に莫臥児記事ありて、其歴代の始末を詳《つまびらか》にせり。追てこれを訳して考証に備ふべし］(10)、韃靼および他の外邦の人タメルラアンに従随して撒馬児罕《サマルカンド》［撒馬児罕はウスベッキの都にして、即ちタメルラアン誕生の地なり。按ずるに、明史ニ曰ク、撒馬児罕ハ即チ漢ノ罽賓《けいひん》ノ地ニシテ、隋ニ漕国ト曰ヒ、唐ニ名ヲ罽賓《けいひん》ニ復ス。

皆中国ニ通ズ。元ノ太祖西域ヲ蕩《はら》イ平ゲ、尽ク諸王、駙馬《ふば》（王女の夫）ヲ以テ之ヲ君長ト為ス。前代ノ国名ヲ易《あらた》メ、蒙古語ヲ以テ始テ撒馬児罕ノ名有リ、とあるもの、暗にハ（バ）レンテインが記す所と符合せり」より此地にいりて諸州を占拠し、古へよりの印度の人を悉く服属せしめて、これを役使す。故に今は韃靼の種族、印度斯当の総国に蔓《はび》これり。その古へよりの印度人と区別する為に、欧羅巴の人は其莫臥児人を呼てモオレン（Moren）といふ［古へよりの印度人をインヂアネといふに因て、別称をなしてこれに分つなり］。上下皆一に馬哈点《まはてん》（Mahomet）の教［漢にいはゆる回々教なり］を崇信して、其古へより印度人の崇奉せし教を甚《はなはだ》軽慢嘲笑すれ共、その印度人のなす所の芸術、技工等を甚だ賞美す。

其土人、多く色或は黄、或は黒し。是《これ》、所としては日光の熱するに因て焦《コガ》れて此《かく》のごとき者也。或は又一種の脂膏を以て面に塗るに因てかくの如くなるものもあり。故に所として婦人はその色白皙なる者を見る事も多し。

其男女年すでに至れば則《すなわち》婚嫁す。十歳にして子を産む者有り。その婦人子を産みて次の日よりしてまた夫と共に寝処す。

其土人、天性文学、諸芸を務むといへども、百児西亜国の人に比すれば才足らず。しかれ共《ども》惣国中の人すべて読書、写字を知らざるものなし。殊にそのブラミネン（Braminen　バラモン）と称する一種の人は即ち古への婆羅門《ブラマン》の苗裔《びょうえい》（子孫）にして、最も文学、諸技も（に）通暁せり［按ずるに、此婆羅門は上古の世に印度を開基したる聖人の名にして、其子孫今此国にあるものもまた皆称して婆羅門《ブラマン》またブラクマンまたブラミネンともいふ。其種族貴《たっと》く家系正しきこと、他の印度の種族にまされり」。総国すべて技巧を尚《たっと》ぶ。其内において王国カシミル（Cachimir）一名カッシメレ（Cassimere）の土人を以て技巧の最上とす。また王国マルハ（Malva マールワ）の内なるセロンゲ（Seronge/*Sironj*）といへる城府において造る所の布は最《もっとも》軽細精透なり。莫臥児の婦人、以て面を覆ふの巾《ちきり》とす。これその内よりして外を視るに明なるを以てなりといふ［莫臥児《モゴル》、百児西亜《ベルシア》等の俗、婦人外に出る時には巾を以てその面を覆ふなり］。

およそ此土、綿布、絹帛および麻を出すこと多くして、且《かつ》その製《かたち》すべて美なり。またよく上好の革及び漆を製し、また真珠、玳瑁《たいまい》を用ひて諸器を製す。

キュシュラテ（Guzuratte）の地に於ては瑪瑙を以て種々の形をなせる刀柄を作り、ヤスピス［玉石の名］を以て盃、鉢の類を作り、水晶及び諸玉石を以て器物を製すること欧羅巴の人に劣らず。画図諸芸都《すべ》而《て》欠くことなし。婦女はよく針糸の業を勉めて刺繍きはめて美なり。人毎《つね》に是を賛美す。其土人の常食は米を用ゆること猶コ（ブ）ロオト（brood パン）の如し［コ（ブ）ロオトは麦餅なり。欧羅巴諸国の人は恒に麦餅を食して米を用ゆる事稀《まれ》なり。ゆへに如此《かくのごとく》にいふなり］。飲物は清水にして、また橘、柚、香櫞《こうえん》（レモン）等の汁を用ひ、また沙糖を烹《に》、又は椰子を醸して酒となす。およそ食に臨んで小刀およびホルコ（vorken フォーク）を用ゆることを知らず［ホルコは食器にして、其形此方のくまでに似たり。盤椀中の食物をひっかけ取出して食ふためなり。小刀は牛羊猪等の肉を手つから割《さき》て食ふがためなり。欧羅巴人、食時には必ず匙と小刀を（と）ホルコとを具《そな》ふるなり］、唯指を以てこれを撮《つま》み、一手を以て鬚《あごひげ》を摑《つか》み除きて、これを食ふのみ。

此国富饒逸楽なるが故に、諸物事皆足り、乃至《ないし》弄丸《ろうがん》（玉芸）、戯術等の小技に於てもまたあらざる所なし。

分界(11)

此諸国分《わかち》て三大部とす。

第一は本国印度斯当《インドスタン》なり［即ち莫臥児《モゴル》所領の地なり］。其地（他）は二つの海中に鋭出せる大地にして、其内今或は本国印度斯当に属せるもあり。其鋭出せる二の大地、一は安日河《アンゲス》の西にあり、一は安日河の東にあり(12)。

本国印度斯当《インドスタン》第一

此本国印度斯当(13)の総州［按ずるに、これ古へいはゆる東西中北四印度の地なり(14)］は今皆莫臥児《モゴル》の州郡にして、ラテン語にて呼てイムペリウム・マク（グ）ニ・モコ（ゴ）リス（Imperium Magni Mogolis　大ムガル帝国）といふ。其幅員真経四方各三百里［日本の六百里］中に三十五の小王国を分ち、皆莫臥児より守を置てこれを治めて其貢賦を輸さしむ。欧羅巴の人もまた此莫臥児を称していふなり。

此総国の内に於て王国アガラ（Agra）の地を以て其中央として、これによりて其四境を分つこと左のごとし。

其南にあるの王国は榜葛刺《ベンガラ》、マルハ、ベラル（ベラール）、カンヂス（Candisch/*Khandesh*　ハーンデーシュ）、シトル（Chitor　チトール）、ギュサラテ（Guzuratte）なり。

其西にあるの王国はバント（Bando）、ヱッセルメレ（Jesselmere/*Jaisalmer*　ジャイサルメール）、ソレット（Soret）、タッタ一名シンダ（Sinda　シンド）、ビュコル（Buckor/*Bhakkar*　バッカル）、モウルタン（Moul-tan/*Multan*　ムルターン）、ハヤカン（Hajancan）なり。

其北にあるの王国はデフリイ（Dehly/*Delhi*　デリー）、ヱングフウル（Jengapoer）、バカル（Bacar）、ヤムバ（Jamba）、ベンガブ（Pengab/*Panjab*　パンジャーブ）、アットク（Attock　アトック）、加補爾《カヒュル》（Cabul/*Kabul*）、カシミル、バンキッス（Banckisch）、カカレス（Kakares）、シハ（Siba）なり。

其東にあるの王国はナルハル（Narvar）、バハル(15)（Bahar/*Bihar*）、サンバル（Sanbal）、ピタン（Pitan）、ゴル（Gor/*Gaur*　ガウル）、カンヂュアナ（Kanduana）、ウテッサ（Udessa/*Orissa*　オリッサ）、ヱシュアト（Jesuat）、メハト（Mevat　メワート）なり。

以上の諸王国みな莫臥児《モゴル》より大酋を置てこれを治めしむ。これを印度《イント》の方言にてナバブス（Nababs　ナワーブ）といふも、諸王国の中皆 各《おのおの》数州を分ち、みな小酋を置て其大酋の令に従がはしめ、その貢賦を大酋に輸して而して後これを帝に納るなり。

此諸王国の内にて欧羅巴の人其地に通商して、最能《もっともよく》これを知る者二つあり。一は榜葛剌《ベンガラ》、二はギュシラテ（Guzuratte）なり。共に毎歳、諳厄利亜《アンゲリア》、払郎察《フランス》、和蘭等の船こと（こ）に来りて夥《おびただしく》敷交易をなすなり。

近世 大莫臥児《ゴロオテモゴル》と百児西亜《ベルシア》と大《おおい》に戦争ありしが、其後和睦の誓約をなして、千七百三十九年〔日本元文四年、清〔乾〕隆四年〕に下にいふ所の二王国の地を以て百児西亜の国主タマスコウリカン（Thamas

Kouli-kan）(16)に贈《おくり》与へり。

加補爾《カビユル》、一名カホウル（Caboul）といふ。其地百児西亜国のカンダハルの地の界にあり。

モウルタン、また百児西亜国の界にありて印度河に傍ひ、すなはちバッタ（Patta）およびタッタ二州の間にあり。

およそ大《ゴロオテ》莫臥児《モゴル》の国中、其広大富饒にして世に名あるの諸地は

アカラ（Agra）は王国アカラ(17)の府にしてエムマ（Jemma　ヤムナー）と名つくる河にそひ、すなはち安日河の支流なり。北極出地二十七度にあたり、此総国中第一の都城にして、冬月は此都に居る。これ東方諸国の内最有名の都にして、その大なること百児西亜国の王都イスパハン（Ispahan　イスファハーン）に二倍す。城中の軍卒凡《およそ》二十万人、其他官吏多く居住す。城の竪長《たてのながさ》、行《いく》こと二時《ふたとき》程［此方の一時］、横は稍《やや》これに及ばず。城の形半月の如く、悉《ことごと》く大石を以てこれを築く。その一石の幅一百シケレエテ（schreden）なり［一シケレエテは日本の曲尺《かねじやく》五尺五寸計《ばか》り］(18)。都内の街衢《がいく》（街並）は皆長さ一里を四分せるの一なり［日本の半里］。上面を半円形に穿《うがち》たる府第（建物、ここではアーケード）多く、其中には商賣（賈）の市店ありて排列す。大神祠七十ケ処、互市場十五ケ所、外邦の人居の旅館八十ケ所、温泉（浴場）八百ケ所あり。莫臥爾所居の宮殿はその美麗を悉《つく》す事、亜西亜《アシア》諸国の冠たり。其周囲およそ二万五千シケレエテなり。城中に八つの大なる宝庫あり。其四は銀を満ち、二つは金を満ち、一つは美玉を満ち、一つは諸国の貢献の珍奇の宝物を満《みた》しむ。しかれども千七百三十九年［日本元文四年、清乾隆四年］に百児西亜国主コウリカン一たび此都に攻入りて、此諸宝物を大半奪ひ取りておのれの本国の都イスバハンに送り、

且此外、百児西亜の士卒等が此都におゐて掠《かす》め得たる宝貨の大数、すべて九万（億）六千二百万ギュルデン（guldens）にあたりしといふ［ギュルデンは和蘭の銀銭にして一ビ（ギ）ュルデンは日本の銀四匁《もんめ》にあたるといふ］。およそアガラ一州の内におゐて四十三の城地、三千五百の郭ある邑あり。長さ（州の周囲）一百里［日本の二百里］なり。

デウリイ（Dehli）、またデルリ（Delli　デリー）といふ。其地アガラの北にありて、ヂメネ（Gemene　ジャムナー）一名ヤムナといへる河に傍《そ》へり。これ古への世には王国デウリイの都なりしが、その後大莫臥児より此対岸にヱハンナバット（Jehannabat/*Shajahanabad*　シャージャハーナーバード）の城を築く時に、此都の造営を遷して彼《かの》新城の用に供せり。故に今は此所には其外郭のみ存して、居人十余万あり。

ヱハンナバット、またヂハンナバット（Gehannabat）といふ。これ、今莫臥児また時として都となして居る也。千六百二十五年［日本寛永二年、明天啓五年］に大莫臥児コラム（Choram/*Khurram*）一名ヱハンカ（Ichancha/*Shahjahan*）［按ずるに、これ此国の太祖タメルラアンより第十一世の王なり。また一名シャウヂイハンといふ］、此地の気候融和なるを以て築く所なり。其ヱハンカの名に因て即ちヱハンナバットと名《なづ》く[19]。千七百三十九年［日本元文四年、清乾隆四年］に百児西亜国主タマス・コウリカン、戦に勝ち大莫臥児を擒《とりこ》にし、此に至てこれを釈《ゆる》して再び大位に登らしめ、因て盟誓を固くして両国和親をなせり。

シュラッテ（Suratte/*Surat*　スーラト）は王国ギュシュラテの内に在てタヒ（Taphi　タピ）一名タプタ（Tapta　タプティ）といふ河に傍ひ、広大にして堅固なる城を構ふ。波爾杜瓦爾《ホルトカル》、払郎察《フランス》、和蘭の人、みな此に至て貨物を交易す。殊に暗厄利亜《アンゲリア》《イギリス》国よりは一の官を此地に置て、東方諸国の貨物を総管せしむ。

此地より出す所の貨物は布帛、金緞、薬品、香料、真珠、金剛宝石の類最多し。而して此府下には大船至る事難し。故に諸国の海船皆此府を離るること三時程《とき》［日本の一時半］なるソウアリ（Souali／*Swali* スワーリー）といへる港に泊し、此府下の河より中舶に貨を積て港に至り、これを大舶に装載して、而後《しかるのち》に海に従ふなり。

坎巴牙《カンバヤ》（Cambaya　キャンベイ）は商賈湊会し有名富饒の城地にして、またギュシュラテ国の内なり。其地すべて肥沃にして物産多し。是坎巴牙《これカンバヤ》といへる海湾の北方の角にあるに因て、また以て其地に名づく。其府外又外郭ありてこれを環《めぐ》らす。土人はよく瑪瑙《めのう》を以て種々の器物を製作す。

アムダバットは王国ギュシュラテの都にして、広大美麗に人居稠密なり。今、大莫臥児《コロオテモゴル》より置く所の大酋これに居る。其城堅固にして石を以てこれを築き、七ケ処に門をひらく。其街衢みな大樹の佳きものを列植し、これに因て清陰あらしめて以て暑気を避くるに便利す。其他、人家園中また佳菓をむすぶの樹を植ゆ。故に遠所より此府を眺望すれば、恰《あたか》も一大樹林の如し。諳厄利亜《アンゲリア》および和蘭の人並《ならび》に此所に商館を置く。

ヂウ（Diu　ディウ）一名ヂオ（Dio）といふ。此府一の島上に有て、王国ギュシュラテの地に近く相対す。其港にのぞみて二つの城あり。これ千五百十五年［日本永正十二年、明正徳十年］（正しくは一五三四年）よりして波爾杜瓦爾《ボルトガル》国に属して最要害の地なり。

ゴガ（Goga/*Gogha*　ゴーガ）はまたギュシュラテの内にして、波爾杜瓦爾人此所に於て夥しく貨物を交易す。

バロセ（Baroche/*Bharoch, Broach*）又一名ハロウグ（Beroug）といふ。これまた王国ギュシュラテの内なる商賈湊会する大府にして、ネルダバ（Nerdaba/*Narmada*）といふ河に望み、此所に於て多く善き綿布を出す。

ビサンタガン（Bisantagan）はギュサラテ国の中央に在り、此地また多く善き段疋《たんぴき》（織物）をいだす。

ハタン（Patan）は海にのぞむの一府にして、また有名の地なり。

カッサン（Chatzan）はラッカ（Lacca）といへる河に傍ひ、すなはち王国ハヤカン（Hajacan）の都城なり。

アットク（Attock）はニラブ（Nilab）といへる河（カーブル川）の印度《インデス》河に合する所にありて、すなはち王国アットクの都城なりしが、近年戦争の時百児西亜の兵に破残せられたり。

アッリバスカ（Allipascha）一名アッレホカ（Alleboga）といふ。これ王国加補爾《カビュル》の内の一府也。此所に於て千七百三十八年〔日本元文三年、清乾隆三年〕に百児西亜国の人大《おおい》に莫臥児の軍を破りしなり。

加補児《カビュル》は則ち王国加補児の都城にして、此所に於て恒に百児西亜国と馬羊の類を交易し、且印度斯当よりして韃靼、百児西亜諸国〔に〕通ずる往来の要路にして二の城あり。然れども千七百三十八年〔日本元文三年、清乾隆三年〕に百児西亜に奪はれて和睦の後は遂に彼国の有となれり。

エメンバット（Emenbad）はベンガラ（ブ）（パンジャーブ）（Pengab）の内にして、ラヒ（Ravi　ラヴィ）といへる河に傍ひ、広大なる府城なり。此地また近年の戦の時に百児西亜に奪はれしが、其後また再び莫臥児の有となれり。

カシミルは王国カシミルの都城にして、其北方の界は印度河の源を去る事遠からず。気候融和にして土地極めて肥沃なり。此城内に莫臥児帝ヱハンカ（Jehan/*Jahangir*）［上に見ゆ］建つる所の美麗なる宮殿ありて、時々また此所を都とし居ること也（あり）。

労爾《ラホル》は王国ベンガブ⑳（Pengab/*Panjab*）の都城にして其周帀《しゅうそう》（外周）およそ六里［日本の十二里］。其城の制度（構築）甚《はなはだ》壮麗にして、これ昔よりの莫臥児の帝都にして、時々遷りて此所にも居る。此府内に古への時アレキサンデル・デン・ゴロオテ（Alexander den groten）［厄勒祭亜《ゲレシア》国の帝なり、上に見ゆ］の所乗の駿馬ビュセハルス（Bucephalus　ブケパロス）と名づけしものを葬りし古蹟あり。故に昔は此府の別名をまたビュセハリア（Bucephalia）と号せしなり［按ずるに、アレキサンテルいまだ太子なりし時に、良馬を求めて数千万の馬を撰して始て意に適《かな》ふの馬を得たり。名をばビュセハルスといふ。此馬駿健強猛なる事、其比類なし。人猥《みだ》りに近くへよらず。ひとり其主を識りて、帝これに騎《の》る時は進退遅速悉《ことごと》く帝の欲する所の如し。帝深くこれを愛して常にこれに騎り、しばしば戦場にのぞみ、其駿足の絶倫なるに因て危戦の時曾て帝をして難を免れしめり。後《のち》帝東征して印度を平ぐるに及んで、此馬没す。帝大《おおい》に痛惜し、礼を備へて厚く葬り、碑を立て其平生の功を録すと云］。

バトナ（Patna　パトナ）一名バテナ（Pattena）といふ。これ王国バハル（Bahar/*Bihar*　ビハール）の都にして、安日河《ガンジス》に傍へり。和蘭の人此所に商館を置く。此商館安日河に臨みて、其制《つくり》華麗也。此地夥しく焰硝（硝石）を他に交易す。また一種の段疋《たんぴき》（織物）バトナセシッセン（Patnasche chitsen）といへるものを産する事、世に名あり［此段疋は今我国にて二ばんざらさ（二番更紗）と称するものこれ也］。

ダッカはまたデッカともいふ。安日河の分流の所にありて王国榜葛剌の都城也。商賈湊会して広大繁華、河に傍ふ事一里半［日本の三里］の間にすべて人家整列す。およそ榜葛剌の王国は気候極めて融和す。故に人よく天然の寿を保ちて長生するもの多し。土地また最《もつとも》肥饒にして米を出す事殊に夥敷《おびただしく》、其他百物みな豊に、また多く伽南《かなん》（伽南香、伽羅）を出す。獣類また多し。犀あり。性人物を寄せず、只《ただ》象を憎む。故にこれに遇へば必ず闘ひて、鼻上の大角を以て象の腹に触てこれを斃《たお》す。土人は印度斯当《インドスタン》諸国の中に於て最其性淫蕩なり。只《ただ》安日河を固く信じ、聖河と称してこれに浴し、罪障を滅せん事を願がふといふ。

ミュクシラハット（Muksilabat/*Makhsusabad, Murshidabad*　ムルシダバード）は莫臥児より置く所の榜葛剌国を治むる大酋の居る所の府なり。

カチガン（Chatigan/*Chatgaon, Chittagong*　チタゴン）は榜葛剌《ベンガラ》の内にしてラクヰア河の口にあり、商賈湊会の地なり。

ソウメルボウル（Soumelpour）はまた榜葛剌の内にしてコウエル（Couël）といふ河に傍ひ、府内の人家みな土を以て造築し、椰樹の材を以て屋を覆ふ也。コウエル河の水中に金剛宝石を産す。正月［西洋の正月は冬至より十一、二日頃よりして大寒の十一、二日頃にいたり、三十一日の間なり］に至れば、此水清《す》む。その時、八千人を以て此水中を捜して諸玉石を採る也。

オウエギリ（Ouegli）一名ホウギリ（Hougli/*Hugli*　フーグリー）といふ。また榜葛剌の内にして安日河に傍ひ、繁花（華）の地也。古へは波爾杜瓦爾の人此地に拠しが、其後莫臥児帝ヱハンカ命じて此地を追ひ払へり。今は和蘭の人此所に大なる商館を建て、其規制（構築）壮麗に、数多の官吏を置いて土人と交易をなす。

カセムバサル（Kasembazar　カーシムバザール）また榜葛剌の内の一府にして商賈湊会の地なり。和蘭の人此所にもまた商館を置く。

ベッレツオル（Ballesoor/*Balasore*　バラソール）もまた榜葛剌の内の一府にして、則ちベッレツオルといふ河の海に注ぐ所にあり。昔よりして和蘭の人此所にも又商館を構へしが、その商館と府城と相去る事遠くして諸事不便利なるにより、今では商館を廃してただ時を以て船を泊《とめ》て交易をなすのみ。此地多く綿布、花布（更紗）等を出す。

ウヰッリアムス・ホルト（Williamsfort/*Fort William*　フォートウィリアム）また榜葛剌の内なり。諳厄利亜国の人、此所に商館を置く。

ベァ（ナ）レス（Benares）一名バンナラ（Bannara）またバナラ（Banara）といふ。安日河にのぞみ、此所に学校ありて婆羅門《ブラモン》の学徒これに居り、教師ありて子弟を訓導す。これまた榜葛剌の内なり。

シトル（Chitor　チトール）は王国シトルの内なり。これ古へアレキサンデル・デン・ゴロオテ［上に見ゆ］の世にありて、印度の大王ボリユス（Porus）都せし所の地なり。

カハレオル（Gavaleor/*Gwalior*　グワーリアール）はシトルを去る事遠からず。よき城地あり。此所に多く獄囚をおく。

ヂ（ナ）カラウト（Nagracut/*Nagarkot*　ナガルコート）は、其北界ラヒ（Ravi）といふ河に傍へる所に

〔あり。〕有名の仏像あり。諸州を巡り修行するの法徒多く此所に詣でて礼拝をなす。此ラヒ河は印度河《インデス》の支流なり。

本国印度斯当《インドスタン》の四方の辺彊、殊に南方の大山の中には、諸種の部落いまだ莫臥児帝の畿内の州郡とならざるものあり。然れども帝に服属して貢《みつぎ》をば納る。これ皆昔よりの印度の土人浮屠の教を奉ずる者なりしが、莫臥児より印度斯当を併せて其地に帝たりしより、其これに陵虐（凌虐）せらるるを患《うれ》ひて、其衆を帥《ひき》ひ山中に逃入りてこれに拠るものなり。其中また一、二君長あり。彼方言にてこれをラヤ（Raja ラージャ）と称す。其上に云《いう》、莫臥爾の辺彊にあるの諸部最著しきものはバタネルス（Pataners パターンすなわちアフガン）ヘンドウンス（Hendowns ヒンドゥー）およびマラツ（Marats マラーター）一名マラッテン（Maratten）の三部なり。そのマラツの徒は昔し莫臥児を避けし時に悉く其衆を帥ひて王国榜葛刺に遷り、其国中の地に占拠せしが、其後榜葛刺の王国莫臥児に臣服するに至てマラツのラヤ〔上に見ゆ、長君を云〕もまた其土税三分の一を莫臥児に貢す。今は榜葛刺の地悉く莫臥児の郡県となり、大小の酋長を置てこれを治るに至て、マラツの人益《ますます》窘迫《きんぱく》す（苦む）。因て所々に於て盗掠をなすを、莫臥児より兵を遣して是を討平《うちたいら》げて、此争乱に王国榜葛刺の地内数処を破残せり。

国政

大《コロオテ》莫臥児《モゴル》とは天下無双の富盛なり（る）君王といへる儀なりといふ。或はいわく、莫臥児とはもと韃靼の内の一国の名也。今の莫臥児の太祖タメルラアン、はじめ此韃靼の莫臥児国の衆を以て印度斯当の諸国を併て帝業を成したるに因て、其興業の地の名を以て尊号となして世に是を称するなりといふ［按ずるに、一にいわく昔し韃靼の莫臥児国の主に子なくして唯一女あり。これを以てタメルラアンに妻《めあ》はせ、因て其国の業を譲る。タメルラアンこれに因て遂に帝業を成せりといふ］。

又或はいわく、莫臥児《モゴル》とは政教の主といへる義にして、以て其尊号として他国に往来の文事等みな必ずこれを用ゆ。又一名をば方言にてバット・シカック（Pad schach/*padshah* パードシャー）ともいふ。これは大君といへる義なり。

莫臥児毎歳所収の貢税定額凡て六万々（六億）といふ。其国の極めて広大富盛なるに比すれば、敢て多きが如くならず。然れどもよくこれを詳にするに、上にいふ所はみな国中尋常の物貨の定額にして、その金銀珠玉等は此外にあり。且其諸属国および外国の貢献幷に其沿海諸州にて交易して得る所の貨物等、其夥しき事勝《あげ》ていふべからず。ここを以てその富《とめ》る事知るべし。

其金銀珠玉および其地（他）の宝物等を併せ上に通して定額凡《およそ》四十万々（四十億）と称すれども、よく是を詳にするに大抵十五万々（十五億）なりといふ。帝の宝庫凡《すべて》三百六十五ありて、是を分ち貯ふ。しかれ共近時の戦の時、此諸庫大半百児西亜の主コウリカン(21)に堕《お》ち破られたり。

莫臥児自から出陣する時の軍卒の定数騎兵恒に三十万あり。その内三万騎は平常莫臥児の所居に備へて親衛の軍士とし、其他は事無き時は散居する也。又歩兵の如きは即ち無数なりといふ。然れ共千六百五十八年［日本万治元年、清順治十五年］にイハンカ（Cha Jehan/*Shahjahan*）帝自から軍を師ひて百児西亜と戦ひし時の名簿には騎兵二十一万六千人、歩兵八十六万四千人、象五万隻也。また千七百三十八年

〔日本元文三年、清乾隆三年〕に百児西亜と戦ひし時には、莫臥児自ら六十九万人を帥《ひき》ゆ。其内歩兵六十五万にして、騎兵はただ四万人、象一千隻なり。又別に歩兵八万人、騎兵五万人を以て前軍として、百児西亜の来るべき道を拒《ふさ》がしめり。此戦に入爾馬泥亜《セルマニア》国（Duitschers　ゲルマニアすなわちドイツ）の窩矢突《わしと》利《り》亜《あ》（Oostenrykscheオーストリア）にて製したる堅甲を一隊の騎兵に被《かぶら》しめて他の騎兵の間に置き、又かの堅甲を被《かぶ》りたる歩兵をも又一隊としてこれにつづき、孛漏生《ふろせい》国（Pruissische　プロシア）にて製したる軍器の尖利なるものを把《とり》たるを一隊として是を従へ、軍容を盛にしてこれを防ぎしが、不幸にして一戦に利をうしなひて無数の大軍を損せしとなり。

莫臥児の地きはめて馬に乏し。故に百児西亜と互市してこれを得るといへども、其価甚貴し。其軍卒の如き、兵器を用ゆるの術甚疎にして、深くこれを錬（練）習する事をなさず。銃砲ありといへども、其製また拙し。また莫臥児に於て最《もっとも》欠たりとする所の者は、他の印度諸国に同じく海上にて用ゆべきの戦艦なし（り）(22)。

莫臥児都内には大小の官吏凡《およそ》一万二千あり。又二十の小王（総督）あり。大事には必ず其議に与《あず》かる。此二十小王は則ち国中の諸侯にして分地あり。時を以て貢税を納る也。

莫臥児の服する所の衣は皆宝玉を以てこれを美飾し、貴重無価（値をつけられぬほど高価）なり。しかも毎日これを換《か》ゆ。或は時としてこれをその大臣等に賜ふ事あり。しかれども其大臣死すれば其所賜の衣服をばあへて家に留めずして、再び上に進るなり。また其莫臥児の常に所用の机卓は、精金（高価な金属）又は玉石を以てこれを作りたるものなり。

莫臥児《モゴル》宝座（玉座）およそ七つあり。悉く玉石を以てこれを造り、座傍に皆十二柱あり。これを飾るに明珠を以てす。其七つの中に一の最大なるものは、これ太祖タメルラアン命じて造らしむ所にして、後二百年を経て始て成る。其価三万となり。しかれども千七百三十九年［日本元文四年、清乾隆四年］に百児西亜の主これを取て其本国に送〔れ〕り。莫臥児、外邦の使者を見る時は、殿前に数多の馬および象を列しこれに種々の美飾をなし、あらかじめ象を教へて、使者其朝謁の礼を行ふ時には象よく節に応じて檝《ひざまづ》く事をなすなり。

毎歳莫臥児生誕の節に至れば、則ち其前後五日が間祝賀祭礼あり。第三日に至れば枰《はかり》を以て莫臥児の身軀の軽重をはかり、若《もし》其斤量去年枰りたる時よりも重き時は、帝益々康寧壮健なるの吉兆なりとして群臣皆寿を奏し、上より重く賜賚《しらい》（下賜品）ありて大宴をなし、上下皆歓喜して其楽を悉《つく》す。其費毎《つね》に三千万を用ゆるといふ。

其貴官は多くは其もと微賤より出身したる者なり。これ此国の法典にいへる事あり、微賤より出たる者は恩を感ずる事深く、功を立る事多しと。故に他の外国殊に百児西亜の人此都に多く居て、官に擢《と》らるる者あり。又其人を用ゆるに、其人所奉の法教（宗教）を問はず。是、此国は今回々（イスラーム教）と浮屠（ヒンドゥー教）との教へ並び行はれ［是にいふ如く韃靼の種族は皆回々の教に（を）奉じ、古よりの印度の種は皆浮屠を奉ずればなり］、且他の諸国の教も又混雑するに因て、其法教は是を論ずるにいとまあらずして、唯其人才あり功あれば、即ちこれを登庸するなり。

国中の罪人、多くはこれを罰して象奴（象の飼育係）となす。其重罪有る者は、是を縛して象に投じてこれを殺さしむ。

安日河《ガンヂス》の西に在て海中に鋭出せる大地第二

此海中に鋭出せる大地は、其長さ凡《およそ》二百一十里〔日本の四百二十里〕、その広さは所々相同じからず。此大地、もと其形三角にして、その末なる古木領《コモリウ》峯（Kaap Komorin）に至ては其地勢尖《とが》れり。ここを以て其北方、本国印度斯当《インドスタン》に界へる所の幅広くして凡一百八十里〔日本の三百六十里〕、その中央は幅一百二十里〔日本の二百四十里〕、末に至りては僅に其幅二十里〔日本の四十里〕に過ず。

加得《カツテ》（Gate/*Ghats*）一名バレカテ（Balegate）といへる大山あり。其北界より起りて直《ただち》に其南界にいたり、これによりて地勢自から分れて東西二部となる。船帥（船乗り、船長）の語にてその西を麻辣襪爾《マラバル》の海岸といひ、東をコロマンデルの海岸といふなり。

此地北の一面はガンガ（Ganga　ここではゴーダヴァリー川をさす）タブチ（Tapti　タプティ）の両河を以て本国印度斯当の地と其界を分ち、其地東西南の三面は皆大海にのぞめり。

今和蘭の人、此鋭出せる大地に至り、其東西海岸の諸国の内、或は戦を以て是を攻取り、或は其地の王公と好《よし》みを結びて所々に堅固壮麗なる居所をかまへ、これに拠りて諸国と互市をなすもの甚多し。

昔し莫臥児興りて印度を攻て戦をなせし比《ころ》まで、此大地もまた本国印度斯当の部なりしが、其乱に乗じて此地の諸君長各《おのおの》其州郡に割拠して自立の国となし、即ちゴルコンタ（Golconda）、ヒシアボウル（Visiapour/*Bijapur*　ビジャープル）、比私那瓦爾（Bisnagar）[23]、ギンキ（Gingi/*Jinji*）、タンシカウル（Tanschaur/*Tanjaur, Tanjore*　タンジャーヴール、タンジョール）、マヂネン（Madure/*Madurai*　マドゥライ）マイッワ（ソ）ウル（Maissour/*Mysore*　マイソール）、カナラ（Canara）等その外尚多くの王国を建しなり。しかれども此多くの諸王国みな互に其地を相争《あいあらそう》て戦闘止《やま》ず。諸王たがひに併呑して、其内に三国最《もっとも》強大なる者あり。即ちゴルコンタの王コブトガア（Kobt Cha/*Qutb Shah*）は其東北の地を保ち、ヒシアボウルの王ニシムカア（Nizim Cha/*Nizam Shah*）は其西北の地を有《も》ち、(24) 此私那瓦爾《ヒシナカル》の王アデルカア（Adil Cha /*Adil Shah*）は其南方の地を有《も》てり。(25)

其後莫臥児遂に印度斯当の地を平定するに及びて、尚此等の地をも併せんとして、しばしば大軍を興して此三王と合戦する事常にやまざりしが、此三国よく力を合せ約をなしてこれを防ぐが故に、莫臥児の軍度々《たびたび》利をうしなひて遂に勝事《かつこと》を得ざりしなり。

又其後の莫臥児帝アウレングセエブ（Aurengzeeb）〔これ太祖タメルラアンよりして第十二世の主なり〕はエハンカ帝の子にして、其の知略および猛勇なる事を（は）先代の主に勝れ、位に即てより其父祖の志を嗣ぎて又軍を興して南征し、其三国の内において比私那瓦爾《ヒスナアガル》の王は其領する所の地莫臥児の国界を離る〔こと〕最遠くして恒に他の二国を援《たす》くといへども、遠く其本国を隔てて久しく他国の地に多くの兵卒を屯すことの艱難なるを計り、即ち比私那瓦爾の兵長戍《まもり》に倦《うみ》て退き、〔莫臥児軍の〕至らざるの候を察して、急にコルコンダ、ヒシアホウルの二国を撃《うち》て大に是を破り、其二国の辺界にある所の数多の城地を攻陥《せめおとしい》れり。是に因て二国の王皆大に懼《おそ》れて、千六百五十年〔日本慶安三年、清順治七年〕にしきりに和を乞ひ貢を献じ莫臥児に臣服せりと雖も、先に比私那瓦爾《ヒスナアガル》の王が平生の約を守る事の親切ならず其衆早く退きたるに因て、急に莫臥児に襲《おそい》破られて多くの地を失ひたるを怨む。因て二国また盟約して、北界は既に莫臥児に和したれば盧《おもんばかる》に足らず、因て軍を合せ南の方比私那瓦爾《ヒスナアガル》を侵して大に是を撃《うち》、多く其土地を奪ひて是を分ち、ゴルコンタは其東方沿海の地を治め、ヒシアボウルは其他の地を治めり。

然れども其後また久しからずして、アウレングセヒュブ既に三王国の勢分れたるを察して千六百八十五（六）年［日本貞享三年、清康熙二十五年］より其次年までの間に又大に軍を興して三国を征して其諸城を破り、これを滅して其地を以て莫臥児の郡県となし、皆ナバブス（Nababs）［大酋をいふ］を置て是を治めしむ。

アウル（レ）ングセエフすでに二国を併せて其地を開拓せしより、其威徳遠く覃《およ》びて、此海中に鋭出せる総州の地其南界古木領《コモリウ》峯に至る迄の間の諸国、幷に其古への印度の王侯旧族、深山の裡《うら》に衆を擁する者までも、皆莫臥児を仰がざるものなし。

欧羅巴諸国の人、其東西両海岸諸国の地に長く海に傍ひて堅固宏麗なる城塁を造建し、是に居て其土人に相親みて貨を交易して大利を得る者今甚多し。

初め波爾杜瓦爾国人ハスコヂ・カマ（Vasco di Gama ヴァスコ・ダ・ガマ）といふ者、千四百九十七年［日本明応六年、明弘治十年］に始めて喜望峯を越へ、是より海行して印度に至て海辺の地を経歴せり。次で海軍の大将アルホンシェス・アルビュケルケ（Alfonsus Albuquerque）なる者、数多の大艦に駕してここに至り、其海辺悉地及び多くの諸島を併せて皆波爾杜瓦爾国王エマニュウル（Emanuël エマニュエル）に従属せしめ、次第に衆を植へ土を拓きて壮麗なる居所を構へしが、其後和蘭の人航海日々に盛なるに至て、多く此に来りて波爾杜瓦爾国の人を逐てこれに拠り、また諳厄利亜《アンゲリア》、払郎察《フランス》、弟那瑪爾加《デーネマルカ》等諸国の人も皆此に航海して、其海辺の地に占拠して各城郭を築き、今此国沿海の地すべて欧羅巴の人居らざる所なし。是は此国の海辺の地には莫臥児《モゴル》の人敢て至る事きわめて稀なるが故に、容易に其地に拠りて領する事を得ざ、（衍字）る〔ゆへ〕なり。(26)

其地方米を産する事夥くして、これを以て日用の食とし、また椰子を醸して美酒を製す。而して其諸国の内に絶て樹木無き所あり。此の如きの地は、土人皆牛糞の乾けるものを以て薪に代ゆ。其家を造る材料は皆欧羅巴人と交易してこれを得るなり。

此地多く獅、象、虎、豹、バンテルス（Panthers）〔豹の類〕、畜牛、駱駝、蝮蛇《まむし》、大蛇、鰐魚、吐綬鶏《とじゅけい》（七面鳥）、孔雀、鸚鵡《おうむ》、蝙蝠《こうもり》等を産す。只馬を産する事甚《はなはだ》稀なり。

其外邦に輸すの貨物に金剛・宝玉、真珠、鮓荅《さとう》、胡椒、生姜《しょうが》、泊夫藍《サフラン》、龍涎《りゅうぜん》、カルダモン〔薬の名〕、米穀、無花果《いちじく》、鉄蕉《てつしょう》、椰子、凝脂《ぎょうし》（固形食油）、蠟蜜等にして、又阿片汁を出す。其気（効力）最強〔に〕して三厘（厘は十分の一匁、約〇・四ミリグラム）強を服すれば人をして終日酔はしむ。

土人は其性きはめて懶惰なり。しかれどもよく綿および布を製す。其男女十二に至れば、則《すなわち》婚嫁す。其子を生む事極めて軽易にして、僅か一日蓐《しとね》に居るのみ。

其人或は馬哈点《まはてん》（マホメット）の教を奉じ、又多く浮屠の教を奉ず。其浮屠を奉ずる者は多く獣を祭り、また異形の仏神を崇信して、其祈禱の銭文に仏像をなし（賽銭の地金《じがね》で神像を作り）傍に記していわく、「君、你《なんじ》の徒を恵め」(27)と。是、此土人は皆恒に思へり、造物主世界を造有してこれを仏神に付与して以て人物を管領（取締り）せしむと。故に此の如く記すもの也［則ち仏神此世界を管すると思へるが故に、衆人を指《さし》て仏神に対して你の徒と称するなり］。

麻辣襪爾《マラバル》およびコロマンデルの浮屠を奉《ほうず》るの土人は、其昔時よりの風習にて、其婦人夫死すれば則ち其屍を焚《や》き、おのれも又火に投じて自ら焚死す。これを以て死後又夫と共に他界に生れて同く清浄の福を永く享用すと。人また是を以て貞を守り節に殉《したが》ふとして賞歎して此風行はれしが、近世欧羅巴の人此に至りてより教を施し、其人類の所為（振舞）に非ざる事を諭し戒めてより、人すべてこれにしたがひて今は此事絶て稀なりといふ。

千四百余年の末［即ち千五百年に近きころを云なり］の比《ころ》よりして波爾杜瓦爾の人此所《ここ》に来りて其地を有《も》ち城郭を建るに及びて、また多く寺観、学校等を造営して其土人を教化し、暫時の間に其教にふくするもの数十万人、其後他の諸国の人また此に通商して各《おのおの》其地に拠て教を施し、諸所の学校におゐて経典を翻訳刊行して、此海辺の諸国の人すべてこれに化すると云。又此諸国の中に一種の聖多黙《シントトオマス》（S. Thomas-Christenen）といへる教法を奉ずる者昔よりして甚多し。是は古の聖人アポステル・トオマス（Apostel Thomas）なる者弘めし所の教にして、麻辣襪爾《マラバル》、コロマンデル海岸諸国に行れり。此聖人初て梭可多刺《ソコトラ》島（eiland Socotora　アデン湾沖の島）より麻辣襪爾のカランガノル（Cranganoor/*Cranganore*）国に渡海し、これより哥欄《コラン》（Coulang/*Quilon*）国に至て、二国の人是に従ひて其教に化する者勝《あげ》て計《かぞ》ふべからず。後に加得《カデ》（Gate）山（西ガーツ山脈）を越えコロマンデルに至りて又教化を施し、其メリアポル（Meliapour）の地に於て没し、因て此に葬る故を以てメリアポルの地を今呼てサントオマス（S. Thomas/*St.*

Thomé）といふ。其古跡、今皆存す。後千三百年を歴て波爾杜瓦爾の人ハスコ・ヂ・カマ此に至りてこれを観るに、其寺観の制《つくり》頗《すこぶ》る厄勒祭亜《ゲレシア》の教（ギリシア正教）の寺観に類せりといふ。

分界

今此海中に鋭出せる大地、分《わかち》て二とす。西にある者を麻辣襪爾《マラバル》といひ、東にある者をコロマンデルといふ。其中に数多の王国あり。多くは大莫臥児《ゴロオテモゴル》によりナバブス［大酋なり］を置て是を治め、或は自立の王有《あり》て大莫臥児に臣服せるもあり。

麻辣襪爾《マラバル》の諸国

此海辺に所有《あるところ》の諸国は

王国デカンは其地海に望み、其北は王国キュシュラテ（Guzuratte）国の界に至る。此国殊に多く胡椒を産し、其他金剛、夜光、スマラグド（緑玉）、トルコイセン（turkoizen　トルコ玉）、トバアセン（黄玉）等諸宝石を出す。此国は元《モト》下にいふ処の王国ヒシアホウルと同一国なりし也。此海辺をキュンカン（Cuncan/*Konkan*）の海岸と称す。其うちに著しき地は

アマダナガル（Amadanagar/*Ahmadnagar*）は古への世には此国の王都なり。其近山より金剛宝石の最美麗なるものを産す。これ千七百零八（七）年［日本宝永五（四）年、清康熙四十五（六）年］に彼《かの》名誉莫臥児帝アウレングセエブ、陣営の中にて殂《そ》せし所なり。

カオウル（Chaoul/*Chaul*）は壮麗なる海港にのぞみ、此所によき城を築きてエルモラ（Elmora）と名づく。此地千五百二十年〔日本永正十七年、明正徳十五年〕に波爾杜瓦〔爾〕の人これを取て、今に至り占拠せり。

バッサイム（Bassaim/*Bassein*）ダマンの二は共に能城にして、又皆波爾杜瓦爾に属せり。

ボムバイ(28)、一名ブウンバイ（Boun-Bay）といふ。是、善き港といへる義にして、則《すなわち》波爾杜瓦爾の人の名づくる所なり。此港甚舟船の出入に便利にして、よく一百の大艦を港中に泊めて安穏なるに因て名《なづ》くるといふ。此地、今諳厄利亜に属す。其府は港辺の小島の上に造築す。是、波爾杜瓦爾の王の女《むすめ》カタリナ（Katharina/*Catharine*）を諳厄利亜のカアレル（Karel/*Charles*）第二世の王に嫁せし時に后の妝奩《そうれん》（化粧箱）として諳厄利亜に贈りし諸地の一にして、今に至て是を有《も》てり。

ダヒュル（Dabul/*Dabhol*）また海港に臨《のぞむ》の一城地にして(29)、ボムバイの南にあたりてデレハコ（Delevako）といふ河の口にあり。また諳厄利亜に属す。

アウレング・アバット（Aureng-Abat/*Aurangabad*）はバレカテ（Balegate）州の内にして、北極出地十九度三十分にあたる。これ彼《かの》名誉の莫臥児帝アウレングセエブいまだ太子たりし時築きて是に居りし也。故にアウレング・アバットといふ。これアウレング城といへる義なり。アウレングセエブの妃はさきだちて殂して、壮麗なる塋陵《えいりょう》（墓陵）ここにあり。其後アウレングセエブ千七百零八〔七〕年〔日本宝永五〔四〕年、清康熙四十七〔六〕年〕に殂して其太子アセム・タラ（Azem Dara/*Muazzam*）位を嗣ぎ、則ちアウレング帝の塋陵をもここに営みしなり。

ヂュルタバット（Dultabat/*Daulatabad*）はアウレング・アバットの北に在て相去る事遠からず。商賈湊会して豊饒の地なり。

王国ヒシアホウル（Visapour）はデカンの南にあり。古への世にはデカンと一国たりし故に、地図多くこれを混じて一国とす。此国莫臥児より大酋を置て是を治め、戦の事ある時に軍士拾万人を出す。其男子は印度諸国の中に於て最勇猛に、婦人は印度諸国の中に於て最淫恣なりといふ。此国夥しく米穀及び玉石を他国に交易す。波爾杜瓦爾国の人多く此海岸の地に居る。此国中の著しきの地は

ヒシアポウル則ち此国の都城にして、莫臥児よりおく所の大酋是に居る。これ此国の正中の地にして、モンドア（Mondoa）河の源あり。此河これより流れて臥亜《ゴア》の地に至りて海に注ぐ。此府周帀《しゅうそう》凡五里［日本の十里］ありといふ。或はいわく周帀其半《なかば》［二里半なり、日本の五里］に満ずと。二重の墻《かき》を築きて外郭とし、其中央にまた城ありて兵二千人あり。墻上に銃一千門を安置せり。

ロルコンタ[30]（Raolconda/*Ramallakota, Rayalkonda*）はヒシアポウルの都を去る事二十八里［日本の五十六里］、則ち上にいふ都の南方にあたる。此地甚だ山岳多く、金剛宝石の大にして清透なるものを出す。

臥亜《ゴア》は波爾杜瓦爾国より併せ有つ所の印度諸国の中に於て第一の都城にして、波爾杜瓦爾より置く所の小王これに居り、波爾杜瓦爾所領の東方諸国の事を指揮す。此府は一の囲《かこい》六里［日本の十二里］ある島の上に造建して、六の城を築て其二は海港に臨み、此港の壮麗なる事東方諸国の最とす。これ其初め海軍の大将アルホンシュス・アルビュケルケ千五百零八年［日本永正五年、明正徳三年］にこれを取て要害を厳にし、守備を置く。爰《ここ》を以て、其後和蘭の人東方に航海してより、多く波爾杜瓦爾所領の地を侵して

これを奪ふといへども、敢て此府をば侵す事あたはずして、其近傍ヂウ等の諸城地もこれに因て全き事を得て、尚共に波爾杜瓦爾の有たり。此府第人居きはめて繁華にして美麗す（な）る寺観及び大なる学院甚多く、又波人（ポルトガル人）の尊《とうとび》て大聖と称するフランシスコス・シャヒユル（Franciscus Xavier ザビエル）なる者は始てその教を印度及び東方諸国に伝へたる人にして、其遺蛻《いぜい》（遺体）此に在り。また此府に居て教を主《つかさど》るのアアルツ・ヒスコップ（aartsbisschop）［教官の長］はこれに尊号を加へて、全印度の教化主と称す。(31)其小王は西は喜望峯より東なる亜弗利加《アフリカ》洲の東方海岸よりして、東は支那《シナ》に至る迄の諸方の互市所得の利息毎歳黄金のみも凡《およそ》六トンなり［一トンは重さ二千斤也。一斤は百二十八匁《もんめ》なり］。しかれども和蘭の人東方の航海を専らにせしよりして、其所《うるところ》得の利稍《やや》少《すくな》し。此地すべて山を以てこれを環《めぐら》すの故に、気候は熱して不順なりといふ。

ラヤボウル（Rajapour/*Rajapur*）は臥亜《ゴア》の北十里［日本の二十里］に去て北極出地十七度にあたり、初めは諳厄利亜に属せしが千六百六十九年［日本寛文九年、清康熙八年］よりして払郎察《ふらんす》に属して、此地夥しく胡椒を出す。又其山林には獼猴《びこう》甚夥しくして、ややもすれば人の患《わざわい》をなす。

ビンゴルラ（Vingorla/*Vengurla*）は、臥亜《ゴア》の北に在て海にのぞむの一府なり。和蘭人此所《ここ》におゐて夥しく互市をなす。

王国カナラ（Canara/*Kanara*）は其地南方にあり。自立の小王ありて是を治めて馬哈点《まはてん》（マホメット）の教を奉じ、其郡下（民衆）は尚いまだ浮屠の教を奉ず。此国内数所、はじめ波爾杜瓦爾の人これに居りしが、其後和蘭人のこれを逐《おい》て其地に拠て互市をなすもの多し。其内著しき者はオノル（Onor/*Honavar*）は海に臨《のぞむ》の地にして、今和蘭に属す。堅固なる城郭を構へ、よき海港あり。其産する所の胡椒の其色黒く秤量重くして、白きものに勝《まさ》れり。其土人崇信する所の仏神をカルソパ（Garçopa）と名《なづ》く。祭礼を行ふ時はこれを車に載せ、婆羅門《ブラマン》の徒是を囲饒（繞）して其祠廟を出て四辺を巡行し、軽佻なる婦女其前に在て歌唱舞踏す。而して其車輪は鉄を以て是を造り、且其端尖利なるに因て、動《やや》もすれば車輪に近く傍《そう》の徒はこれに傷《きずつけ》られて死する者あり。しかれどもこれに因て死する者は来世の福を受る事を得るといひて、人これを尊ぶなり。此俗またコロマンデルの海浜にも多し。

バチカラ（Baticla/*Bhatkal*）はもと此国の王都なりしが、波爾杜瓦爾人これを撃ち此府を焚焼せり。

マンカロオル（Mangaloor/*Mangalore*）は瀕海の堅城にして、此所は波爾杜瓦爾及び和蘭の人共に商館を置く。

バッセロオル（Basseloor）またバルセロオル（Barceloor）といふ。バチカラ、マンガロオルの間にあり、今和蘭に属して夥しく米穀および胡椒を交易す。

およそカナラの南界よりして古木領峯《コモリン》に至る迄の間の海浜の地をば世にすべて称して麻辣襪爾《マラバル》の海岸といふ事、諸国の人所《とくところ》称の説皆同じ［これ、上にいふごとくデカン、ヒシアポウル、カナラの海岸をばキュンカンの海岸とも称するに因て也］。しかれども上にいふ如く、ギュシュラテの界より以南をも世にまたこれを麻辣襪爾とも称する事もある也。そのカナラの南よりして本国麻辣襪爾と称するの所は、其地大抵長さ五十余里［日本の百余里］幅十五里［日本の三十里］ばかりにして、海および加得山《カテ》の間にあり。

本国麻辣襪爾《マラバル》の地すべて豊饒にして、原野四時恒に緑なり。殊に米穀および胡椒を産する事夥し。冬月は風に因てその海辺に多く沙を堆積すれども、夏月に至て風変する時はまた其沙を散じて舶行最宜《よろ》しとす。

此地一種の大蛇を産す。よく羊猪の類を呑み、且人をも食ふ。然れ共毒なしといふ。故に土人是を捕獲して其肉を食ふを以《もって》佳美とす。其諸国の王統多くは父子世及《せいきゅう》（世襲）せず、必ずその娣妹《ていまい》（いもうと）の子を立て位を嗣《つが》しむ。其娣妹たるもの、また定夫あるにあらず。多くは僧と共に寝所して子を生む也。故にその王たるもの多くはその実の母のみを知て、其実の父をば知らざる者なり。

此国の中に一種の族貴き者に乃勒《ナイロス》（Nairos）と名《なづ》くるものあり。これは皆世に武を以て業とするもの也。

此地内に（は）九の王国に割《わかる》。みな自立の主あり。各《おのおの》その下《もと》民を統《すべ》て是を治め、敢て大莫臥児《ゴロオテモゴル》に属せず。此諸王を称してサモリンス（Samorins/*Zamorin* マラバール地方のヒンドゥー王の称号）といふ。和蘭の人此諸国にいたりて、波爾杜瓦爾人を逐て多く其地を有《も》つ。其諸王と好《よしみ》を結《むすび》て専ら互市をなし、其威恩共に行はるるに因て土人またみなこれに畏服して、其諸王も和蘭人を恃《たの》みて以て其国の固《かた》めとなす。故に和蘭の人安じて其居を占《しめ》て、其恒に所得の胡椒、諸物極めて夥しといふ。その諸王国は

王国カナノオル（Cananoor/*Cannanore*）は其地海に傍《そ》ふの長さ凡十二里［日本の二十四里］、多く沙（砂）糖、生姜、肉桂、龍涎、胡椒、夜光宝石、カラナアト（柘榴石）、ヘイアシンテン（ヒヤシンス石）［共に玉石の名］等を産す。国人其王を畏敬する事神の如し。其地内の著しきものは

カナノオルは即《すなわち》その国都なり。広大にして人居多く、造建また堅固に、よき海港有り。これはじめ波爾杜瓦爾人其王を逐てこれに拠《より》しを、其後和蘭の人又波爾杜瓦爾人を逐て是を奪へり。今其国王はバレ

イバタン（Palypatan/*Balliapatam*）の地に都す。これは海を去る事一、二里の処《ところ》也。

バレイバタン。此地又広大にして富商多く居住す。皆馬哈点《マホメット》の教を奉ず。諳厄利亜《アンゲリア》人ここに商館を置て夥しく胡椒を交易す。

テリセルレイ（Telicherry）はカナノオルの都を去る事凡三里〔日本の六里〕。此地千六百七十年〔日本寛文十年、清康熙九年〕より払郎察人の居住して交易をなす。

カオラ（Caola）、テレメパタン（Tremepatan）。此二城地また富麗にして、商賈湊会の地なり。

王国カリチュト[32]（Calichut/*Calicut*）はカナノオルの南にあり、明の時所謂古里国なり。其サモリン〔国王をいふ、上に見ゆ〕は浮屠の教を崇信し、その平生の食物まずこれを〔仏に〕供して而後にこれを食ふ。臣民志願、訴詔〔訟〕の事あれば、まず書を以て象〔像〕に祚〔祈〕りて而後これを王に告訴す。此王の伝統、子孫〔世〕及せずして其姉妹の子を以て嗣しむる事、上にいふが如し。此国内著しきの所は

カリキュト即ち其都にして、国王居る所也。広大なりといへども外郭なし。馬哈点《マホメット》、浮屠、ヨオデン（Joden）〔古の如徳亜《ジュテア》国の人の子孫なり〕、西洋（Christenen キリスト教徒）等の人雑居す。此地多く吐綬鶏《とじゅけい》（七面鳥）を産す。故に世に吐綬鶏を呼てカルクウン（Kalkoen）〔これカリキュトの転音なり〕といふ。此都は古の世に麻辣襪爾の総国を一統して治めたるセラム・ヘロウマル（Ceram Peroumal）といへる帝の所築也。

此帝をば今に至まで麻辣襪爾、コロマンテル両海岸諸国の人皆神としてこれを祭る。而して此都を築きたるの歳は、或は曰く西洋の九百零七年〔日本延喜七年、梁開平元年〕なりと。又或は曰く八百二十五年

〔日本天長二年、唐宝暦元年〕にあたると。其西洋と通じたるは千四百九十七年〔日本明応六年、明弘治十年〕波爾杜瓦爾国王エマンユウル（Emanuel）の世にあたりて、其国人ハスコ・デガマ（Vasco di Gama）なる者始て此に至て其国事を詳にせり。凡此都は甚大にして、商賈湊会する事麻辣襪爾諸海岸の最多也。諳厄利亜、払郎察、和蘭の人皆此に商館および府庫（倉庫）を置《おく》。而して千七百十四年〔日本正徳四年、清康熙五十三年〕に此国のサモリン〔国王なり、上に見ゆ〕軍を興して其和蘭の人所居の地を侵さんとせしを、和蘭の人其新に築く所のシトワ（Chitwa）といへる砦に拠て戦をなし、サモリンの兵悉く敗北せしに因て、また和を結びて和蘭の人と互市をなす。

王国タウノオル（Taunoor/*Tanur*）は自立の王ありてこれを治め、其内著しきの地は

タウノオル則ち其都にしてカリキュトを去る事凡五里〔日本の十里也〕、其府頗《すこぶる》大にして富商多し。その人波爾杜瓦爾及び払郎察の人と交易するを以て事足れりとして、敢て和蘭の人に求る事なし。

王国カランダル（Cranganor）は王ありて其地を治むといへども、カリキュトに属して貢を修（納）む。その地内著しきの地は

カランガノル。此地千六百六十二年〔日本寛文二年、清康熙元年〕より和蘭の人此に拠て城郭を築く。其国王はこれより少しはなれたる所にその城を建て、これに居てまたカランガノルと号す。

王国各正《ゴシン》（Cochin）またコウチイン（Koutschien）ともいふ〔明の時所謂柯枝国なり〕。此地物産きはめて豊饒にして、極楽界と称するに堪《たえ》たり。故に国人すべて富て、人烟《じんえん》（人口）稠密なり。其内著しきの地は

各正《ゴシン》(33)は古よりの都にして、其府一の島上にあり。千五百零四年〔日本永正元年、明弘治十七年〕に波爾杜

瓦爾人これを取て壮麗なる城郭及び寺観、学院等を造建せしが、千六百六十二年［日本寛文二年、清康熙元年］に和蘭の人また是を取て大に此城地を修補せり。此地壮麗なること、臥亜《ゴア》に（を）置きて和蘭所領の麻辣襪爾諸州の内に於て第一の府とす。

王国カリコウラング（Calicoulang）は、その都城の名また同じ。その王和蘭の人と好を結て互市をなす。その土人もまた其利を共にす。

王国ホルカ（Porca/*Porka*）は一名ペルカチ（Percati/*Pirakkad*）といふ。その国小にして、其勢恰も入《ぜ》爾馬泥亜《ルマニア》国のレイキス・ガラアフ（ryksgraaf）［帝畿の中に在て帝より侯爵を賜ふの貴族なり］と大抵相斉《ひと》し。気候甚不順にして、其土人足すべて甚肥大也。是を世にポムプ・ベエン（Pompbenen）と称す。これ、その土気（土質）不順なるが故にその水性の甚だあしきものを服用するに依てなりといふ。その王は諳厄利亜および和蘭の人と其（甚）親しく交を結て互市をなす。

王国哥蘭《コウラング》（Coulang/*Quilon*）また一名コイラング（Coylang）といふ［これ元明の書に倶藍《くらん》国また葛蘭《かつらん》といふもの也］。其地ホルカの少しく南にありて、その都の名もまた同じ。千五百零五年［日本永正二年、明弘治十八年］に波爾杜瓦爾の人これをとりて居を構へしが、千六百六十二年［日本寛文二年、清康熙元年］に和蘭の人また奪てこれに拠れり。今その国王はこの所より少し離れたるに都を建て、其造築の制はなべて壮麗ならず。

王国タラハンクコウル（Travanckour/*Travancore*）は麻辣襪爾の最南にありて、その南は古木領峯《コモリン》に至り、此国王有《あり》といへどもその隣国なる哥蘭《コウランク》の王に臣服す。その内著しきの地はタラハンクコウル、則ち其都にして古木領峯に近し。此地和蘭に属して大に互市有り。

テンカバタン（Tengapatan）はタラハンクコウルより北の方一、二里にあり。和蘭の人この所に要害を構へり。

アンヱンゴ（Anjengo）この処、諳厄利亜の商館をおく。

エルワ（Erwa/*Edavai*）は小地なり。此所弟那瑪爾加《デーネマルカ》の人来りて互市をなす。

印度志巻之上　畢

印度志巻之下

東洋　山村昌永子明訳

コロマンテ（デ）ルの諸国

コロマンテルは其地最《もっとも》広くして、海中に鋭出せる大地の東方諸国皆其中に有り。南は古木領峯《コモリン》に起りて北は榜葛剌《ベンガラ》国に至るの間を長さとす。其東西は加得《カテ》山より榜葛剌の湾海に至るの所は幅広く、又彼山よりして則意蘭《セイラン》島と相対せる所より北の方、王国ゴルコンタの界に至るの間は幅狭し。

その部内に多くの王国あり。著しきものは

王国マチゴ（ユ）ラ（Madura/*Madurai*）は其長さ入爾馬泥亜《ぜるまにあ》（Duitsche）の里法にて凡六十里〔日本の百二十里〕、其西は麻辣襪爾《マラバル》に界ひ、東は王国マラハ（Marava）、タンヨウル（Tanjour/*Tanjore* タンジョール）、キンキ（Gingi/*Jinji*）等に界ひ、北は王国比私那瓦爾《ヒシナーガル》（Bisnagar）、マイツワ（ソ）ウル（Maissour/*Mysore* マイソール）に至る。南は皆海にのぞめり。其海辺の人多くは漁を以て業となす。此海辺をハアレルヒツセイレキユスト（Paerelvisschery kust）といふ〔和蘭語にて採珠岸といへる義なり〕。払郎察《フランス》の人はコテチラベセリイ（Cote de la pecherie）といふ〔其義また上に同じ〕。是、此漁子の輩殊に多く珠を採るを以て名けたり。

和蘭の人、此国の海辺および其対岸なる則意蘭《せいらん》の海辺に於て夥しく其採る所の珠を購ひ収む。其珠を採るの候は西洋の三、四月頃の（に）始まりて八、九月の比《ころ》を終とす。其是を採るを以て業とする者は皆その土人の貧しき者にして、凡一、二千人トウテコレイン（Tutecoryn/*Tuticorin*）の地に会集し、各其妻子と共に長く海岸に傍て穹盧《きゆうろ》（テント）を構へて是に留り居り、皆和蘭の人に親み約して又税をも納《い》る。其水に沈みて珠を採る者は其耳を塞ぐに布を以てし、銀の如き者を以てその鼻を夾みて共に水のいらん事を防ぎ、また一手に玲瓏硝（Spons 海綿）を油に浸したるものを結《ゆわ》ひ、是を以て水中に在て時々口を塞ぎて以て其気息を洩す。又一種の木〔ト〕オヘルテブラアテン（toverde bladen）(34)と名《なづ》くるものを結ひて、以て悪魚の咬《かま》んとするを避く。網を腰に結びて是に珠母（アコヤガイ）を納る。又舟より網に重き石を結ひたるものを水底に沈め安んじ、其水に潜《ひそ》みたる者、鋏器《はさみ》を以て珠母の岩に貼《てん》したる者をすくひ卸《おろ》して腰の網にいれ、珠母網に満る時は、則ち彼《かの》舟より下したる縄を便りとして上に浮み出づ。ここに於て此珠母を磯砂《いそずな》の上に置て、日光を受け珠母の口自から開くを待て而後その珠を取る。採集めて後〔ト〕ウテコレインに於て大互市あり。先《まず》神に賽《むくい》し、而て其小珠をば集めて斤量を秤《はか》り、大珠をば箇毎に分て交易をなす。然れ共毎歳の互市十分の利ある事は稀なり。これその珠母或は小なるあり、或は其内に珠無きことあればなり。凡この国中著しきの地は

マチュラ（Madura）は其都にして、則《すなわち》そのナイケ（Naike）［此国の語にて王と云事也[35]］所居《おるところ》也。広にして一の城を構へり。

トウテコレイン、またチユテコレイン（Toeute Coryn）ともいふ。これ海に臨むの府にして、夥しく真珠を互市す。此地はじめ波爾杜瓦爾国に属せしが、千六百五十八年［日本万治元年、清順治十五年］に和蘭の人これを奪ひて、其城地を破却せり。又此地より多く一種の花布を出す。しかれども其品上好ならず。

マンナハアル（Mannapaar/*Manappad*）は、其府西南は古木領峯に近し。和蘭に属す。王国マラハ、マチュラの東に在て海に臨むの地なり。その内著しきの地は

キツリカン（レ）（Killikare/*Kilakarai*）は海に臨むの地にして、和蘭の人城を築て居住す。

ラメナンコル（Ramenancor/*Rameshwaram*）は海辺の島にして、此辺にアダムスブリユック（Adamsbrug）といふあり［ブリユックは橋をいふ］。是、長き沙渚の聚《あつま》り高き者にして、是を以て傍のマナアル（Manaar/*Mannar*）といふ島と往来を通すべし。其辺に船を以て往来すれども甚危険なり。此島は則意蘭島とは僅に一海峡を隔るのみ。

王国マイツハ（ソ）ウルはマヂュラの西北に在て、加得山を以て麻辣襪爾と其界を分つ。此国は欧羅巴の人あへて至る者なし。故に其国中の事状を詳《つまびらか》にする事を得ず。

王国タンヨール、一名タンスコル（ルは衍字）ウル（Tanschour）といふ。其地マラハの北に在て一面は海にのぞみ、一面はコレ（Cole/*Coleroon*）といふ河を以て王国比私那瓦爾とその界を分つ。その国自立のナイケ［国王をいふ］ありといへども、大莫臥児《ゴロオテモグル》に臣服す。其内に著しきの地は

タンヨウルは海を去る事二十一里［日本の四十二里］なる所に在て、則ちその国の王の都する所なり。

ナカナバトナム（Neganapatnam/*Nagapatam*）［按ずるに一名ナゴハタンとも云］は海に望み壮麗なる府にして、波爾杜瓦爾《ポルトガル》国の人堅固成る墻《かき》を築き十三の陣営を置て、皆欧羅巴の規制《つくり》（形式）に依て是を造建したるを、この後千六百五十八年［日本万治元年、清順治十五年］に和蘭の人是を奪ひ取事[36]、今和蘭所居のコロマンデル渚海の内に於て第一の大互市として、チレツキテウル（directeur）［官の名。賦税を董《ただ》すの貴官也］を置てこれを鎮せしむ。其地、人あり。[37]既に波爾杜瓦爾人此に居りし時に、是が化に従て旧俗を改めし徒なり。

タランクエバ（Tranquebar）又タラケバル（Trangebar）、又一名テリンコハル（Trinkobar）といふ。是れナガナバトム（ナガパタム）の北に在てカヘリ（Kaveri　カーヴェリー）といへる河口の所なり。此地一百余年前よりして弟那瑪爾加《でえねまるか》国の人ここに至始めて朴陋《ぼくろう》（質素）なる郭《くるわ》を構へて交易をなし、毎年定額の税をタンヨウ〔ル〕（Tanjour）の王に輸せしが、いくばくもなくして城を築き外郭を以て是を環らし、四ケ所の砦を設け隍《ほり》を深くし軍卒を備て、その要害きはめて堅固厳重なり。其周囲に二十四の郭ある邑

里ありて、其賦税を弟那瑪爾加人に貢するに至る。その後千七百零五年〔日本宝永四（二）年、清康熙四十四年〕に弟那瑪爾加のフレエデリキ（Fredrik）第四世の王、その教師バルトロメウス・シキゲンバルガ（Bartholomeus *Ziegenbalg*）に命じて初めて此地に至りて教法を弘めしめ、尋《つい》で千七百零七年〔日本宝永四年、清康熙四十六年〕にヘンテリッキ・ブリユトスコ（Hendrik Plutscho）等数多の教師又ここに至て教を施し、これに因て遠近の土人夥しくこれに帰化して、これが為に新に又寺観幷に学院を建てニイウウエ・エリュサレム（nieuwe Jerusalem　新イエルサレムの意）と名け、諸の経典、書籍を波爾杜瓦爾幷に麻辣襪爾の方言を以て翻訳刊行してコロマンデル、麻辣襪爾の両海岸諸国に伝へ弘め〔按ずるに、波爾杜瓦爾の人印度諸国の地に最久しく占拠せしに因て、其諸国の人多く波爾杜瓦爾の語に通ず。これに因て其諸国の人に使《つかわ》れせしめんが為に波爾杜瓦爾の語を以て書を刊行せる也。我国に来る和蘭人にしたがひ来るところの崑崙奴(38)等も、昔しは此方にて皆波爾杜瓦爾の語を以て通弁せしとなり。今は直《ただ》にマレイス語（マレー語）にて通弁するところ〔と〕なりぬ〕、其教日々に盛んにして殊に千七百四十二年〔日本寛保二年、清乾隆七年〕には一年の間に新に教を入る者凡六千二百五十二人、これよりしてまた大《おおい》に学校を増造《ましつく》りて、其砌《みぎり》童をして法教、文学、諸技を習はしめ、幼きよりして理義を弁知して長となりて後能《よく》功業を成さしめんが為にすといふ。

王国キン〔キ〕（Gingi）はタンヨウルの北に在て又海に瀕す。自立のナイケ〔国王を云ふ〕ありといへども大莫臥児に臣服す。此国中に於て著しきの地は

キンキは其王の都するの地にして、海を去る事十二里〔日本の二十四里〕なる所にあり。

ボルタノオハ（Porta Nova/*Porto Novo*）は新港といへる儀也。是《これ》海に臨むの小地にして、和蘭の人此

所に商館をおく。

ゴウデロウク（Goudelour）、又名《またのな》キュダロク（Cudalora/*Kondalur, Cuddalore*）、又名コルデロン（Colderon）といふ。小府にして海にのぞめり。

ボルトサンタアヒツ（Fort S. Davids/*Fort St. David, Devanapatan*）は諳厄利亜人築く所の城にして、此所におゐて夥しく綿布を交易す。

テケナバトナム（Tegerapatnam/*Tegnapatan, Tirupapuliyur*）は海に臨むの地にして、和蘭の人居住す。

ボンヂセレイ(39)（Pondichery）は堅固壮麗(40)なる府にして印度諸国の中に於て名誉の城地なり。払郎察に属して、守を置てこれを治しむ。然ども近世戦有りし時諳厄利亜の人これを奪ひとりしが、その後千七百四十八年［日本寛延元年、清乾隆十三年］にアアケン（Aken/*Aachen*）の地にて和睦ありてより、再び払郎察に帰せり(41)。

王国北（比）私那瓦爾は一名カルナアテ（Carnate/*Karnataka*）といふ。これ大国にして戦ある時には兵三十万、象七百隻を出す。その地多く金剛宝石、サヘイレン（青玉）、アメチステン（紫水晶）［共に玉石の名］等を産す。其内著しきの地は

比私那瓦爾又カンデゲレイ（Chandegery/*Chandragiri*）といふ(42)。大都にして山上に造建し、この国の中央にあたる。これ其国王の所居にして三重の墻を以て是を環《めぐ》らせり。

サンテウ（ラ）スハトナム（Sanderas-Patnam）は郭ある邑里にして、和蘭の人是に商館をおく。

メリアボル（Meliapour/*Mylapore*）はサンデラスバトナムの北に当り、コロマンデル諸海等の内に於て

最《もっとも》商賈湊会して繁華の地なり。波爾杜瓦爾人これに拠りて一のビスコッブ（bischop）［等四品の僧官］を置しが、其後其国王より是を追出され、千六百六十六年［日本寛文六年、清康熙五年］に払郎察の人また是に拠りしが、千六百七十年［日本寛文十年、清康熙九年］にゴルコンダの王と北（比）私那瓦爾の王と戦有りし時、和蘭の人是に乗じて此に襲ひ来りて、是を破りて城地を堕《こぼ》ち去れり。これより後此城地を修理する事なく、欧羅巴の人惟《ただ》此に来りて交易をなすのみなり。此地は昔時聖人アポステル・トオマス（Apostel Thomas）行教の地にして、歿してここに葬る。故に又此地を名付けてサントオマス（S. Thomas/*St. Thomé*）といふ。其遺址みななし。トオマスの墓は一の山上にあり、邏（ローマ）の古書には此地をカラミナ（Calamina）と記せり。

コブロン（Coblon/*Covelong*）はメリアボルの南に有り。亦商賈湊会の地なり。

マダラス（Madras）またマダラスバトナム（Madras Patnam）といふ。メリアボルの北にありて諳厄利亜に属し、サンセオルゲ（S. George）といへる堅城を築て、此城規制（形式）方形にしてエイセルステエン（yzersteen　鉄石の意）といへる堅嗷《けんごう》なる石を畳《たたみ》て墻となし、守を置てこれを領せしむ。此府に青黒二郭を分つ。其青郭には欧羅巴の人のみ居住す。黒郭には印度、波爾杜瓦爾、亜爾墨泥亜《あるめにあ》等諸国の人雑居す。

バリアカッテ（Paliacatte/*Pulicat*）はマダラスの北に在て、其間行路凡八ッ時［日本の四ッ時］程也。バリアカッテといへる河口に有り、和蘭の人に属す。これ和蘭の人コロマンデルの海辺に於て始めて得たるの地にして、多く衆を植て土をひらき、城郭を築き其屋室を皆和蘭本国の式様に依て是を造建して、甚精巧壮麗なり。又海岸に一つの要害の処を構てゲルリア（Gelria）と名《なづ》く守りを置てこれを治め、和蘭所領のコロマンデル諸州の商館の事を統《す》べ掌《つかさ》どらしむ。

カレトレ（Caletore）。この地諳厄利亜の人商館を置く。

ネロウル（Nelour/*Nellore*）、コンテコウル（Condecour）の二処は共に北辺に在て海にのぞみ、和蘭の人並に小なる商館を構へて互市をなす。

王国コ（ゴ）ルコンダ(43)はまた大国にして戦ある時は騎兵五万人、歩兵二十万人を出す。昔は自立の王国にして〔国王〕(44)ありてその勢盛なりしが、千六百八十六年〔日本の貞享三年、清康熙二十五年〕に大莫臥児アウレングセエブに併せられて、今は大莫臥児の都なり。大酋を置てこれを治め、此国のコロウル（Colour）河よりガンガ河(45)に至る間の地に多く上品の鮓荅《さとう》（牛黄の類）を出す。これ一種の野羊の胃中に生ずる者にして、此野羊〔こ〕の地には甚多しといふ。その他夥しく米、稗、獣畜、玉石、塩等を産す。此国中におゐて著しきの地は

ゴルコンタ（ダ）。其土人はバドナアケル（Badnager）といふ。これ其都城にして海を離れたる所にあり。莫臥児より置く所の大酋これに居り、この都外の広き処に古への世のコルコンタ（ゴルコンダ）諸王の塋陵《えいりよう》（陵墓）あり。その陵毎に各園を設く。

キュロル（Culor）、またコウロウル（Coulour/*Kollur*）ともいふ。ゴルコンダの都を去る事三里(46)〔日本の六里〕、此処上好の金剛宝石を出す事の多き、天下第一とす。其大なる者は重さ九百カラアト〔斤量の名、一カラアトは其重さ二銭六分六厘強也〕に至る。恒にこれを大莫臥児に貢ず。そのこれを出する鉱、穿《うが》つこ

と一丈四尺斗《ばか》りすれば水をみる。然る処必ず此石あり。此地に於て此石に因て生産となす者凡六万人ありといふ。

マシュリバタン（Masulipatan/*Machlipatan, Masulipatam*）は広大にして商賈湊会するの地にして、払郎察および和蘭の人共に此に至て鮓荅《さとう》、玉石等を交易す。また夥しく花布を出す。世にこれをキュストシツ（kustchitzen　海岸更紗の意）と名く。此所初め和蘭の人大ひなる商館を構へしが、その後払郎察の人奪て是を取れり。

王国ナルシンカ（Narsinga/*Narsinghpur*）はゴルコンガ（ダ）と界を接して甚だ小国なり。其うち最著しきの地は

ナルシンガ、またナルシンガ・ハタン（Narsingapatan）といふ。これその都にして莫臥児よりおく所の酋長これぞ（に）居る。

王国シココル（Cicocol/*Sikakol, Chicacole*）またシアコラ（Ciacola）ともいふ。ナルシンガの東北にあり。其うち著しきの地は

シココル、則ち其都にして莫臥児より於く所の酋長これに居る。

ビミリバ〔タ〕ン（Bimilipatan/*Bimlipatam*）は海にのぞむの地にして、和蘭人この所におゐて欧羅巴州より来る貨物を交易す。

ヒシアガバタン（Visiagapatan/*Vizagapatam*）は諳厄利亜の人此所に商館を置き、並に四の砦を築て其備を厳にす。

王国烏里舎《オリキサ》（Orixa/*Orissa*）は榜葛剌国の界に在てガンガ（Ganga）河を以て其界をなす。その内著しきの地は

烏里舎、州（則ち）その都にして山上に造建し、商賈極めて多き地なり。

ラマナ（Ramana）またラムナウ（Ramoena/*Remuna*）といふ。広大なる府にして榜葛剌国の界にあり。

ボルステントム（Vorstendom）［君長あるの地といふ義］ヤゲレナト（Jagrenat）はガンガ河の口にあり。其都もまたヤゲレといふ、海にのぞむ所なり。

　　安日河の東に在て海中に鋭出せる大地第三

此地甚広大にして印度斯当、韃靼、支那および印度海の間にあり。[47] 世にこれを以てまた印度の部に入るといへども、あへて印度斯当と相統属せずして、昔しより印度斯当の帝に従がはず。其幅員南北四百四十里［日本の八百八十里］、東西二百三十里［日本の四百六十里[48]］、その内数多の王国を分つ事左の如し。

　　王国アセム[49]（Achem of Asem/*Assam*）

此国印度斯当の地に近く、西は則《すなわち》ラクサ（キ）ア[50]（Laquia）河を以て是を（と）其界を分ち、北は王国チベット（Thibet）に界す。自立の王ありて是を治め、其下民より他の賦税を収めず惟《ただ》金銀鉄鉛の類を貢せしむ。其是を出すの鉱《あらがね》これが産業をなす者凡一千余人あり。

其北方に居るの土人は其俗習恒に首を垂れて胸に向ひ、最嗜《この》むで犬肉を食ふ。故に其諸城邑みな毎月

犬を売《あき》なふ大市をなす。都にて浮屠の教を崇法して、処々に祠廟を建て仏像を奉ず。北（此）国、上品の凝脂《ぎょうし》（ワニス）を出す。その色赤きもの最多し。またこれよりして画材を製す。最上級品なり。これを外邦に貿易して支那、日本迄にも是を輸すなり。千六百余年の末［則ち千七百年に近き時節を云なり。按ずるに、コウランテンドルコといへる書に曰《いわく》、千六百六十三年に莫臥児より此国を破り奪へりと。千六百六十三年は日本寛文三年、清の康熙二年にあたる］に印度斯当の帝アウレングセエブ（Aurengzeeb）、其大軍（将）エミルエムラ（Emir-Jemla/*Mir Jumla*）をして大軍を帥《ひきい》て此国を攻破りて深く入りしが、此国人ラクキア河の険に拠て防ぎたるに因て、全く勝《あげ》て此国を滅す事を得ずして、退き帰りて後和睦をなせり。此国中著しきの地は

アツ（ソ）（Azo）はラクキア河に近く昔は此国王の都なりしが、今はケムメロウフ（Kemmerouf）の地に都を遷し、又時にしてカムダラ（Chamdara）の地にも都する事あり。

王国アハ(51)（Ava）

此国古へは数多の王国に分れたりしが、今は一統の政治に帰して一方の帝と称するに足れり。其の数多の王国とは本国アハおよび王国琵牛《ペキウ》（Pegu）、亜剌敢《アラカン》（Aracan）、チブラ（Tipra/*Tippera, Tripura*）等なり。

此諸王〔国〕初めは各其国に自立の王ありて互に相属せざりしが、千六百余年の半ば［千六百五、六十年の頃なるべし］にあたりて其琵牛の王大に其隣国なる暹羅国《シャムロ》（Siam）の王に破られ、力衰へ勢窮《きわ》まりて自

立する事あたわずして、救をアハの王に求めしが、アハの王大軍を帥ひて是を援けしに因て暹羅国の兵漸くにして退きぬ。然れどもアハの王琵牛の国衰微せるを見て異志を懐き、其後遂に琵牛の王を殺し軍率を以て其国を破残して悉く琵牛の地を奪ひとり、尚足れりとせずしてまた軍を移して隣国の亜剌敢、チブラの二王を撃つ。二国みな降《くださ》れてこれに臣服す。北（此）に於てアハ遂に諸国を一統して其勢殆んど帝者の如し。

本国アハの地はその西はチブラ及び亜剌敢に至り、東は琵牛に接す。此国別名ブラマ（Brama/*Burma*）といふ。故にその土人を称してブラムス（Bramas）と云ふ。風俗勇悍なり。其地多く麝香、凝脂、沈香《じんこう》、葙藤《かとう》（蔓性の木）、夜光宝石等を出して、これを以て他国と交易す。また象及び駱駝多し。其内著しきの地は

アハは其王国の都城にして、又アハといへる河にそひ、広大にして人居多し。要害堅固にして、土地豊饒なり。此王国に従属する処の四国左の如し。

王国チブラは小国にして、其地アハの西に在り。其土人珊瑚、火石（brandsteen　火打石か）、玳瑁《たいまい》の類を以て身に飾る。婦人はこれを首に懸け、垂れば乳に至る。又石を以て銭幣に代へ、又これを以て算計に用ゆ。此国の内にて著しきの地は

チブラ、すなはち此王国の都なり。

王国亜剌敢はその地また大ならずして、榜葛剌の海湾にのぞむ。此土人毎《つね》に衆を聚《あつ》め海に往て盗賊をなす。故にこの国に近き榜葛剌の海湾の辺は、舟船往来甚だ容易ならず。其俗耳を長くして［是、印度麻

辣襪爾等の人幼時に其耳垂（埵）（みみたぶ）珠を穿ち椰葉(52)を中に挿《さしはさ》み容れてこれを拡ぐる時は、長ずるに従ひて其耳益々大にして長き事胸に至る。これを以て美観とするの類なるべし」是を美飾として、手足に多くの環を穿つ。其性甚傲慢なり。銭に代ゆるに小貝子を用ゆ。人死すれば木を積みて其屍を焚く。貧者は屍を水に投じて鳥に食せしむ。此国中著しきの地は

亜刺敢、すなはち其王都にして、亜刺敢といへる河の流れて海に入る所に有り。此都広大にして平坦の地に造建し、其国（周）囲には皆高山絶壁峩々として是を環り、出入容易ならずして要害極めて堅固なり。

王国琵牛は古への世には自立の国王ありて是を治め、其勢極て隆盛にして隣傍諸国にすぐれしが、今はアハの王に滅されて其郡県となれり〔按ずるに、此国古への世には其勢極めて盛んにして、兵数十万、象数千隻を戦時には出し、其属国二十七有て皆是に服し、其国極めて大なりしが、今を去る事二百年前に暹羅国の王其国中の精鋭百万人を悉《つく》してこれを侵し破りてより、しきりに暹羅に破られて其勢年を遂て衰へ、後遂にアハに併せられし也〕。此地ヨオデン（Joden）〔古への如徳亜《じゅであ》国人の子孫〕の人多く居住す。曰く、此国はこれ上古撒刺満《そろもん》（Salo-mon/*Solomon*）王の世に船を通ぜしオヒル国（Ophir）の地なりと〔上古の世、如徳亜国の王撒刺満の世にあたりて、西紅海より船を発して遠く海外のオヒルといへる国に通じて、金銀宝物を得る事の夥しき事紙筆につくすべからず。如徳亜国都エリユサレム城中に金銀充満せり。今に至て西洋にて世に稀成《まれなる》大富を称するには多く撒刺満王を引て譬《たとえ》となす也。撒刺満王は其年歴を推〔考〕するに、支那にて周昭王、穆王の間にあたる〕。多く黄金、米穀、麝香、夜光宝石、サッヒイレン（青玉）、ヘイアシンテン（ヒヤシンス石）、ガラナアテン（柘榴石）〔みな玉

石の名」等を産す。

此土人また種々異形の神仏の像を崇信し、毎年一度大祭有て少女を以て其神に供す。則《すなわち》是を縊殺《いさつ》して、其後祝師名刀を以て其心窩を剖《さ》き開き、其心を取出して是を神像の面に擲《なげう》ち、而して其心を焼て灰となしてこれを水に投じて諸魔神を防ぐといふ。其残れる尸肉《しにく》をば相取りて是を食ふ。其祭に供したる少女の家にては彼《かの》少女またすでに神となれりとして、皆甚観（歓）喜して其霊を敬ひ祭るといふ。此国中著しき地は

琵牛は其王都にして琵牛といへる河に傍ひ、広大にして方形なる城を築き二十の大門を開き、旧新二郭を分ち、環らすに墻及び堤を以てし、処々には高台を建て其隍《ほり》を深くす。王の宮殿極めて壮麗なり。然れどもアハに滅されてより後はみな頽敗して、居人も多く逃散して今はただ其趾残れるのみ。

シリアム（Siriam/*Syriam*）はアハ河の口に在て、今アハより置く所の琵牛を治むる大酋ここに居る。此府は一の島の中央に造建して、其四方の水を以て要害となすのみ。

ヂコン（Digon）シリアムに近く海に望むの府にして、一の海港あり。

小王国馬《ま》爾《る》太蕃《たばん》（Martaban）は古へは自立の王ありしが、其後琵牛に併せられて其郡県となり、今は又アハに属す。此地気候極めて融和にして、人疾病なし。多く嘉木を出す。以て船を造る。其内に一種の木テッカ（Tecka　チーク）と名《なづ》くる者あり。極て佳にして、敢て腐れ朽ちることなし。世に是を貴重す。また一種よき凝脂を出すの木有り。世に是をラコ・マルタバニ（Laco Martabani）と名づく。土人は性甚愚蒙無智なり。浮屠を崇信し、祭礼を行ふ時は其像を車に載て出づ。其内或はおのれが膝に孔を穿

ち是に綱を通し、その綱を神の所乗の車に結びて舞踏をなす者あり。其うち著しきの地は馬爾太蕃は広大堅固の地にして、よき海港あり。土人多く磁器を製す。琵牛国の末世の王曾《かつ》て暹羅国の人と連歳戦をなせし時、久しく此府に居りし事有。波爾杜瓦爾《ぼるとがる》の人此に来りて占拠せし者、此の時琵牛の王を援けて敵を防ぎしに因て王喜びて、波爾杜瓦爾人安んじて此に居を構へしが、其後波爾杜瓦爾国より置く所の守ベレイラ（Pereira）なる者、此の府内一長者の女《むすめ》を強姦せしに因て土人疎《うと》み悪《にく》み、多衆をあつめてベレイラ及び諸の波爾杜瓦爾人を此地より追出せり。

王国暹羅《せんら》

此大国幅員通径長さ一百五十里〔日本の三百里〕、広さ五十里〔日本の百里〕。其国王(53)は、すなはち世界に名ある隆盛なる諸帝王の内のその一なり。其属国諸君長みな賦を貢するのみならず、諸外邦との交易に於て得る所の貨物の数また極めて夥しく、その富める事あげていふべからず。

此国一種の菓《くだもの》を出す。名けてマシ（ン）コ（Mango　マンゴ）といふ。其風味甘美なる事、凡《なみ》に非ず。此菓は桃の如き樹上にむすぶなり。またジュリオン（Durion　ドリアン）といへる菓あり。形恰《あたか》も西瓜に似たり。甚臭し。然れども熟して食ふべきの候に至れば、則臭きことなし。

其土人すべて浮屠の教を奉ず。而して其礼節政教最正しくして、天理人理に本づく事を主とし、専一に悪を去て善に帰するを以て務とす。ここを以て国中の風俗妬忌《とき》、怨恨、詐譎《さけつ》（詐欺）の事なく和睦親愛して、人家若《もし》事あるときは郷党相集りて互に相助くなり。

其教専ら天を尊みていふ、至高に処して万物の至尊なり、天下所在の諸教法その派多しといへども、其畢竟は悉く天に帰すと。凡《すべて》の教法、政事、風俗等すべて他の隣傍諸国にまされり。千六百八十五年〔日本貞享二年、清康熙二十四年〕に払郎察国のロデウェイキ（Lodewyk　ルイ）第十四世の王、此国と好を結びて使を遣し、此国の王に西洋の教を奉ぜよと勧む。然れども此国王是に答へて曰《いわく》、天の仁徳に因て吾国既に国家を治むるの教あり。我既に吾国の教中に生れたれば、亦将に[54]吾国の教中に在て終るべし、とて終《つい》に西洋の教法を受用せず。此国王毎歳二度国中を巡狩す。その一度は陸路を巡り、一度は水路を巡るなり。其属国の君長また皆定教（数）の軍兵ありて王の用に供するが為にし、国中兵備きはめて盛なり。故に事ある時は令を伝えて一瞬時の間によく騎兵三万人、歩兵十万人、象一、二千隻を出す。やや間あれば毎に歩兵[55]二十五万人、騎兵二十万人を出すといふ。

此国人、多く妾媵《しょうよう》（妾婦）あり。然れども皆其出〔処〕卑賤なる者にして、一に正室の命に遵依して是を奉ず。妾の生む所の子、敢て父の業を嗣ぎ或は家産を分つ事を得ず〔按ずるに、此国の俗、妻の生む所の子は男子長たる者は父の業を嗣ぎ、他は家産を分つ。女子は相応の人家に嫁し、男子なき者は婿を招きて家をつがしむ。妾の生む処は奴婢となすなり〕。娼家また多くこれ有り。然れども娼家の人死たる者は敢て良家の如くに土葬或は火葬等の礼をなす事を得ず。皆その屍を野に投じて犬に食はしむ。

此国は刑獄其曲直を分ちたき者は其これを証するの方（法）四つありて、共に疑ふべき事なり。水を以て試むの法は、其人を長く水中に居らしむるに、理直きは安然として恙《つつが》なく、理曲れる者を（は）必ずその証あり。油を以て試むるの法は、曲（油）を煮たる中に手を入て直きものは其手少しも爛《ただ》れず。火を以て試む者は、其人の足下に火を置くに直きものは火焼くことなし。米の餅を以て試む者は、僧ありて是を主《つかさ》どりて餅を人に呑《のま》しむるに、直きものは呑《のみ》て恙なく、曲する者は呑がたしといふ［按ずるに、此事真臘風土記所載の天獄の事と頗る相似たり(56)］。

凡此国中著しきの地は

オジア（Odia）またユテイア（Judtya/*Ayuthia*）といふ。波爾杜瓦爾国の人はまた呼て暹羅（Siam）といふ。これ此国王の都にして甚広大なす（り）。メナシ（ン）（Menan/*Menam*）といへる大河あり、是を環りて島をなす。此河年毎 漲《みなぎる》こと阨入多《えじつと》［阿弗利加州の大国の名］の泥祿河《にろす》（Nyl）の如くに都内の地に溢る。此河中また鰐魚《わに》の大なるものありといふ。都内の人家凡四十余万。その規制《つくり》みな高大なる柱を堅固に建て、楼閣を造り、梯《はしご》を設けて高処に登りて以て河水の溢るるを避け、また無数の小船を具へて往来に便りす。都内仏寺極て多《おおく》て、其内規制宏なる者凡二、三百ヶ寺。其都、外はすべて堅固なる墻及び堤を築きてこれを囲み、所々に高台を建て其備《そなえ》を厳にす。王の所居は子城にして、其宮殿悉く黄金の板を以て屋を覆ふ。故に日に映ずれば光輝粲爛として、人の眼をして眩然たらしむ。其河に臨むの所、皆封彊《ほうきょう》（境壁）を築て規制きわめて広大なり。払郎察、諳厄利亜、波爾杜瓦爾、和蘭、支那、都児格《とるこ》、回々教門の徒等皆此に居住をなす。

リユホ（*Luvo/Louvo, Lopburi*）はメナン河にのぞめる城にして、此国王遊息の処也。

バンコックは小さき城地なりといへども造建宜しく、メナン河の口に在て宏麗なる港なり。商賈輻湊す。

アムステルダム［アムステルダムは和蘭本国の別都の名なり。此地和蘭人居住する故に本国の地〔名〕を命ずる事］はバンコックに対せる城にして、和蘭の人ここに居住して府第（役所）を建て、府庫を築て貨物を護るに便りす。

リコル（Ligor）［又リュコルといふ。別に六昆また六坤に作る者也］は其南辺海に傍ふの城地にして、和蘭の人此に壮麗なる商館を置く。

カムバア（Campaa）は海に臨むの城地にして、此所にて夥しく蘆薈《ろわい》（アロエ）を交易す。

メルキユエイ（Merguy/*Mergui*）および荅那思里《てなせりむ》（Tenasserim）の二城地は其西の方は海に臨み、二城相去る事遠からず。共に商賈湊会の地なり。その荅那思里の海上には数多の小島あり。世に是れを称して荅那思里の諸島といふ。

ビトシア（Pitchia）、ボウルセロウク（Pourselouk）、ラコンタス（Lacontas）、メナングハング（Menangfang）等の城地は皆メナン河に傍て造り築せり。

メナン河の西に当たりてコムベングベット（Campengpet/*Kamphaeng Phet*）及び尚数多城地有り。而して其海を離るる事遠き内地の諸城地は大抵広大壮麗なる者は稀にして、人家多くは大竹及び木を以てこれを造り、城垣の如きもまた木を以て堅固に墻また柵を建て是を環らせり。

此国王葬送の式法の如きは、我邦［西洋をいふ］の人いまだ是を詳にせず。唯其王殂すれば、則ち尖形の高台を造建して、其台頂の中央に王の屍を納めて金棺を安置し、無価の（値のつけられぬほど高価な）美玉、宝石を以て種々の飾を加へ、また黄金を以て仏像を鋳て是を其上に安置す。蓋し其国王歴世皆かくの如くになす事と見へて、此国都の内に此の如く造建せる央（尖）形の高台多きなり。

満剌加

此海中に尖出したる大地、古への世にはセルソネシュス・アウレア（Chersonesus Aurea　ラテン語で黄金半島の意）と名《なづ》けり〔按ずるに、是厄勒祭亜《げれしあ》国の方言なり〕。是を和蘭語に訳すれば、コウデン・ハルツエイランド（gouden halseiland）〔和蘭語のコウデンは金なり、ハルツ・エイランドは半島といへる義にして、此国の如き其三面は海に臨み、一面のみ大陸に連なれる地を称する語なり〕といへる義なり。世に多くいふ、此国は是《これ》上古撒剌満《そろもん》王の世に海船を通じて夥しく黄金を得たりしオヒル（Ophir）国是なりと〔撒剌満王およびオヒル国の事並に上の琵牛国の条に注せり〕。然れども其後能《よく》是を詳計したる説を考るに、オヒル国は即ち今の亜弗利加洲賛西抜爾《ざんじばる》国（Zanguebar）の海辺の地にして、此国にはあらずといへり。凡《およそ》此大地其長さ九十里〔日本の百八十里〕、幅は四十里〔日本の八十里〕なり。

其気候は甚不順にして酷熱なり。欧羅巴の人此に至りて暫く居住する時は、多くは病を生ず。其平地には沼沢のみ多くして牧地少なし。故に諸畜蕃息（繁殖）しがたし。然れども多く黄金、金剛宝石および諸の玉石を出し、又其産する所の錫《すず》甚佳なり。世に是をマレイセ・チン（Maleitsche tin）と称して甚だ貴重す。また多く上品の胡椒を出す。此地百貨駢集《へんしゅう》（集中）して物用充足す。これ、此地よりは恒に船を日本に遣す。又印度および百児西亜国よりも種々の貨物を輸送すればなり。故に其満剌加の海峡「此地と蘇門荅剌《すまんたら》島との間の海峡をいふなり」には恒に諸国の舟船湊して、人烟《じんえん》（人口）きはめて稠密なり。

其土人を世に是をマレイエルス（Maleiers）と称す。其土人の方言を称してマレイスタアル（Maleischetaal）といふ［和蘭語タアルは方言なり］。此方言は恰も欧羅巴洲中の払郎察語の如く、印度諸邦の人多く是を通用す。

其人中半《じんちゅうなかば》は馬哈点の教を奉じ、半は浮屠の教を奉ず。其俗襯衣《しんい》（肌着）及び袴《はかま》、襪《たび》、莫大小《めりやす》等なし［按ずるに、ニイウホフといふ人の東西紀行(57)に曰《いわく》、其人多くは裸体にして〔小〕衣を著し、臂《ひじ》と足とを露《あら》はす。婦女は絹を以て衣とし、又短き衣を胸背の上に加ふといふ］。然れども恒に木履《くつ》を穿ちて、行路の間熱沙および石尖を避くるが為にす。婦人は其髪漆にして、これを沐するに椰子油を以てして光沢あらしめて美飾となす。

波爾杜瓦爾国の海軍の大将アルブケルクなる者、千五百十一年［日本永正八年、明正徳六年］に満剌加の地を奪ひ取て［ニイウホフが紀行書には千五百十年のこと也と記せり。又按ずるに、明人の諸書には正徳中に仏郎察(58)機の人満剌加の地に拠て其王を逐ふとある者、是也。明人の所謂仏郎機なる者は波爾杜瓦爾を指ていふ者なること、予、訂正増訳采覧異言の中に詳に是を弁ぜり(59)］波爾杜瓦爾国の地となし、是に拠ること千六百四十年［日本寛文十七年、明崇禎十三年］に至りしが、和蘭の人是を奪て、是よりして今に至て和蘭の地とす。然れども波爾杜瓦爾及び和蘭の領する所は只満剌加国の都城のみにして、極て堅固富饒の地なり。其地（他）の諸州城地はみな王国暹羅の属なり。凡《およそ》この国中著しきの地は

満剌加《まらか》（Malacca）は此海に鋭出したる大地の南辺に在て、此都邑の名に因て其大地の総名をも又満剌加と号し、其傍なる海峡をもまた名《なづけ》て満剌加の海峡といふ。此所に印度諸国の中に於て最有名の佳き港

ありて、其へんは四時風恒に順なり。故に舟船出入極て便なり。然れども岸辺は水浅くして大船を近づけがたく、且其辺非常を防ぐ為に銃砲を列置するの周密（細心）なるに因て、他国の船はこれを怕《おそ》れて岸近き処には碇を下さず。此都、元《もと》木墻を高くし深き湟《ほり》を以てこれを環らす。和蘭の人此に拠りてよりは益《ますます》堅固なり。城郭を増し築き、陣営を設け、其兵備を厳にし、要害を固くす。然れども此地気候極て不順なるが故に、欧羅巴州の地よりして直ちに此に来り居る者は暫時にして病を患《うれう》る者多し。初め波爾杜瓦爾国の人此に拠て衆を植へ土を拓《ひら》きてより、支那、印度、および亜爾墨尼亜《あるめにあ》国の人等多く移住し、その後和蘭の人是を領しても其人皆安居して種族蔓衍（増殖）す。是に因て和蘭の勢ますます盛にして此都を治め、都督（Nederlandsche gouverneur）に属する所の商館、此へん（辺）海の地長き（さ）三拾里［日本の六十里］幅十里［日本の二十里］の間に列置せり。和蘭の海船日本に至り交易をなして帰帆する者は、必《かならずまず》先此都に至り、其日本に於て得たる所の諸貨物を点検して是を分別し、或はこれを欧羅巴州に送り、又は是を印度所在の他の諸商館に輸す。また榜葛剌、シュラッテ（Surat）等の地より夥しく布帛を是に輸して、此地に産する所の金及び錫に換る。凡此地は和蘭所領の東方諸国の内に於て甚《はなはだ》緊要の重地にして、其海峡蘇門荅剌《すまんたら》（Sumatra）島に対し、又蘇門荅剌と爪哇《ジャア》との間のソンタ（Sunda）といへる海峡皆諸国の舟船往来の要路成《なる》を以て、和蘭より所々守備をおく。和蘭の船支那及び日本に通商する者、また多くは此海峡を過ぐ。初め波爾杜瓦爾此地に拠りし時は、諸国の舟船満剌加の海峡を過る者よりは皆貨を出して此を過さしめしが、和蘭の地となりては此事を止めたり。只波爾杜瓦爾国のふね阿馬港《あまかお》（Macao）に赴く者、此峡を過ぐる時はかならず貨を和蘭の人に贈て而して後此に（を）過ぎ去るなり。

王国若耳《ヨホル》（Johor）［按ずるに、是れ明人の所謂葉払国なり］成《なる》もの、又此海中に尖出せる大地の上にありて満刺加と界を接す。其都もまた若耳といふ。然るに千五百十一年［日本永正八年、明正徳六年］に波爾杜瓦爾の人此国王を破りて此都を奪へり。今此王の都するの地を又若耳といふ。地図或は是をイホル（Ihor）またヨル（Jor）とも記す。此都はこの海中に尖出せる大地の最隅の方に在て、海辺のロマノ峯（kaap Romano）を去ること遠からず。其王は暹羅国の王に臣服す。

彭亨《パハン》（Pahang）およびチリンガン（Tringan）一名トロンガノ（Trongano/*Trengganu, Terengganu*）二城地は共に此海中に鋭出せる大地の東方に在て、王国若耳の属国なり。

ベラ（Pera）は此海中に鋭出せる大地の西海へん（辺）にあるの城地にして、また若耳の属なり。然れども其土人は戦を好み、ややもすれば叛きて自立せんとする事有り。此地、上錫を産す。和蘭の人ここに商館をおく。

クエタ（Queda/*Kedah*）は一種の小王国にして、其都も又クエタといふ。其地は此海中に鋭出せる大地の内の最狭《せ》まき所に在て、暹羅の地と界を接す。此王、昔より暹羅の王に臣服せしが、暹羅と琵牛と連年戦争ありし其乱に乗じて一度自立せしが、其後また暹羅に属す。和蘭の人、また此地にも一の商館を置く。

バタニイ（Patani）［即《すなわち》いわるゆ太泥国なり］はクエタと界を接し、此海中に鋭出せる大地の東方にあり。昔は美麗富饒にして商賈湊会の地也しが、今は昔に及ばず。土人はよく交易の事に力の（を）竭《つく》す。

甘波牙《かんぼや》一名柬捕塞《かんぼじあ》(60)［別所謂真臘国也］

(61)此国暹羅の海湾に在て小王あり。暹羅に臣服す。其地に大河あり。メコンと名づく。毎歳其水溢れて地に漲ること恰も阨入多国《エジット》［亜弗利加洲の大国］の泥禄《ニロス》（ナイル）河の如し。此河カラム（Kalambe）といへる木を産す［則ち伽羅木なり］。此貴重なる事金銀に斉《ひと》し。また多く上品の象牙および貴重なる皮革、玉石、米穀、漆、安息香等を出す。其土人は性甚愚陋《ぐろう》、浮屠の教を奉じ、固く輪廻再生の説を信ず。然れども其船に駕し海に泛《うか》べて他国と貿易をなす事は、他の亜細亜洲諸国の人に異らず。

此国王昔よりして暹羅国の王に臣服せしが、其後千七百十七年［日本享保二年、清康熙五十六年］にコシンシナ（Cochin-China）［広蘭なり、次に記す］に攻め撃たれて、又是にも臣服せり。此国中著しきの地は甘波牙（Camboya）一名レウエッキ（Leweck）ともいふ。これ此国の都にして海を去ること六十里［日本の百二十里］なる所にあり。波爾杜瓦爾、支那、満剌加等の人、此に来りて夥しく玉石の類を交易す。メコン河流れて此都に至りて分れて二流となり、各自から海に注ぐ。

ホンチアノ（Pontiano）一名ボンテアマス（Ponteamas）ともいふ。昔よりして商賈湊会の地にして、一の河に傍ひ、佳き港あり。然れども千七百十七年［日本享保二年、清康熙五十八（六）年］の戦争の時に暹羅国の兵船ここに来りて破掠乱妨してより、商〔賈〕みな散じて〔其〕地甚衰微な（せ）り。

ランコル（Langor）、テルラナ（Terrana）、カロル（Carol）の三城は共に暹羅海湾の辺にあり。

コシンシナ［即広蘭なり］

此国は其南辺なる占城《シャムロ》国の地を合せて其長さ一百一十里［日本の二百二十里］、幅五十里［日本の百里］。これ古は王国東京《とんきん》の地にして支那に属せる者なりしが、其後に至りて自立の王ありて是を治《おさめ》りといふ。或は曰《いわく》、此国王はもと東京の黎民《れいみん》の族にして、此地を鎮守し東京に属して貢献をなせしが、其嗣主の世に至りて東京に叛きて支那の帝の朝貢属国となれりといふ。又一説には、此国は其初東京より守を置て治めし者なりしが、その後に守令なる者自立して遂に別国となれりと。凡此国は東京と其境を接して、常に二国相和する事なくして互に相悪《にく》むこと恰も都児格《とるこ》と百児西亜の如し。

千七百十四年［日本正徳四年、清康熙五十三年］に和蘭の所置の東方の鎮守［爪哇《じゃわ》国のバタヒアの鎮守をいふ也］より日本に通商せる船曾《かっ》て此国の南方海辺の地に至り、其船師アリオン（Arion）なる者、此国に入りて其南方より北界に至るまでの地を経歴して頗《すこぶ》る其国事を詳にせり。

此国中、其〔地〕すべて平坦なり。只其四方の界は大山重層として連亙《れんこう》する（長く連なる）こと百余里［日本の二百余里］、以て其隣国柬捕塞との界を分ちて恰も長城ありて隔絶せるに似たり。其山中に居る所の人は野鄙無知なること獣類と甚異なることなし。是を名づけてケモイス（Kemois）といふなり。

此山より毎年秋に至れば大水流れ湧て、其平地に漲り溢る。凡《およそ》此辺の沿岸諸国は凡《すべ》て毎年水溢れ地に漲るといへども、此国の如くに大水溢れ且《かつ》久しく漲りて退かざる者はなし。故に土人は恒に数千艘の小船を用意して、水至れば各是れに乗て或は高所に遷り、或は船相聚《あつま》りて其上に日を送り、船上にて互に貨物を交易し、或は漁をなす。水退きては諸魚地に満て、人々是を取る事極めて夥し。

この水退きて後は地面みな泥濘なり。而して水中膏腴《こうゆ》の気（肥沃の養分）土に入て、其田に糞するよりも勝れり。此を以て地極て肥沃にして、諸穀一歳に三たび収む。然ども水退きて後に、若《もし》霖雨止ざる時は此膏腴の気を洗ひ流すに因て、其歳は物よく実のらず、頗歳《はさい》（不順年）と称すべし。

此地よく肉桂、胡椒、鮓荅《さとう》、或《あるいは》綿、絹帛等を産すること極めて夥し。また金銀を出すの鉱《あらがね》も処々是ありて、敢て乏しきことなし。

此地また多く一種の樹を産す。其木甚だ美香なり。其質甚重くして且堅し。其生じて尚多くの歳を経ざる者をアクヰラホウト（Aquilahout）といふ。其老たる樹の幹をばカラムベホウト（Kalambehout）といふ［即ち伽羅］。日本の人は多く是を焚《たき》て以て死者に供す。然れども支那の人は是を用ひて紫色なる染料を製す。また此地に一種の鳥あり。世に是を名づけてアルセイオンス（Alcyons）といひ、又サン・マルテンス・ホオコル（S. Martens vogels）といふ［和蘭語ホオコルは鳥なり］。是則燕の一種にして、其大きさは鶉《うずら》の如し。巣を海辺の岩石の間に造る［即ち世にいわゆる燕窩なり］。其巣は一種の粘《ねば》れる物を以て造る。能《よく》これを詳にするに、是、海泡等の液汁にして、其鳥是れを食《は》みて口中より〔吐き〕(62)粘着して巣を成し、日光に因て乾きて堅く其質透徹す。此鳥の食とするものは小魚にして、而して人此鳥の出て魚を食ふを見れば、則天気晴て静ならんとするの前兆なるを知るといふ。此巣、上面より内に至るまで皮ありて層に相重なる事、恰も葱白《そうはく》（ねぎの茎）の如し。鳥去る時は其巣乾枯す。人是を取りて水を以て洗ひ灌《そそ》ぐときは、其質和ぎて凝脂の如し。則《すなわち》是を糊の如くして丁字、肉桂、胡椒等諸香気ある品に和して食料となす。此巣を海舶携へて欧羅巴州に輸して、貴人の饌《せん》（たべもの）に供す。則これに肉類をまじへ調和する時は、其味最美なり。此巣を人の是を採るには敢て難労危険なることなし。只其珍奇にして得ること少きに因て其価重きなり。

其土人風俗和愛親睦にして礼譲厚く、人と交るに誠ありて、商賈〔交〕易の如きも正直を主として敢て詐偽の事なし。欧羅巴の人といへる（る衍字）ども、是に対しては時として頗る慚《はじ》ること有《あり》。他国の海船若《もし》ここに漂到することあれば、則是を憐愍《れんびん》扶助して敢て凌虐の事をなさず。其地素《もと》百物充足《みちた》りて敢て人用《もち》ゆに乏しきことなき故に、其人都《すべ》て富〔楽〕(63)和怡《わい》（裕福で穏やか）なり。此を以て村鄙に居るの人も皆絹帛を衣とす。城市に居るの人は、是に加ふるに玉石を以て飾とす。宴会には貴重なる氈席《せんせき》（毛氈敷）の類を布《し》き、各人の前に皆別に小卓を設く。食するに小刀およびホルコ［ホルコは此方のくまでの如き者也。西洋の人は食時に匙子《さじ》と小刀とホルコを用《もちふ》事、詳に上巻に註せり］(64)を用ゆることを知らず。然れども食物の如きは皆庖厨（厨房）に於て細かに是を調理し、切《きざ》みて卓に供し、人皆二つの清浄なる箸を以て食物を口に納《い》る。敢て他の印度の人の食物を手を以て裂《さ》き撮《つま》み食ふが如き不浄なることをばなさず。

人家若《も》し祭祀の礼ある時大宴享《えんきょう》（宴会）をなすには、客を請《こ》ふ事極て夥し。故に或は家外の広き地をえらみて会集して、終日其歓を尽す。其設け列する所の食物を盛るの盤鉢のかず一百より少しきは、其主の最辱とす。客たる者の卓の傍に、各客の従がへ来れる僕を侍せしむ。是、一つには傍に在て杯酌等の用を弁ぜしむべく、一つには其客たる者食ひ尽されざる余りの食物をば僕に齎《もたら》しめて宴終るの後に家に帰るが為にするなり。

此国敢て争舶(65)の事を其理を説きて両下（当事者双方）相和せしむるの官を置《おか》ず。故に人家争訟の事あれば、則直《ただち》に官府に至て是を告ぐ。然る時に官府に於て即座に其判断をなす。其官吏たる者、若し其行ひ清廉公正にして私なき事著聞《ちよぶん》（周知）すれば、立所《たちどころ》に其官祿をすすめられて賤きよりして高官に昇るとは（とは衍字）。若し謬誤の事あれば、又再び元の如くに官祿を減ぜらる。昇るとは、邑を治むるの官よりして郡県を治むるの官に昇り、郡県を治むるの官よりして大地を治むるの官に昇るの類にして、減ぜらるるといふも、則また是に准ずるなり。故に国人吏治の学を貴みて是を講習討論して、卑賤よりして高官にすすむ者多し。

其婦女は言語甚敏捷にしてよく産業を勉め、只日用の食物、魚肉の類のみならず大小の交易みな是をよくす。其形容は甚だ支那の婦女に似て、其眼細く小なり。而して歯黒く［凡《およそ》東京、広南および南印度の俗、男女ともに蔞葉《ろうよう》（キンマの葉）を食ふに因て歯黒きこと諸書に見ゆる］、凡髪は長し。敢て其身に飾を加へず。

其性質は善良なり。

此国中支那の人多く、雑居す。是、昔よりして隣国にして相通じ、此国人（人衍字）今支那の朝貢属国となりてよりは、支那の人此に来りて居住する者益《ますます》多ければなり。

人家屋室の制《つくり》は皆大柱を高く建て楼居をなし、以て毎年水の溢れ出るを防ぐ。此材料となすの木は色黒くして、恰も烏木《うぼく》（黒檀）の如く、質甚重くして以て碇を作るべし。木皮を去りたる所極て光沢ありて恰も鏡の如く、其文理《きめ》旋回す。此木は水土に入《いる》といへども敢て朽腐《くちくさ》ることなし。夏月の比《ころ》には大柱を立並べたる間の下の所に皆壁を構ふ。然れども秋に至ればまた壁を去て、以て家宅の下を水をして通行せしめて、其家を傷《きずつ》かんことを防ぐなり。

其国人奉ずる所の教法は、隣国支那にて奉ずる所の教法と大抵相同じ［次の東京条にこれを記す］。

其国人上下最も畏敬尊崇する所の神と称する者は、此国先代諸王の霊にして、其功徳をあがめて是を祭る。常人といへども万徳、技芸、功業ある者はまたこれを尊み祭りて神となす。若《もし》戦闘の事有て是に勝《かつ》時は大に其先王の廟を祀《まつり》し、諸人その佩《お》ぶる所の鎖鏈《くさり》および帯の類を敲《たた》きて礼をなすなり。

其俗毎《つね》に新歳のはじめには寺観祠廟の類に至り詣《もう》でて、平生所作の罪業過失等を懺悔《ざんげ》し、是を償ひ禳《はら》ふの法をなす。然れども其内に於て罪甚重しとする者は、其日に是を償ひ禳ひ了《おわ》られず。此の如き者は次年の初春にこれを禳ふことを許す。然《しかるとき》時は家に帰りては歳首に当りて父母、長者、家眷《かけん》（家族）等に或は呵叱《かしつ》せられ或は笑はれん事を慚づ。因て一、二日寺観等に止宿して、而して後に家に帰るなり。

また其罪障なしとする者は、則ち星命者に問《とい》て行事、出入等の良辰吉時を示さんことを請ひ求め、其日に当りて家を出ることありて、途路の間に若し少しにても嚔《くさめ》すれば即時に急ぎ家に帰りて終日門を出ずして、瘡禍《そうか》（けがやわざわい）の至らんことを恐れ慎むといふ。此国中著しきの地は

ホヘ（Foe/*Hue*）は此地界に有て国王時として居所《おるところ》なり。

シニユハ（Sinuva）、カシアム（Cachiam）の二処は是又王国の都にして、時を以て撰みて是れに遷居する所なり［時を以てえらむとは元の世の帝冬は大都に居り、夏は暑を避けて上都に居るの類をいふ］。而して此二処は諸地図に見《あら》はす所敢て城地の如くならず、惟以て各一州の名となすなり。

チユバ（ラ）ン（Turan）は海辺に望みて、此国中に於て佳き城地なりとす。

ハウホン（Baubon）、クイニン（Quinin）、ネヘトマン（Nehetman）、チウハアン（Diuphaen）、占城（Chiampa）等は皆海辺に有《あり》。

東京［則ち安南国なり］

此隆盛なる王国(66)の地、古への世には支那に属して、則今を去ること七百年前までは支那の郡県なりしが、其後分れて別に一国を建しなり［按《あんずる》に、安南の地漢より以来世に支那の県たりしが、五代の末に丁部なる者自立してより別国となりしなり。ニイウフ（ニュイホフ）といふ人の奉使支那行程記(67)の中に此国上古よりの歴代沿革を記す者有《あり》。其説皆支那の書に載する所を採て訳せるもの也。故に此に引用せず。また安南の別名を世に多く東京と称する事は詳かに張氏の東西洋考(68)に見て（て衍字）へたり］。

此国中土地都《すべ》て平坦にして、おおくの清き河水有て其中を通流す。其内に於て最《もつとも》世に著しき者は、ホオチ（Hoti）およびロクボ（Rokbo）の両河なり。

此国中葡萄酒および他の諸穀を産せず［按ずるに、李仙根(69)が安南雑記に曰く、其土惟ダ稲ヲ産シ麦無シト］、唯米を産すること極めて夥しくして、六、七の両月［西洋の六月は此方の小満の十日或は十一日の頃よりして三十日の間にして、七月は是に次ぎて三十一日の間なり］恒に雨ありて後に熟す。人是れを以て諸酒、焼酒及び蒸餅等を製すること甚多し。

此地処々多く椰樹を産す。其むすぶ所の子《み》、大さ恰も人頭の如し。其核は甚白くして味は巴旦杏《はたんきよう》の如く、液汁は最味美にして飲に堪たり。

此地原野林麓、草木終歳恒に緑にして落葉なく、土人は生来雪と氷とを知らず。西南の風起くる比《ころ》には霖雨ややもすれば半年に及び、又七年毎には一たび可恐《おそるべき》の颶風《ぐふう》（暴風）ありて、起るときは二十四時間［此方の十二時《とき》］が間止まずといふ［按ずるに、五雑組(70)に嶺南瓊崖《れいなんけいがい》(71)の間には三、五年に必ず一度颶風発するの事を記す。即《すなわち》此にいふ類也］。

凡此国所生の諸樹はみな其上頂の所極て広《ひろく》繁茂す。然ども一種の白き蟻有て木を蝕し朽しむる事甚だ多し。又此地桑樹を産すること甚だ多し。其実は小にして味は美なり。其葉は以て蚕《かいこ》に食せしめ、是に因て此国より出す処の絹布の類極て夥し。

また其野には牛および野猪多し。馬も又乏しからず。獅《しし》および驢《ろば》は是を産せず。深林には虎、鹿、猴《さる》多し。象は甚多くして、且其躰《からだ》他の亜細亜諸国の象よりも大也。其産する処の蝙蝠《こうもり》は其大き（さ）恰も鶏《にわとり》の如し。土人呼で飛猫といふ。波爾杜瓦爾国の人是を食ふに、其味雌鶏《めんどり》の稚きものよりも美なりといふ。又此地多く一種の鳥の巣あり。人是を採《とり》て食料に供す［是則燕窩なり。上のコシンシナの条に詳《つまびらか》也］。其米および鳥卵、乾魚等は土人毎日料食となすもの也。然れども其俗他の肉を食《くらわ》ふ（ず）とす。只狗《いぬ》および駒《こま》の肉を以て美味として、宴享には必ず是を用《もち》ゆ。其食物は木を以て造れる小さき椀鉢にもり、二つの小なる箸を以て是を食ふて、以て小刀及びホルコ［熊手の形に似たる者。其事上に詳にせり］に代ゆ(72)。其饌《せん》（たべもの）に対して黙して多言せざるを貴む。只長者のみ言語をなすことを自由にす。また多く茶を飲む。是は多くは支那および日本より輸す所のものなり。

此地蚊の多きを苦しむ。時として蚊多く聚まる時は、空気殆んど暗し。故に人米の殼（もみがら）を熾《し》炭《たん》（おこった炭火）の上に投じて是を薫する時は、其気に触れて蚊みな死して消散するなり。

此国の海辺に五の島あり。其辺みな亀ありて充満す。土人夥しく是を採り、以て緊要の物とす。是その肉新なる物の味、美なるのみならず、又是を塩に醃《しおづけ》して国中遠近に輸送し、其甲は是を製して以て種々美麗なる器物を造ればなり。其土俗、礼節および産業をなすの風習多くは支那の人に同じく、且支那の言語及び文字を通用す。其人、身軀生成宜しきに適《かな》ひ、その色は白に非ず黒にあらず、多くは油色なり。其髪は漆黒に、歯また黒し［按ずるに、安南雑記にいわく、毎《つね》ニ薬物ヲ用《もっ》テ其歯ニ塗リ、黒ク光有リ。人ノ歯ノ白キヲ見ル者ハ反リテ笑フナリト］。ただ鼻の大なる事、他の印度の人の如くならず。指の爪を長くするを以て美飾とす。其頭禿たる者はよく是をかくして露はすことをなさず。是、此国法にて罪の有者《ある》をば是を罰して其髪を剃り髠《こん》（削髪）となして是を辱しむるに因て、此刑徒に混ぜん事を慮《おもんぱか》るが故なりといふ。

其人資性霊慧（聡明）にして記憶強く、慎勤にして礼譲厚く、其俗和愛親睦なり。また其商賈交易の〔公〕平なること、殆んど支那の人よりも勝れり。此を以て和蘭等の人是と互市することを楽しんで、誓約をなして貿易して大利を営む。

其人政刑、法度および測量の学を貴み、且《かつ》星象（天文）、音楽、詩文等の学を好み勉むる事、他の印度の諸国の人に勝れり。また医学を貴み、是を講究して諸草木を以て貴重なる薬品を製す。其学校はこれを三等に分ちて次第をなし、各考取（学習）の法を定め、初めの五年はよく其学の肝要の次序を習《ならい》、其後四年はよく支那の言語を講習して其奥理を極めしむ。時を以て国王自から学校に至りて是れを検視す。其学業殊に進める者は擢《ぬきん》でられ、或は国都の官吏となり、或は他の洲郡の官吏とも成るなり。

此国人奉ずる所の教法、凡三種あり。其第一は支那において最有名の聖人孔夫子の建る所の教にして、其説火水土木等の五つの物を貴みて称して五行とし［原書に金の字をのせず］[73]、是を天地開闢以来の要物とす。其教法専ら日用親切の事を説《とき》て、絶て奇詭怪誕《ききかいたん》（奇異でとりとめのないこと、怪力乱神）の説をなさず。是、此国古への世に支那の郡県たりし時に彼国より伝へたる所の教にして、此国人今に至るまで第一に是を崇信す。其教中まま日月五星（木星・火星・土星・金星・水星）を尊み祭る事あり。

其第二は修道者釈迦仏といふ人の建る所の教にして、此国尋常の士民等多く是を崇信す。其教専ら死後輪廻の事を説き、また十戒あり。其一に殺生をいましめ、二に偸盗《ちゆうとう》を戒め、三に淫汚を戒め、四に詐偽を戒め、五つに妄語を戒め、六に二心を懐くことを戒め、七に非分の願欲を戒め、八に驕傲を戒め、九に暴怒を戒め、十に能《よく》其身の諸行を勉め励みて以て無知の徒を済度せよとなり[74]。若し此戒め〔に〕背きて罪を得る者は死後三百年が間、霊魂輪廻して止まず、迷ひて苦を受《うけ》ん。若此三百年を過ぎたる時に縁なくして釈迦仏にめぐり逢ずんば、則この後は輪廻十回をすぎて終《つい》にめぐり逢ふ事得べしといふ。

其第三は支那の異人老子なる者建つる所の教にして、其教奇怪の説多し。其中にまた上にいふ二教の説と相同じ事も有り。

此国月蝕ありて其蝕し始まらんとする時、其教師衆に示していわく、今一の龍有て月を食ふ［これ支那の伝説にいふ妖蟇《ようば》呑玉兎の類なるべし］、宜く是を救べしとて、衆共に鐘を撞き鼓を撃て[75]呼譟《こそう》（騒ぎたて）し、蝕の終るに至りて始て漸くにして龍を遂い退ぞくる事を得たりと［これ支那にて日食を災なりとして鼓を撃《うつ》の類成るべし］。

此国王其勢隆盛にして大邦を有《も》つといへども、其国中大小の庶務は悉く此国の第一の貴官に決す［これ此国相（宰相）鄭氏をいふ成るべし」。是を称してシュア（Chua）といふ［コウランテン・トルコといふ書にはショウアにつくる］。これ此国の統政といへるの義也。新月および満月の時節には［これ朔望をいふなるべし］国中大小の官人みなシュアに随がひ列を斉整して王に朝して祝賀をなす。此シュアは紫衣を着して衆人に異《い》なり。国中の貢献賞罰皆これに由り、国人求る所あればみな是をシュアに奏請する也。

国王親衛の軍卒凡五万人を備ふ。またこの国の辺疆［これ支那および広南等の界なるべし］にもまた恒に軍六万人を置て以て守備を厳にす。毎歳武を講じて恒に象五百隻、戦艦五百艘を備て、其数の欠たるをば是を補ふ。軍卒の数の如きもまた此の如くして員を欠くことなし。其軍卒たる者は皆幼きよりして他の芸を学《まなば》ずして、ただ武のみを習ふ者を用ゆる也。およそ此国中著しきの地は(76)

シャカオ（Chacao）は海を去ること路程三十時《とき》［此方の十五時］成る所に在て、ホオチ（Hoti）といへる河に側《そ》へり。是この国王の都にして、家屋稠密に建て列《つら》ねて居人極て夥し。然ども其周帀《しゅうそう》（周囲）に城垣および湟《ほり》を設けず。此所昔しは諳厄利亜および和蘭の商館有しが、其後其商館なくしてただ交易をなすのみなり。

エアン（Hean）はシャカオの東に在て、またホオチ河に望み、人家二千余戸、皆莿藤を以て造建して藁《わら》を以て屋を覆ふ。

ドメア（Domea）は其府一の河口に在て、河もまたドメアと名づく。此所和蘭の商船時々来て貿易をなす。

バテコ（Badego）はまた繁華なる府にして、河に傍ひシャカオの東北にあたれり。

キュアテイ（Cuady）またキュアタク（Cuadac）ともいふ。是は海に臨める府にして佳き港有り。欧羅巴の人これを新港と称す。其辺に湖水有《あり》。亦キュアテイと名づく。

テンコア（Tenghoa）、キュイシバ（Cuiciva）、ギュアサイ（Guasai）、ケホア（Kehoa）の四城は、共にコシンシナと東京の界なる海湾の辺にあり。

老檛《らおす》

此国古は支那の内に属せしが、其〔後〕わかれて一国と也《なり》、自主の国王有《あり》といへども、支那に臣服して其政令を受く〔按ずるに、老檛は古の哀牢国にして、漢の明帝の時に曾《かつ》て是を開く。後絶《たえ》て通ぜず。明の永楽年中にまた朝貢す。因て雲南省の部に属し、其酋長に宣慰使といへる官を授て其地を治めしむ。此に記す所、蓋《けだ》しこれをいふものか〕。其地長さ百里〔日本の二百里〕、広さ二十五里〔日本の五十里〕有《あり》といふ。諸の地図多くは此国をシオカンキュエ（Ciocangue）と記せり。

此国の周囲都《すべ》て山岳多くして是を環《めぐ》り、メコン（Mecon）といへる大河其中を流る。其地多く諸穀を出し、また多く安息香及びウヰイロオク（wierook）〔木脂の名〕等を産す。深林の間には多く犀有り。また錫を出す事世に名有り。土人は浮屠の教を奉ず。性甚愚昧なり。其国中著しきの地は

ランシバ（ヤ）ン（Lanchang）はメコン河に傍ひ、其国の中央にして総国第一の都なり。北極出地十九度にあたる。此都一面は墻および湟を以て是を囲み、一面は彼《かの》大河に望む。其王の所居の殿宇（宮殿）は制作《つくり》甚奇巧にして且広大に[77]、都内の街衢（街並み）斉にして、人烟きわめて稠密なり。此都の別名を世に

また呼でウヰンキヤン（Winkjan）といふ。

善地図

凡印度諸国地理の図はデ・レ・イスレ（de l'Isle）［キュヰラウム・デ・レ・イスレは払郎察国の地理学師にして、万国の図を著はせる事甚だ其名高し］が撰する所の者精密にして、和蘭に於て是を翻刻せり。[78]

又千七百四十八年［日本寛延元年、清乾隆十三年］にネウレムベルク（Neurenberg）［入爾馬泥亜《ぜるまにあ》国の帝城の地］に於てホマン（Homann）[79]［人の名］が撰する所の印度総図ならびに其海中諸島に至るまでの新図、ドフマーエル（Tob. Mayer）[80]［人の名］是が説をなす者、地理家に於て最も採用する所のものなり。

また其他印度の中の分図にはデウヰット（de Wit）[81]［人の名］が撰する所の大莫臥児国の全図、およびハルコ（Valk）[82]［人の名］が印度の海中に鋭出したる大地の図、ならびにノリン（Nolin）[83]［人の名］が安日《ガンケス》河傍《そば》の海中に鋭出したる大地の図等みな善図と称すべし。

文化丁卯春二月訳了

夢遊道人

印度志巻之下　了

注

（1）韃靼の右側には朱筆で図伯特と注記され、それにヅベットとルビが振られている。チベットをさす。

（2）ここに朱注があり、「民口一億二千余万　坤」と書かれている。朱注者坤は誰の略称か、今のところ不明である。

（3）長崎の天文家。『紅毛天地二図贅説』（一七三七年）の書がある。

（4）Susan Gole（ed.）, *Maps of Mughal India : Drawn by Colonel Jean-Baptiste-Joseph Gentil, agent for the French Government to the Court of Shuja-ud-daula at Faizabad, in 1770*, New Delhi : Manohar, 1988, pp. 31, 35, 37 においては、デカン地方のゴーダヴァリー川を「ガンガ川またはガダヴリル川（Ganga ou Guada-vril）」としている。またジャンティルの各図面と対照して配されたJ.B.B. d' Anville, *Carte de l'Inde*（1752）のベンガル地方の図面には、デカン地方を東流してガンジス川河口近くでベンガル湾に注ぐガンガ（Ganga）川が描かれている。しかしジャンティルの描くベンガル地方の図面には、こちらの方のガンガ川はない。*Ibid.*, pp. 22, 23.『印度志』本文の記述は、デカン地方を流れる「ガンガ川」の流路に関するヒューブナーの知識がダンヴィルのそれと違わなかったことを示している。一方、Irfan Habib, *An Atlas of the Mughal Empire*, Delhi : Oxford Uuiversity Press, 1982, 14B その他の図葉では、ゴーダヴァリー川がバーンガンガー（Ban-ganga）川あるいはガング・ガウマティー（Gang-Gaumati）川とも呼ばれていたことを示している。周知のようにゴーダヴァリー川の河口は、ガンジス河口よりもはるかに南の海岸でベンガル湾に注いでいる。

（5）Joseph E. Schwartzberg（ed.）, *A Historical Atlas of South Asia*, Chicago and London : The University of Chicago Press, 1978, p. 52 には Guilloume de l'Isle, *Atlas Nouveau*, Amsterdam, 1733 の一部が写真版で再録されている。それによると、インド東北部の中国と境する辺に大きなチャーマル湖（Lac de Chaamar）が描かれ、ここに水源をもつラキア川（R. de Laquia）が西流した後、ベンガル湾に注いでいる。そこに描かれている流路は、ブラフマプトラ川のそれに近い。イルファン・ハビーブの歴史地図には、ブラフマプトラ川から分流してダッカの東方近くを南流するラキア（Lakhya）川が描かれている。Irfan Habib, *op. cit.*, 11B. なお以下において、オランダ語版の地名綴りに対応する現代表記を確定する作業では、ここに挙げたシュワルツバーグとイルファン・ハビーブによるそれぞれの歴史地図帳に主として拠った。

（6）インドおよびインド洋上を吹くモンスーンに関するこの記述は、正確である。

（7）蛇石、スランガステーンについては、杉田玄白著緒方富雄校註『蘭学事始』岩波文庫、二八―二九ページ、九二ページ註、および岩崎克己「スランガステーン（Slangen-Steen）攷」『日本医事新報』第九七四号、昭和十六年、一八八六―一八八九ページ参照。

（8）もとは仏教徒を意味するが、ここではヒンドゥー教徒をさす。

（9）タメルラアンの右側に苔墨児蘭、左側に特穆蘭の朱筆がある。

（10）ここの訳者按文では、ムガル朝を興こしたバーブルとティムールとが混同されているように見えるが、しかしバーブルはティムールの王統を引いているので必ずしも間違いとはいえない。長島弘教授の教示によると、フランソイス・バレンテインは、東南アジアでの滞在経験が長かったオランダの聖職者フランソワ・ヴァレンティン François Valentÿn であり、大著『新旧東インド』 *Oud en Nieuw Oost-Indiën*, 8 vols., Dordrecht & Amsterdam, 1724―1726 の著者である。また C. R. Boxer, *Dutch Seaborne Empire 1600―1800*, London : Hutchinson, 1965, pp. 164, 313 でも紹介している。第三章注（16）参照。この書の翻訳の予告は、山村才助の早すぎた死去によって実現されなかった。

（11）上野本にはこの見出し語の下の余白に次のような三行の朱注が入っているが、一部不鮮明で判読困難なところもある。「莫臥児亡《ほろび》テ後際苦私《セイクス》［シケイクス］（シク教徒か）、満剌甸《まらた》、ラスビュッテン［デスカーテン］（ラージプートか）、ニバウル、英《い》吉利《ぎりす》所轄カルキュッタ（カルカッタ）、マドラス、ボンバイ　中立県デカン、ヲウデメーサル（?）、各正（コーチン）及び仏蘭西、葡萄牙《ぼるとがる》、弟那瑪爾加《でえねまるか》（デンマーク）、和蘭ノ捕領トナル」。

（12）ガンジス川を基準にしてインドを地理区分し、ガンジス川西方部を「ガンジス前方インド」ないし「ガンジス内インド」、東方部を「ガンジス後方インド」ないし「ガンジス外インド」と呼ぶ方法はギリシア・ローマ時代からあった。後になると前者が「前インド」後者が「後インド」と呼ばれるようになり、近世ヨーロッパでも使用された。「後インド」は広く東南アジア一帯を指す。ここでは、こうしたヨーロッパ古来のインド区分法に加え、ヒンドゥスターンを別個に立てて三大区分としているのが特徴である。ヨーロッパの伝統的なインド地理区分法については、近藤治編『南アジア』（アジアの歴史と文化10）同朋舎、一九九七年、総論六―七ページ参照。

(13) 印度斯当の左側に「前印度」と朱筆。
(14) 山村才助は、五天竺のうち南天竺を除いた四天竺がヒンドゥスターンに相当すると解している。
(15) バハルの右側に「今英ノ領トナル」と朱筆。
(16) イランのアフシャール朝創始者ナーディル・シャー（在位一七三六―四七年）。彼の名タフマースプ・クリー（Tahmasp-quli）が訛って Tamas Couli-cam として当時の西洋に知られていた。これがさらに訛った形である。
(17) 左側に「今ハシケイクス（シク教徒?・）ニ併セラル　坤」の朱筆。
(18) シュレーデ（schrede）は一歩の幅の意であるが、山村才助は二歩分として計算しているようである。
(19) シャージャハーナーバードの造営は、正しくは一六三九年開始、一六四八年遷都。
(20) ベンガブの左側に、「今ハシケイクスニ併セラル　坤」と朱筆。シケイクスはシク教徒を指すようである。
(21) 「に」の右側に「本ノママ」と朱筆があり、その次以下は欠字となっている。「堕ち破られたり」は京大本によって補った。池田家本は「堕て破られたり」となっている。
(22) 京大本と池田家本には、これに続けて「印度と指たるは印度諸国、支那属国諸国と日本までを云なり。戦艦は外寇を防禦〔する〕の器なればなり」という割書きの按文がある。
(23) これはヴィジャヤナガル（Vijayanagar）に対応する地名と思われる。注（4）で触れたジャンティルの地図とダンヴィルの地図には、いずれも Bisnagar がトゥンガバドラー川北岸の、かつてヴィジャヤナガルの都城があったと想定される辺りの対岸の地に示されている。Susan Gole(ed.), *op. cit.*, pp. 38, 39.
(24) ヒシアボウル、つまりビジャープルはアーディル・シャーヒー朝の都であったので、この記述は間違いである。ニザーム・シャーヒー朝の都はダウラターバード、ついでアフマドナガルであった。
(25) ここではアーディル・シャーヒー朝が比私那瓦爾つまりヴィジャヤナガルの王家のように記されているが、これはターリコータの戦い（一五六五年）以降ヴィジャヤナガル王国領の多くをアーディル・シャーヒー朝が支配するようになったからであろう。後の一三九ページで王国ヒシアホ（ポ）ウルについて述べたところは、明らかにアーディル・シャーヒー朝の領土に関する記述である。

(26) 京大本、池田家本によっても、「得ざる」は「得る」に改めるべきことが判る。

(27) 原文は「恵みて」となっているが、その右側の朱筆に従って訂正した。京大本、池田家本もともに「恵め」となっている。

(28) ボムバイの右側に綱買と朱筆。

(29) この行の右側余白に次の朱筆あり。「土人二十万二千。此地ニアル西洋人種二万余人。部中身毒河アリ。北ヨリ南ニ貫流ス。其幅員二里。七口ヲ分テ海ニ注グ　坤」

この朱注の前半はボンベイについて、後半はインダス川について述べているようである。思うに、朱注を付した「坤」氏はボンベイの南に位置するダーボールとインダス川河口部に位置するデーブル（Debul）とを混同したために、このような記述になったのであろう。

(30) 右側に「コルコンタヵ」の朱筆があり、その下の行間余白に次のような朱注が記されている。「商戸三万。エギリス国印度諸領ノ総督鎮」「明和三年ノ戦争ヨリ其近隣ヲリラバハル共ニ併有セラル。闔州《こうしゅう》広袤《こうぼう》（州全体の面積）六千七百、民口一千八百万二千余　坤」

(31) この右側に「吾明和ノ頃ニ至リテ英人ノ為ニ併セラル　坤」の朱筆。府第は都城の意。

(32) カリチュトの右側に「葛爾祈太、人戸七万八千七百六十、口十九万七千　坤」、左側に「今英領トナル　坤」の朱筆。

(33) 左側に「今英領トナル　坤」の朱筆。

(34) トフェルデ・ブラーデン。「不思議な葉の木」の意。

(35) ナーヤカ（nayaka）。南インドの首長・領主層をさす。

(36) 京大本、池田家本では「取りて」となっている。

(37) オランダ語版の vele Roomschgezinden（多くのローマ・カトリック教徒）を才助は単に「人」と訳している。幕府のキリスト教禁令を慮ってのことであろうか。

(38) オランダ船に乗っていた東南アジア系の水夫、使用人を呼ぶ語。

(39) 右側に房低者里と朱筆。
(40) 上野本は「なる府にして印度諸国の中に於て名誉の城地なり。払」の写本一行相当分が欠落しているので、京大本と池田家本によって補った。
(41) ここに「人口三万　坤」の朱筆。
(42) チャンドラギリーはヴィジャヤナガル王国の第四王朝アーラヴィードゥ朝の残党勢力の都であったが、一六四六年北隣のクトブ・シャーヒー朝に滅ぼされた。
(43) 左側に「今暎領トナル　坤」の朱筆。
(44) 京大本、池田家本に拠る。
(45) この川については注（4）参照。
(46) オランダ語版は三〇マイル。従って日本の六〇里ということになる。
(47) この文の冒頭部右側に「後印度、東ハ支那に至リ、北ハ鄙伯特《ちべっと》、西ハ安日河ヲ以て界セリ　坤」の朱筆。この朱注によって坤氏は第三部が後印度、つまりヨーロッパから見てガンジス川以遠の地を対象とするということを正しく理解していたことが分かる。
(48) この左側に「人口三千四百万　坤」と朱筆。
(49) 右側に「亜斉　阿瓦《あわ》ニ併セラル、近五十年来独立不羈ノ国トナル　坤」と朱筆。なお、後続（　）内のオランダ語 of は英語の or に対応すること、いうまでもない。
(50) 右側に「刺鳩牙《ラクケ》」と朱筆。この川については注（5）参照。
(51) 右側に「阿瓦」の朱筆。またその下の余白に次の朱注がある。「毘爾満《ビルマン》、一名ブリマニセレーキト云。其疆界南ハ暹羅及ビ満剌加ニ至リ、東ハカナム所領ニ至ル。此国祖ノ名ヲアロモヘラアト云フ。吾天明四年以来阿瓦、琵牛・阿刺敢・カツセイ・マルタハン及シャムロノ一部ヲ併呑シテ遂ニ覇ヲ此地ニ称ス。中略《ママ》。都府ヲユムミラヒユラト云。商口七十万。百貨備ハザルコトナシ。闔境《こうきょう》（国中）人口千七百万。坤」

(52) この「葉」の字以下「従ひて」までの一行分は上野本では欠落しているので、京大本と池田家本によって補った。
(53) この下に「商戸五十二万、民口六十万七千二百　坤」と朱筆。
(54) 「の教中に在て」以下「受用せず。此国」までの一行分は上野本で欠落しているので、京大本と池田家本によって補った。
(55) この右側に「卒十七万、騎六万、象七千隻　坤」と朱筆。
(56) 周達観（和田久徳訳注）『真臘風土記』平凡社東洋文庫、一九八九年、四八―四九ページにそれらしき記述がある。
(57) Joan Nieuhof, *Zee-en Lant Reize*, 2 vols., Amsterdam, 1682. 山村才助の晩年の訳業に『若《よ》望《はん》膩《にい》烏《う》福《ほ》弗《ふ》東西紀游』ないし『新訳東西紀游』があるが、これは右のニュイホフの書の部分訳である。才助が大槻玄沢の要請により芝山源三郎の求めに応じて翻訳作製した万国人物図略は、ニュイホフの書を利用していた。詳しくは、鮎沢信太郎『山村才助』一七九―一八九ページ参照。
(58) この場合、察は衍字で、仏郎機つまりフランクは才助がいうようにポルトガルを指す。
(59) 山村才助『訂正増訳采覧異言』上・下、青史社、一九七九年、巻三（上巻四〇三―四〇四ページ）に詳しい按文がある。そこで才助は「明人所謂仏郎機ハ払郎察トハ別ナリ。波爾杜瓦爾ヲ指スナルベシ」と述べている。
(60) オランダ語版の小見出しはCamboya of Cambodia。
(61) 左側に「戸七万五千、民口二千万余　坤」の朱筆。
(62) 京大本、池田家本にはいずれも「吐き」がある。
(63) 京大本、池田家本による。
(64) 『印度志』巻上、風俗の条、本書一一八ページ参照。
(65) 京大本、池田家本は「争訟」。
(66) 左側に「百七十年来支那ノ正朔ヲ奉ゼズシテ自立主トナル　坤」の朱筆。
(67) ヨアン・ニュイホフの『奉使支那行程記』は、同じくニュイホフの著した『東西海陸紀行』とともに、『訂正増訳采覧異言』の引用書目一覧のなかに挙げられている。前掲青史社覆刻版、上巻、四九ページ。また鮎沢信太郎、前掲書、一八二ページには、才助がこの書を杉田玄白から借りて読んだことが紹介されている。

(68) 明末の張燮《ちょうしょう》の作。この書については、宮崎市定「南洋を東西洋に分つ根拠に就いて」『東洋史研究』第七巻第四号、一九四二年、『宮崎市定全集』19所収、二六七ページ以下、に詳しく紹介されている。

(69) 清の順治時代の進士で、康熙中に安南に遣使された。

(70) 明後期の謝肇淛の作。十六巻。天・地・人・物・事の五部より成る。

(71) 広東・広西・安南から海南島に至る一帯の地方。

(72) 上野本はこの「ゆ」から「饌」まで欠落しており、京大本、池田家本によって補った。

(73) 京大本と池田家本は火水土木金の五行をすべて挙げ、按文も「原書に金の事をのす」として、いかにも作為的である。オランダ語版原書は確かに火水土木の四行しか挙げていない（原書、五八九ページ）。これによっても上野本の写本としての優位性は明らかである。

(74) 仏教に説く不殺生戒、不偸盗戒、不邪婬戒、不妄語戒、不綺語戒、不悪口戒、不両舌戒、不貪欲戒、不瞋恚戒、不邪見戒の十善戒をさしているようである。

(75) 上野本は「撃て呼譟し……龍」が欠落しており、京大本と池田家本によって補った。

(76) 右側に「人口八百七十万、軍人二十六万、騎馬四万五千　坤」の朱筆。

(77) 「広大に」の表現は落ち着かないが、いずれの写本もこのようになっている。

(78) ここにいう地図は Guillaume de l'Isle, *Carte des côtes de Malabar et de Coromandel*, Amsterdam, 1723 のことである。Susan Gole, *Early Maps of India*, New Delhi : Sanskriti, 1976, pp. 64, 73, 104 によると、ギヨーム・ド・リルの地図は初版以降一七三〇年、一七三三年、一七四〇年、一七七五年というように何度も版を重ねた。

(79) ドイツの出版家で、ギヨーム・ド・リルの地図を覆刻したり、*Atlas Novus*（1740）, *Grosser Atlas*（1753）, *Atlas Hommarius*（1762）を刊行した。Susan Gole, *Early Maps of India*, pp. 64, 105 参照。

(80) この人物については今のところ不詳。

（81）フランスのFrederick de Witで、*Magni Mogolis Imperium, de Novo Correctum et Divisum*（1708）を刊行。Susan Gole, *Early Maps of India*, pp. 55, 103参照。なお、一誠堂の洋書古書目録八号（二〇〇一年十月）には、彼の*Accuratissima Totius Asiae Tabulu*, Amsterdam, c.1680が紹介されていた。

（82）この人物については今のところ不詳。

（83）この人物については今のところ不詳。

第五章　章炳麟のインド論・仏教論校注

はじめに

第二章で述べたように、清朝末期の大学者章炳麟は一九〇六年に三度目の日本亡命を果たし、中国の革命派、中国同盟会の機関誌『民報』の主筆に迎えられて、同誌にインド論および仏教論に関する論説を次々と発表した。ここではまずインド論に関する論説を発表順に読み下して紹介する。それらの論説は、『民報』第一三号（一九〇七年）に発表された「印度西婆耆王記念会記事」と「印度の鉢邏罕・保什二君を送るの序」、『民報』第一七号（一九〇七年）に発表された「印度中興の望」、『民報』第二〇号（一九〇八年）に発表された「印度独立の方法」と「印度人の日本観」と「印度人の国粋論」と「支那・印度連合の法」、『民報』第二四号（一九〇八年）に発表された「印度先民、地球日を繞り人身精虫を有するの二事を知る」である。

このうち「印度西婆耆王記念会記事」は、章炳麟の筆による一連のインド論の劈頭に位置するものであり、第二章で述べたように、島田虔次先生が早く一九五八年の『思想』第四〇七、四〇八号において全訳紹介され、後に『中国革命の先駆者たち』に収録されているので、人々のよく知るところとなっている。[1] 従ってここで私が紹介する必要はないのであるが、なにせ島田先生のなされた紹介は半世紀近く前のことで、収録著書も入手困難となっているため、敢えてこの「記事」も収めておくことにする。ここでの紹介は、島田先生の訳に全面的に依拠している。ただし、先生が訳文を明晰、流暢にするために省略された漢字なども、章炳麟の原文のニュアンスを伝えるため、すべて生かしていくことに努めた。

章炳麟の仏教論としては、彼が『民報』第一九号（一九〇八年）に巻頭論文として発表した長大な「大乗仏教縁起考」という論説がある。この論文の末尾には、「弁大乗起信論之真偽」と「竜樹菩薩生滅年月考」と題した二つの論説が付載されており、前者は「大乗起信論弁」と改題して全集第四巻に再録されている。しかし後者の方は、第二章で紹介した章炳麟生前の著作集『章氏叢書』や『章太炎先生所著書』においても、また全集版においても再録されていない。そこで本書では章炳麟の仏教論の一端を示すものとして、『民報』版に拠ってこの論説「竜樹菩薩生滅年月考」を読み下し、最後に紹介しておきたいと思う。なお、迂闊なことに私は西順蔵・近藤邦康両氏編訳の『章炳麟集』に章炳麟のインドに関する論説三編、すなわち「印度西婆耆王記念会記事」「印度の鉢邏罕・保什二君を送るの序」「印度人の国粋論」の現代語訳が収載されていることを、極く最近に至るまで気がつかずにいた。読者は本書とともに、この書の関連箇所を併せて読んで下さるよう希望する。[2]

読み下しに際しては、固有名詞の表記等で『民報』と『章太炎全集』版との間に、たとえば阿梨耶人（民報）と阿梨邪人（全集）というような齟齬がある場合には、全集版に依ることにした。原注（民報では割注、全集では細注）はブラケット［ ］中に、また校注者の付した簡単な注記ないし言い換えはパーレン（　）中に記し、後注はできるだけ少なくした。難読の漢字には適宜片仮名または平仮名でルビをふって意が通じやすくなるように努め、またときにはキッコー〔　〕中に原文にない補足語を加えたところがある。

注

（1）例えば、中村平治「インド民族運動の展開と東アジア」同『現代インド政治史研究』（東京大学出版会、一九八一年）所収（初出は一九六八年）では、この論説の訳文がかなり長く引用して紹介されている。同書、一七一―一七二ページ。

（2）西順蔵・近藤邦康編訳『章炳麟集』岩波文庫、一九九〇年。この書から教えられるところは少なくないが、鉢邏罕にブラーハンなる人名を当てたところや、「印度人の国粋論」末尾の帯氏の言を訳したところなど、私には解せないところもいくつか残る。

インド論・仏教論校注

一　印度西婆耆王記念会記事

陽暦〔一九〇七年〕四月二十日、印度の游学者、西婆耆《シバジ》(1)王記念会を虎門女学館に於て開く。其の領袖は法学士鉢邏罕《バルカン》(2)氏為り。初め、鉢邏罕美洲《アメリカ》自り来り、余を民報社に訪う。言うならく、英政府の印度人を遇すること、往日の蒙古（ムガル朝）と較《くら》べ甚しき為り。学者、政治・法律を講ずることを得ず、他国に之《い》くと雖《いえど》も、猶お禁遏《きんあつ》（差し止め）を被《こうむ》る。独り美洲に在りて自由を得、此を以て法学士の号を獲《え》たりと。其の友人の保什《ボース》(3)氏、能く日本語を為し重訳して応対す。二子（両氏）、印度の衰微の状を道《い》うに、語次鯁《こう》咽《いん》し（咽につかえ）、神気（気分）激越す。余、印度国民協会（インド国民会議）の近状を問う。答えて云わく、惟《た》だ此れ、人意を慰むに足るのみと。又、欧洲の希臘《ギリシア》・羅馬《ローマ》中興等の事を挙げ、相比況（比較）を用い、支那・日本を以て〔インドの〕兄弟国と為す。道《い》いて学問に及べば、則ち仏法・吠檀多《ヴェーダンタ》教と欧洲近世哲学、皆能く其の優劣を評す。中国の孔〔子〕・老〔子〕・荘子・晦庵（朱子）・陽明の属《たぐい》、諦暁（通暁）せざる無し。復《ま》た近世に陽明無きを以て、中国の為に悲しむ。其の搤腕《やくわん》咋歯《さくし》（切歯）、辞気（語気）慷慨を観るに、誠に印度の有心の士なるかな。

西婆耆王は十七世紀の末に当り、民間自《よ》り起りて、蒙古帝国（ムガル帝国）を覆《くつが》えし、印度人をして独立を得しむ。蓋し吾が国の明祖《みん》（朱元璋）と相《あい》類せり。印度人、敢えて英国に反対し独立を経画（企図）するを以て衆に昌言（宣伝）せずして、一《いつ》に其の意を記念会に寓《よ》す。西婆耆王の蒙古《ムガル》に反対せしを観れば、則ち今当《まさ》に英国に反対すべきを知るべし。凡《およ》そ列会中の賓席者、宜《よろ》しく心に其の意を知らざること無かるべし。其の意に因《よ》りて之に賛成するは、人道の当に然らしむ所なり。縦《たと》い〔賛成すること〕能《あた》わざるも、猶《な》お之を阻抑（妨害）すること為さざるなり。鉢邏罕氏、既に余及び同志三人数《ばか》りを招く。而して日本人の参列する者百を以て数え、大隈伯（大隈重信）親《みずか》ら臨して演説す。高車（高蓋車）門に戻《いた》り、鼓吹（軍楽）讙《かまびす》しく作《な》す。参席者、印度の亡（衰亡）を哀《かな》しまずして、大隈伯の為に掌《て》を撃《う》つ。伯、英人士女の坐に列する者を見るや、鞠躬《きっきゅう》して（身をかがめて）握手し、曲《つぶさ》に恭謹を尽せり。余意《おも》わざりき、著名の政党にして此《かく》の如きを。演説するに及びては、惟《た》だ英皇（イギリス国王）の印度を撫《ぶ》す（安んじる）こと至仁、博愛にして、比擬（比肩）すべからざるを言い、印度人を勖《はげ》ますに社会を改良せよ、他人を怨むこと勿《な》かれ、暴動を謀《はか》ること勿かれを以てす。語畢《おわ》るや、英人某復《ま》た前《すす》みて演説す。大意に謂《い》わく、英人と印度人とは親しきこと骨肉の如しと。其の語率《おおむ》ね円滑にして曲媚なるは、蓋し心に印度人の長厚（温厚）なるを知り、是を以て之（印度人）を籠絡（手なづけ）せんとすればなり。英人は道《い》うに足らず。余独り怪《あや》しむらくは、大隈伯、東方の英傑を以て、而も亦た是の諂媚（迎合）取容（阿諛）の語を為すは、豈《あ》に昏《こん》耄《もう》（耄碌）して短気（落胆）せしやと。抑《そも》そも〔日英〕同盟の故を以て、印度人をして手を藉《か》る所を得しめるを欲せざりしや。此れ、当軸秉政《とうじくへいせい》（国政担当者）と在野の政党首領とに在りては、宜しく是の説を為すべし。伯、既に引退し、国政に於て関係する所無くして、猶お是の言を作《な》す。是れ、真《まこと》に余の解せざる所の者なり。

始めて鉢邏罕氏、余に見《まみ》えて言《いわ》く、「一千年前、印度僧有り、日本僧と同じく支那に至る。支那僧、之を留めて宿らしめ、因《よ》りて言いて曰く、吾が三国は其れ猶お摺扇《しょうせん》（扇子）のごときか。印度は其の紙、支那は其の竹格（扇子の骨）、日本は其の繋柄《けいへい》の環縄《かんじょう》（扇子の要）なるかと。夫れ環縄小なりと雖も、魁柄《かいへい》（扇子の骨）を斡旋（開閉）するは是に在り。今、紙と竹格は皆破壊され、独り環縄のみ日び益ます善を増す。是れ、宜しく以て之と挈提《れいてい》（提携）すること有るべし」と。嗚呼《ああ》、斯《こ》の言、其の属望することを何如《いかん》せんや。支那と日本、皆印度の仏教を奉じて以て其の道徳を増進す。此れ、猶お近世欧洲諸国の希臘《ギリシア》に於けるがごとし。希臘既に亡ぶ。而して英の詩人擺倫《バイロン》、之が独立を助けり。今、吾が二国の印度に於ける、豈に当《まさ》に是れと異るべけんや。支那は固《もと》より自ら謀る能わず。而して日本は猶お幾微《かすか》に望むべき有り。縦令《たとい》機権（権謀）方略（計略）遠くに及ぶ能わずとも、此の心固より已《や》むべからず。

印度人は至って和平愷易《がいい》（平和温厚）の民なり。仁にして人を信じ、甘言を以て撫慰し易し。仇讎《きゅうしゅう》（かたき）と雖も、一たび握手すれば則ち其の怨み解く。幸いに一、二の学者有りて、発憤し自ら励ますも、猶お独唱にして和するもの寡《すくな》きに苦しむ。其の言は隠約《いんやく》（控え目）にして敢て肆《ほしいまま》にせず。汚辱窮屈の地に処《お》りて、而も自ら其の痛心を言わず。今茲《ここ》に会を開き、鐘鼓を陳《つら》ね国歌を唱すと雖も、猶お田横[4]の徒、敢て哭《こく》せずして蒿里《こうり》（送哀歌、挽歌）を歌いしがごときなり。終《つい》に他人の口を藉《か》りて、之が為に其の気を激昂せしめんとせり。今、伯乃《すなわ》ち之に教えて牛後為らしめんとす。何ぞ其れ恝《かい》たる（平気でいる）や。若《も》し英人の坐する在るを以て、顕言して以て情を泄《も》らすを欲せざれば、但《た》だ語るに自靖自献（国の安寧のために献身）して時を相《み》て動け、を以てすれば、則ち足らん。而るに英皇の仁愛を挙ぐるは、何為《なんす》る者ぞ。夫れ、英人の印度を待すること、誠に少《やや》法《フランス》人の越南《ヴェトナム》を待するに愈《まさ》る。然れども此れ（英人の仁愛）を以て越南人に語れば、則ち其の言得《かな》うも、此を以て印度人に語れば、則ち之を失すること遠し。蒙古《ムガル》、游牧腥羶《せいせん》（生臭い獣肉を食う人々）の国なるを以てして、其の印度を待すること、猶お今の英人に視《くら》べ寛為り。然る後知るべし、文明の愈《いよ》いよ進める者、其の人道を蹂践《じゅうせん》（踏みにじり）すること亦た愈いよ甚しきを。既に我が子（人民）を取り、又我が室《いえ》（国土）を毀《こぼ》ち、而も慈善、小補（僅かの償い）を以て仁と為し、囚虜を寛待するを以て徳と為す。文明の国、偽りの道徳を以て人の耳目を塗《ふさ》ぐこと、大略是《か》くの如し。彼《か》の法《フランス》人の越南人を待するや牛馬の如く、英人の印度人を待するや乞匄《こつかい》（乞食）の如し。乞匄、少《やや》牛馬に愈《まさ》ると雖も、権利の尽《ことごと》く失われたるを奈何《いかん》せん。今の印度は一大給孤園《ぎっこえん》（祇樹給孤独園、また祇園、ここで孤児や貧者に食を給した）のみ。仁人志士此を観れば、宜しく涕《なみだ》を流し心を摧《くだ》かざる者無かるべし。彼の擺倫《バイロン》の「季臘《ギリシア》軍歌」を為《つく》りしは、正《まさ》に当に之を印度に移し用うべきなり。嗟乎《ああ》、擺倫世爵《せいしゃく》（世襲貴族）なりと雖も、特《た》だ年少《わか》く未だ大事を更《へ》ざるの詩人のみ。若《も》し、佐命の元勲（大隈重信）を以て之に比すれば、其の資望（名望）閲歴（経歴）固より当に逮《およ》ばざるべし。何ぞ今世卒《つい》に一《いつ》の東方の擺倫を得ざるや。

鉢邏罕氏、嘗て支那に游《あそ》ばんと欲せしと言う。余、告ぐるに、清廷の官吏は脂《あぶら》の如く韋《なめしがわ》の如く（脂韋は佞人のたとえ）、惟だ利を是れ視る。公（貴公）多学と雖も、彼（清廷）、之を直《ただ》亡国の虜《とりこ》と視《み》んのみ、を以てす。然《しか》りと雖も、今の〔余の〕見る所を以てすれば、則ち政党〔の要人〕の懐抱（胸の内）、大抵知るべきなり。

又按ずるに大隈伯、加奈陀《カナダ》、濠州の自治を得たるを以て、印度も亦た此を得べしと謂《い》えり。此れ、真《まこと》に倫《たぐい》と於《な》さざるを擬《なぞら》えり。濠州の自治は英人主為りて、土民は与《あずか》ること無し。加奈陀の自治は英人と他の白人主為りて、土民与ること無し。使《たと》い英政府、印度を開放して自治を得しむるも、恩は白人に及ぶに過ぎざるのみ。印度人、縦《たと》え下、紅番（アメリカ原住民）に比するには至らざるも、亦た相待《あい》するこど略優《ややまさ》るのみ。美国《アメリカ》の黒人を観るに、参政の名有りと雖も、其の実、猶《な》お斉民《せいみん》（平民）と次比（比肩）せず、凌遅《リンチ》・炮烙（火あぶりの仕打ち）免れざる所なり。況《いわ》んや印度は英人の利藪（利益の淵藪）為り。此の海王の国（英国）を挙げて、印度人と之を共にせんや。非律賓《フイリピン》の議員を選ぶを得たる所以《ゆえん》の若《ごと》きは、終《つい》に力を以て能く之に抵抗し、故に然れり。印度人、英人の為に死を効《いた》して以て杜蘭斯哇《トランスバ》(5)を滅ぼす。其の勤むること至れり。杜蘭斯哇は自治を得たるも、印度は猶お自治を許されざれば、則ち又非律賓の比にあらざるなり。〔英政府に対し〕寛仁大度の云《いい》は、只《ただ》英人の為に弁護し、印度人をして其の彀中《こうちゅう》（籠絡）に入らしめんとするのみ。小児の啼《な》くを止めんとして、誘《いざな》うに飴餠《いへい》（あめともち）を以てするが如し。其の人を欺くも亦た甚し。

二　印度の鉢邏罕・保什二君を送るの序

印度の法学士鉢邏罕美利堅《バルカン》（アメリカ）より来り、其の友の保什《ボース》と与《とも》に余を東京に走訪《ほうもん》せり。余は固《もと》より薄伽梵教《ばがぼん》(6)に志篤く、甚だ印度人に親む者なり。平生未だ嘗《かつ》て其の志士と杯酒を銜《ふく》むの歓を得ず、また其の名号を知る由末《な》し。既にして二君に見《まみ》え、歓することを相得たり。

已《すで》にして悲しみ至り涕《なみだ》を隕《お》とす。二君印度の衰微の状を道《い》い、其の志士の経画する所は益ます悽愴《せいそう》（悲痛）にして自らに勝てず。復た余に支那の近状を問う。嗚乎《ああ》、吾が支那は異族に陵轢《りょうれき》（踏みにじり）され、民庇《ひ》する所を失い、豈《あに》友邦の君子道為るに足らんや。二国を顧念すれば、旧《もと》肺府（親族、親友）たり。当に其の長短を斟酌《しんしゃく》し以て相補苴《ほしょ》（補繕）すべし。支那の士人は政治を言《かた》るを喜び、性利を嗜《この》み、また怯《きょう》懦《だ》（臆病）にして死を畏《おそ》れ、宗教に偶然《てきぜん》（疎遠）として帰宿する所無し。善く機に応ずと雖も堅塙《けんかく》（堅固）の操《みさお》無し。印度は宗教を重んじ、苟《いやし》くも金銭を求め儲蔵《ちょぞう》（貯蔵）することなし。また生死を軽んじ以て有為（為すべき務め）に足《た》す。独《ひと》り経国の術に短《とぼ》し。二者相済《たす》けば、其の国を能くするに庶幾《ちか》からんか。昔我が皇漢の劉氏衰うや、儒術（儒教）隳廃し、民徳日に薄し。仏教に頼り入りて世に持し、民復た摯《まし》醇《じゅん》（純篤）たり。以て唐の盛を啓有（達成）せり。宋世に訖《いた》り仏教微に転ず。人心亦《また》日に苟偸《こうとう》し（一時的平安を貪り）、外族に幷兼《へいけん》されて（奪い取られて）能く脱すること勿《な》し。印度の如く我が諸夏（中国）を顧復（回顧）する所以の者は、其の徳豈《あに》量（器量、程度）有らんや。臭味《しゅうみ》（嗜好）相同じくし、異族と雖も兄弟の好《よしみ》有り。邇来二国皆其の序（秩序）を失う。余輩苦心すと雖も一二を成就すること能わず。我が親昵《しんじつ》（昵懇）の国の淪陥《りんかん》（転落）失守するを視て、しかも鮆力《しりょく》（微力）以て相扶持するに足らず。其れ何を以て旧徳に報んや。今茲《ここ》に請謁《せいえつ》（面識）を通ず。復《ふたた》び故国に在るを得ず、空しく日本に藉《よ》りて甌脱《おうだつ》の地（偵察地）と為し、造膝して（膝元で）其の哀情を抒するを得、相見《まみ》えて握手せり。只益ます悲しむのみ。

既に是を以て二君に語る。鉢邏罕君曰く、「吾聞くならく、千年以往、印度、日本の二沙門同時に支那に至る。支那の沙門之を延《ひ》き入れ、与《とも》に語り甚だ驩《よろこ》ぶ。因りて曰く、吾が三国は其れ猶お摺扇《しょうせん》（扇子）

のごときか。印度は其の紙、支那は其の竹格（扇子の骨）、日本は其の繋柄の環縄（扇子の要）なり。異日（後日）、二国（印度と支那）の中興、日本と相約結（結束）して亜州に処《お》ること、当に此の摺扇の如くなるべし」と。

悲しいかな。今、紙と竹格とは皆靡爛《びらん》し（ただれ）、独り環縄在るのみ。其の能く摺扇の旧形を復さんか、知るべからざるなり。仰《そも》そも吾が支那の道術（仏道の術、仏教）、印度より来り、東のかた海を踰《こ》えて漸く日本に及ぶ。皆慈悲平等を以て宗と為せり。印度は昔より未だ嘗て他国を侵暴せず。支那と日本、経略（統治）少《やや》広しと雖も、其の征服の民を遇するに猶お人道を失わず。未だ欧羅巴《ヨーロッパ》人の戻《もと》れるが如き者有らず。昔、徳意志《ドイツ》の哲学者索賓霍爾（ショーペンハウエル）に言有り、惻怛《そくだつ》（憐憫）愛人の徳は印度に若《し》く莫《な》く、欧羅巴の倫理は則ち旃陀羅《せんだら》［印度語。訳は屠者を言う］と蔑戻車《べつれいしゃ》［印度語。訳は多須（鬚《あごひげ》）の野人を言う］(7)の倫理のみ、と。吾、印度の諸聖哲を視《み》るに、釈迦固《もと》より上仁たり。『摩拏《マヌ》法典』と商羯羅《ショウカラ》(8)の吠檀多（ヴェーダーンタ）教とは、亦人倫を哀隠《あいいん》する（いとおしむ）こと赤子の若《ごと》し。回教は素《もと》剽悍《ひょうかん》（荒々しい）なるも、既に印度に入り其の風を被りて寛容の徳有り。往世（過去に）他教を憎悪せし者と異れり。其《それ》（回教）、清浄を載《おこな》い以て民をして寧一（安定）せしめるに足る。近世の欧人言う、支那は即ち復振し、其の社会の裁制（切り盛り）は当に世界の型範（典型）為るべしと。

夫れ体国経野の術（国を統治する術）、支那、印度に視《くら》ぶれば則ち昔人の所謂《いわゆる》礼は一飯に先んずる者（一日の長）あるも、万物相《とも》に人偶《じんぐう》（尊重）し親しむこと一体の若《ごと》きに至りては、卒《つい》に能く逮《およ》ぶこと勿《な》し。他日吾が二国扶将《ふしょう》（援助）して起ち、百姓《ひゃくせい》をして職《ところ》を得しめるに在りては、以て他国を蹂躙《じゅうりん》し相殺毀傷（互いに殺し合いすること）を事と為すこと無し。帝国主義の群盗をして厚く自ら慙悔《ざんかい》せしめ、亦其の属地の赤・黒の諸族を寛仮（解放）し、一切等夷（平等）を以て相視る。是《これ》、吾が二国先覚の責のみ。斯《こ》の事、固より久遠にして刻限（時期を限ること）すべからず。然るに世人多くは短算（性急）にして謂《おも》えらく、支那の衰敝《すいへい》（衰退）復《ま》た振起し難く、印度は則ち且《まさ》に淪替《りんたい》（沈滞）に終らんとすと。何ぞ其れ局蹐《きょくせき》として（びくびくして）遠見すること無きや。昔希臘《ギリシア》、羅馬《ローマ》皆西方の先進国たり。羅馬亡びて且《まさ》に千四百年にならんとし、希臘亡びて二千年に幾《ちか》し。近世額里什《ゴリス》（グリース、即ちギリシア）と意大利《イタリ》猶お光復するを得るがごとし。印度、自ら蒙古の侵略を被り、今に至って纔《わず》かに六百歳。(9) 其の亡国、希臘、羅馬の闊遠《かつえん》（遙遠）に如《し》かず。其の旧徳を振い、輔《たす》けるに近世政治社会の法を以てすれば、誰ぞ印度の再興せざるを謂う者あらん。

余聞ならく、梵教（ヒンドゥー教）に塞音氏《セイン》(10)有り、始めて印度改革協会(11)を建て、穆卒曇妻之《モズダル》(12)を継ぎ、今に至って未だ艾《や》まず。而して錫蘭《シラン》（セイロン、今のスリランカ）に須曼迦羅《スマカラ》(13)の徒有り。大乗を昭宣し、仏教国民を統一するを以て臬《まと》と為す。国の興、当に是より芽ぐむを題《み》るべし。願わくば二君此を以て自ら壮とせんことを。余、孱然《せんぜん》（微弱）として蟣蝨蛾子《きしつがし》（シラミやガの幼虫）の若《ごと》しと雖も、亦従いて後《のち》せんとするなり。

鉢邏罕君の来るや、期薄《せま》って将《まさ》に西のかた支那に渡《わた》らんとす。而して保什君も亦且《まさ》に美利堅に詣《いた》らんとす。美利堅人の保什君を遇すること、余敢ては臆せず。抑そも吾が支那の群《もろもろ》の有司（官吏）、満州人（清朝）の台隷（下僕）と為るは、惟《た》だ強きに是れ従うのみ。豈《あに》昔の兄弟の好《よしみ》に疇《たぐい》せんことを念ぜんや。鉢暹罕君、多学且《か》つ倜儻《てきとう》（異才）にして大志を有すと雖も、彼其《ひき》（彼我）相遇すれば、或は君の望の如くすること能わざらん。独り呉淞（揚子江河口の黄浦江合流地点西岸の港町）より溯江して上り、巴漢（蜀漢、四川省）に至り、北のかた宛平（北京西南の地、漢代の薊《けい》県、唐代幽都県）に出て、以て渝関《ゆかん》（楡関すなわち山海関）の険を窺《うかが》い、其の山瀆《さんとく》（山河）の瑰奇《かいき》（怪偉）と人物の藩殖（繁殖）を観《み》、俛焉《べんえん》として（努めて）異族に制《ただ》し、以て印度と相校《くら》べんとす。悲世の情、宜《よろ》しく波濤の若《ごと》く起《た》つべし。日本明治四十年（一九〇七年）四月、支那の章炳麟序す。「西暦を称せざるは、二国人の欲する所にあらず。仏入涅槃の歳を称せざるは、年紀殽乱《こうらん》（混雑）し考実に由《よし》無し。故に彼此の所在に従いて之を言うは、猶お昔人某会・某盟の歳を称するがごときのみ」。

三　印度中興の望

印度人の日本に留学する者、其の国の画（絵図）を以て予に示す。五印度(14)を写して五区を作り、地に金銭を布《し》き、英人傍《かたわら》に睨《げい》して之を攫奪《かくだつ》（つかみ取り）す。且《か》つ予に告げて曰く、「印度は五年以来、士人発憤して自立を期し、向日（先頃）の沈黙守雌する者と大いに異れり。最計（先進的）の国人作る所の新聞・雑誌は、或《あるい》は梵文を用い、或は英語に就き、凡そ五十有五種あり。而して旧物を光復（復興）せんことを言うは其の半ばに居《あた》る」と。初め印度有志の士、哀毗告斯《アビコス》(15)と曰うは一新聞を撰し、名づけて『母国万歳』(16)と曰う。英人之を忌む。今歳（一九〇七年）六月事を以て下獄す(17)。碩学筏利門(18)なる者有り。法律を倫敦《ロンドン》に学び、後英国某校の教師為り。亦嘗《かつ》て仕官し、家に金多し。凡そ志士の改革を期す者は皆財を預けて之に与え、自ら遂げるを得令《し》む。
又亜拉伯《アラビア》、蒙古《ムガル》の乱（イスラーム教徒およびムガル朝の征服）自《よ》り後、史籍日に荒ぜり。阿波希陀難陀[19]なる者有り。印度の事蹟を略述し、史を作りて『印度人』と名づけり。今を去ること三百年の頃、鉢邏陀巴提邪[20]有り。民族を和合させ、蒙古《ムガル》を攘除（排撃）し、卒《つい》に独立を得たり。而して史冊は伝える者無し。英人設くる所の学校は、印度人の為に方志（地方誌）を講ずるも、鉢氏の事[21]に於ては多く之を撥除《はつじょ》（除外）し、且《か》つ其の人の悖乱《はいらん》（道から外れること）して称道するに足る無きを謂う。然して白人自ら相偶語（話し合い）し、即ち盛んに鉢氏を推して偉人と為す。去歳、志士邏哀[22]有り、始めて〔鉢氏の〕伝を作らんが為、其の書を読み、懦夫《だふ》（臆病者）をして立志有ら使む。其の宗教に在りては、則ち須曼迦邏《スマカラ》[23]、錫蘭《シラン》に於て興こり、弟子の登摹巴邏《トモパラ》（ダルマパーラ）、摩訶菩提《マカボダイ》会[24]を建て、以て仏教国民の統一を計らんとす。学者は則ち鉢邏耆氏[25]有り。哀利蓬大学[26]を興こし、以て邦人の子弟を教えんとせり。鉢邏耆は法学を善くし、為人《ひととなり》は沈深陰重（沈着重厚）、口言わずして事を匡復《きょうふく》し（正道に戻し）、濡潤《じゅじゅん》（うるおい）至広なること、国人之を称して無冕旒《べんりゅう》[27]の邏闍《ラジャ》〔邏闍は印度の帝王の称〕（ラージャ）と曰う。

其の平民に在りては、則ち国民協会（インド国民会議）有り。分ちて五部を設け、全国に徧《あまね》く、会に与《あず》かる者四十万人あり。権利を要求するを以て名と為すと雖も、亦隠隠として（盛んに）独立の気有り。波《ハ》斯《シ》（ペルシア）の阿梨邪《アリヤ》人（アーリア人）、自ら亜拉伯人の蚕食に遭《あ》い、遺民分散し梵土に於て保つ[28]。伽馬《カマ》なる者有り。女子なるを以て万国社会党（国際社会主義者会議、いわゆる第二インターナショナル）に入り、材気（才気）人に過《まさ》り、亦此の方の俊なり。然れども印度中堅の地は、則ち巴爾丹《バルダ》[29]に在り。巴爾丹は印度の独立国にして、其の民剽悍《ひょうかん》（勇猛）、善く戦い、亦学を好み智慧有り。即ち西婆耆《シバジ》（シヴァージー）王の遺黎《いれい》（子孫、遺民）なり。自余は廓爾喀《グルカ》(30)及び北方の息克什《シクス》(31)人の若《ごと》く、勇敢と雖も心は利を嗜《この》み、亦学を求めること鮮《すくな》し。故に息克什人は英の用いる所と為り、廓爾喀は独立すと雖も、高材（優れた才能）の志士、其の間より出でず。然して施すに教育を以てし、皆剛毅有為の器たるのみ。

余、印度人の日本に在る者を視るに、明允《めいいん》（明朗誠実）塙堅《かくけん》（剛健）にして、学を嗜《たしな》んで怠けず、未だ漢人の如き惰弛なる者有らず。学ぶ所皆高等にして、理化・工芸を以て多きを為し、漢人の若く速成を求め、及び苟偸《こうとう》（安逸）して法律を以て食を謀《はか》るに非ざるなり。此の数子（インド人の留日学生たち）を視て、亦以て其の邦人を占察（推察）す可し。余因りて印度の往事を問うに、答えて曰う。「吾国の素《もと》短なる所の者は、蓋《けだ》し法律のみ。哲学は固《もと》より精善（秀逸）、算術も亦故《もと》其の伝授有り。今に至って替《かわ》らず。然して英人の印度を領せし自《よ》り、法律を知る者稍衆《ややおお》し。独り歴史の残欠（廃残欠落）を苦しむ。以て人を作りて（奮起させて）前民を感慕するの念無し。日本の印度の史事を述ぶる所は、大抵西人に取材し、西人の述ぶる印度の事を以て、其の黒白を混殽《こんこう》（混淆）するに宜《ちか》し(32)。所謂《いわゆる》史を穢《けが》す者なり。故に頃歳（近年）自《よ》り以来、大学の諸生往事を編輯せんとして分役（役割分担）して纂修（編纂）し、五年(33)を期して『印度通史』を成さんとす。上巻は釈迦牟尼以前、旧《も》と神話多く浩眇《こうびょう》（広漠）に率《したが》って知るべからず。仏陀生まるるや、其の時の事始めて考うべし。阿輸迦《アシュカ》（アショーカ）王、孔雀王（マウリア王朝）を継ぎ印度に帝たり。功を成し徳を盛んにすること、与《とも》に二《なら》ぶもの莫《な》し。今を距《へだ》てる年歴（歴史記録）亦た異文多し。玄奘の所謂《いわゆる》戒日王(34)は、唐書に尸羅逸多《シライツタ》と称す。其の音小《すこ》しく別にして、正しくは西羅迭多《シラテツタ》と云うなり。是の時に当り、印度猶お盛強のごとし。其後展転として亜拉伯人（ここではイスラーム教徒をさす）に淪《しず》めらる。西人、前《さき》の世事（史実）を述ぶるに猶お直道（正道）有りしがごとくし、亜拉伯の侵入以後に至って、始めて深文（厳法）醜詆《しゅうてい》（謗言）多しとす。印度は宜しく外人の有する所と為《な》るべく、独立を期す者は皆時勢に暗きのみと云うが若《ごと》し。故に今〔印度人の〕甄《けん》する所明なる者（明察者）は、亦惟《た》だ叔季《しゅっき》の世（後の世、未来）を多と為す（重んずる）のみとす」。

余因りて念《おも》えらく、中国に孔子・左丘明・太史公（司馬遷）の輩無ければ、則ち共和自《よ》り以て二世に訖《いた》るまで、[35]其の年歴も亦且《まさ》に暗昧にして、究観すべからざらん。今は学術廃墜多し。独り歴史尚稍《なおや》や完具し、士民をして太古に騫《そむ》かず以て独立を期せ令《し》む。印度は是を闕《か》く。故に国民の自覚稍や晩《おく》る。今果たして自編の『通史』なる者有り。嗚呼《ああ》、観《み》よ、其の志行の慷慨卓厲《たくれい》（激烈）なること此《か》くの如きを。而も学術を成就すること、又遠く震旦《しんたん》（中国）人の上に在り。茲《これ》より以往は、則ち印度の独立期すべし。而して吾が国は絶望に殆《ちか》し。

嘗て憶《おも》うに、六年前日本に在り、印度人有りて余に告げて曰く、「諸君は此に来りて自ら修学に勉む。吾が国は長《た》ける（老ける）のみ。貴国は則ち尚図《はか》るべし」と。今由《よ》り之を観れば、震旦の印度と異る者は、惟《た》だ郛郭《ふかく》（城の外囲い）尚在りて、未だ白人の掩《おお》う所と為らざるのみ。又其の起居服食、凡そ諸《もろもろ》の所謂《いわゆる》表面の文明は、大較（大雑把な比較）すれば印度より優ぐる。故に外人と雖も国を覘《うかが》う者は、亦震旦は印度の上に在りと謂う。試みに一たび核実（実際の調査）すれば、則ち印度に逮《およ》ばざること遠く甚し。詐偽して恥無きは一なり。縮朒《しゅくじく》（萎縮）して死を畏《おそ》るは二なり。貪叨《どんとう》（貪欲）にして利に啗《くら》き（目がない）は三なり。情を偸《ぬす》んで廃学するは四なり。浮華にして相競うは五なり。猜疑《さいぎ》して相賊《そこな》うは六なり。是の六なる者は皆印度の無き所にして、吾が国の独り有る所なり。自ら斲雕《たくちょう》（切り削ること、琢磨）するに非ざれば樸《あらき》（原木のまま）為り。文に代えるに忠を以てせんも、其れ曷《なん》ぞ能く済を取らん（救済されよう）や。

嗚呼、東方の文明の国にして犖犖《らくらく》として（優れて）大なるは、独り吾と印度のみ。其の親（親密）を言うや則ち肺府（親戚）の如く、其の勢《ありさま》を察するや則ち輔車（車とその添木）の若《ごと》し。相互に抱持して起《た》たざれば、終《つい》に以て亜州を屏蔽《へいへい》（保護）すること無し。印度の志士、震旦の独立を望む者多し。而して漢人は曾《かつ》て彼《かしこ》（印度）を念《おも》うこと莫し。豈独り念わざるのみならんや、又之を鄙夷《ひい》す（卑しみ疎んず）。蓋し明《みん》室（明朝時代）自《よ》り競《なら》ばず（疎遠になる）。漢・梵（中国とインド）相隔てること、幾《ほとん》ど地球と海王星の若し。清世（清の時代）勤めて遠略す（遠ざける）と雖も、其の始め皆私《ひそ》かに西蔵の仏国為るに擬《なぞら》え、摩掲陀《マガダ》、劫《カ》比羅《ピラ》等の地名猶お在るがごとし。而して之を視るに睹《と》（目睹）無きが若し。今に至って始めて通ずるも、猶お諦暁（熟知）せざるがごとし。喜馬拉耶《ヒマラヤ》の名を聞けば、則ち信有りと為し、須彌盧山《スメルセン》の号を挙ぐれば、則ち疑無しと為す。其の実は是一なるを悟らず。特《ただ》訳音を小別するのみ。迷いて返《かえ》らず、比隣（隣邦、すなわち印度）を視るに草昧窮荒（未開の荒野）の如くす。又西人の言に震い（びくびくし）、華靡《かび》（派手）を矜《たっと》び質野（質朴）を羞《は》ず。其の印度を視るに、蓋し西羌《せいきょう》（タングート）、馬来《マライ》と相等し。是に由りて之を言わば、漢土の弟昆（同胞）、皆賈豎《こじゅ》（商売人）の見（考え）のみ。今歳、脱蘭斯伐爾《トランスバル》の僑人（華僑）、近事を記して以て予に諗《つ》げる者有り。云うならく、「英人将《まさ》に華工（中国人労働者）をして注冊（登録）せしめんとす。印度の律師（弁護士）某君[36]、発憤して華人に告げて曰く、若《も》し爾《しか》らば是、華人の囚虜の如きを視るなり。君輩《きみたち》宜しく引きて大恥為るべし。若し要求有らば、吾当《われまさ》に法律を以て諸君の為に弁護し、必ず能く勝を取るべし。吾が智力を尽さんと。一銭も取らざるなり」と。夫れ其の俠に任じ人を愛するの念、至《いたれり》と謂うべきかな。震旦人の印度人に於けるや、是《かく》の如き勤懇（誠心懇切）なる者有らんや。

予、神明なること蓍蔡《しさい》（占い師）の如くに非ざれども、固より精勤にして任恤《にんじゅつ》（温情）の者必ず興こり、惰廃にして涼薄（薄情）の者必ず敗るを知れり。此を書して以て印度の興を祝い、亦以て吾が民の励《はげみ》と為すなり。抑《そも》そも予之を聞く、廓爾喀《グルカ》人は最も金銭を重んずと。然して今に至るも猶お震旦に親付するは、豈《あに》満州の将帥、功を冒《むさぼ》り捷（戦勝）を誣《し》うる（偽り言う）の虚名に震《おび》え、而も吾（震旦）の金石璧帛を以て人を釣る者、英人より過ぐるに有らんや。〔印度と廓爾喀は〕正に以て唇歯相依り、宗教相類す。其の旧貫（旧慣）に率《したが》えば、則ち此（印度、英人）に懐《なつ》き彼（震旦）を憎むのみ。是《これ》則ち廓爾喀人利を嗜《この》むと雖も、猶お未だ震旦人の甚しきに若《し》かざるなり。是亦悲憤為るべき者なり。

四　印度独立の方法

印度人の独立を思うや、その端緒は近起《ちかごろ》の四、五年の間なるも、然して塙固《かっこ》（確固）不撓の気は、世に能く之に過ぐる者なし。その術は則ち罷工《ストライキ》、拒貨《ボイコット》自《よ》り始む。罷工は、人々相約して英吉利《イギリス》の用を為さず。庖人《コック》、走使《はしりづかい》と雖《いえど》も皆な去りて顧みざれば、則ち工商仕官の徒、一切坐して困す。拒貨は、各村落皆な相約して英貨（イギリス製品）を用いず。先発する者有れば、英政府輒《すなわ》ち判する（判決を下す）に罰金の科を以てす。既に罰すれば、則ち他の村落此の金額を以て之を補う。故に罰に就《つ》けども損をする所無し。

英政府治むべからざるを知り、亦たこの条を刊去（削去）し、其の自ら便とするに任《まか》す。英政府、印度人を待するに、名は寛大為り。然れども小児の「梵種（インド人）万歳」を誦する者は、輒《すなわ》ち引きて警察署に至たらしむ。学校教師及び報館記者《ジャーナリスト》、歳ごとに懲創《こらしめ》有り。印度人、其の継ぐ無きを懼《おそ》るなり。凡そ國事を以て下獄する者は、国人皆な金を傾けて以て贈る。禁錮数月にして、利を獲《え》て其の苦を償うに足る。是を以て人々自ら奮い、英政府に抗せんことを願う。

摩拏《マヌ》(37)以来、本《もと》と四姓階級（ヴァルナ制度）有りしも、今は則ち平等たり。学者、愚民と亦た深く相い結び、能く其の用を得たり。其国民協会（インド国民会議）に急進、平和の二党有り。(38)之を要するに、皆な独立を以て主と為せり。美利堅《アメリカ》人其の高義（崇高な目的）を聞き、火銃二千挺を以て之に資す。余聞くならく、印度の学者言《い》わく「十年ならずして印度必ず返りて自主国為らん」と。顧みて中国を視れば、則ち倜倜《てきてき》乎として（はるかに）之を去ること遠し。

五　印度人の日本観

日本の無趾人《あしなしびと》大隈重信、(39)嘗《かつ》て亜洲《アジア》の事を演説す。支那、印度人皆な往きて聴く。無趾曰く「亜洲の文明の国、今日本を以て第一と為す。次は即ち支那。巴比倫《バビロン》（西アジア）、印度の輩《たぐい》の若《ごと》きは、往日の文化観るべきと雖も、今は即ち比較するに足らず」と。支那人皆な喜び、印度人皆な怒る。暇日《かじつ》（休みの日）印度人の帯氏《デー》(40)余を過《おとず》れ、因りて〔余〕此事を道《い》う。帯氏則ち哂《わら》って曰く、「日露戦争自《よ》り以来、日本人傲《ごう》睨《げい》（尊大不遜）甚しく、以て東方の龍伯（伝説上の巨大人）は即ち己が族と為せり」と。

無趾《あしなし》（大隈重信）固《もと》より亦《また》支那を蔑視す。特《た》だ留学の数、幾《ほとん》ど万人に及び、而も早稲田（早稲田大学）尤《もっと》も功名の竇《あな》為るを以て、無趾《あしなし》支那の学生と相結び、以て其の勢を中土（中国の領土）に張らんと欲す。故に意を屈し之に佞《おもね》ることを憚《はばか》らず。且つ間島《かんとう》(41)の争未だ罷《おわ》らずして、二辰丸事(42)又《また》起こり、二国輯睦《しゅうぼく》（和睦）の情亦少《やや》衰う。〔大隈重信、〕片言《へんげん》の側媚（僅かなことばによる邪悪なへつらい）を藉《か》りて、以て感情を動《どう》盪《とう》する（たかぶらせる、アピールする）に足るとし、好（友好）に復帰せんことを庶幾《こいねが》う。其の支那人を愚弄すること、亦た甚しきかな。

印度の日本に於けるや、事の相渉《あいわた》ること鮮《すくな》し。日英同盟は則ち惟《た》だ印度に光復（復興）有る事を恐る。醜言もて詆斥する（辛辣なことばで謗る）も、亦た人情なり。是《かく》の若《ごと》きは独り一無趾のみにあらず。蓋し其の国の俗なれば則ち然るなり。然りとも雖も、日本の文化は安《いずく》の所より之を受けしや。儒書の文芸は近く支那より取る。仏教は乃《すなわ》ち印度自り池入《いにゅう》す（回り回って来入する）。二国無ければ、日本は則ち終《つい》に古《いにしえ》の絞螭蜃蛤《こうちしんこう》（みずちやはまぐりの生息する未開の地）為るのみ。朝鮮の文化は、印度、支那の儕《ともがら》にあらず。然れども日本の文字を知り得たるは、尚《なお》王仁《わに》の『論語』『千字文』を其の国（朝鮮）より伝えるに頼《よ》るなり。今視るに、印度已《すで》に亡《ほろ》び、支那又己《おの》が戦勝と為《いつわ》る(43)。朝鮮は乃ち戦わずして附庸陪属（小国の属領）の伍《ご》（仲間）と就《な》る。〔斯くて日本は〕驕矜《きょうきょう》（たかぶり誇る）として自ら貴《たかし》とし、始めは則ち呂鉅《りょきょ》（傲岸）、終りは則ち車上舞（有頂天）たり。凡《およ》そ旧《もと》より日本人に于《おい》て徳を有する者、力《つと》めて之を按抑（抑制）せざることとなし。然して日本の文明は、一発（一個）の自己を有する者なりや。学術は道《い》うに足らず。復《ま》た起居資用（生活必需品）を論ずるも、日本人に言有り、「文化高ければ必ず多く糖を食し、坐は必ず几《き》に拠る（机椅子を用いる）と。今案ずるに、蔗糖の作法（製法）は本《もと》印度自《よ》り之を中国に伝え、後《のち》日本に及ぶ。卓倚の用（机椅子の使用）に至っては、中国の此を行うこと既に千余歳、田舎《いなか》と雖も之を施す。日本の家居は、則ち惟《た》だ是れ席地する（地面にむしろを敷く）のみ。偃臥《えんが》（寝転び）に牀《ベッド》無く、幾《ほと》ど貴賤の所同じなり。人力の輓車《ばんしゃ》（引き車）は、美国《アメリカ》の教士（宣教師）其の法を実授す。日本の旧制は独り椎輪《ついりん》（単純な車）有るのみ。是れ、其の工芸、械用（道具）に于《おい》て固《もと》より一得無し。今は欧州を則効《そっこう》す（手本にする）と雖も、大都《おおむね》型像（表面上の形式）を模写して成る。是《ここ》を以て人に驕るは、何《いず》れの顔か之《こ》れ厚きに過ぎん。

夫れ文化の高下は、固《もと》より国の盛衰、興廃を以て期（目安）と為さず。波蘭《ポーランド》既に亡びるも、哥白尼《コペルニクス》の地動の説、今に至って人に尊信せらるるは、亦たその例なり。今、欧州人誠に多く日本に面諛《めんゆ》す（面前でへつらう）。然して稍《やや》識知（知識）有る者は、猶《な》お支那の貴ぶべき為るを知る。蓋し印刷、羅鍼（羅針盤）、火銃（火薬）の法、悉《ことごと》く漢土自り之を欧州に伝う。日本は則ち有ること無し。印度は亡びたるも、珊斯克利多《サンスクリット》の文、徳《ドイツ》人多く諷誦《ふうしょう》（そら読み）して之を葆愛《ほうあい》（愛護）し、或いは直《じか》にその文を用いて以て書を著す。日本の仮名は、一《いっ》として世人に崇貴せらるる者有りや。夫れ勢利（権勢や利害）の心を懐いて以て文化を観れば、固より佳くとして抵牾《ていご》（齟齬）せざる無し。仮令《かり》に印度にして独立を得、一たび戦いて遂に英《イギリス》人に勝ちたりとせんか、文化の高下は、未だ必ずしも遽《にわ》かに昔に勝《まさ》らず。窃《ひそ》かに意《おも》うに、無趾之《あしなし》を聞かば、其の論議当《まさ》に今と異なるべし。人の性固《もと》より多く侈慢《しまん》（驕慢）なる者有り、亦《また》多く猥賤《わいせん》（下劣）なる者有り。〔大隈は則ち〕侈慢《しまん》と猥賤の二者（両方とも）兼ね宿す。良医を得て其の神経を診《み》しむれば、何《いず》れの形状を作《な》すや知らざるなり。

余、印度人を観《み》るに、皆荘厳（落ち着いて威厳があり）、醇篤《じゅんとく》（人情厚い人）にして、数数《そくそく》たる（汲々とした）揶揄《やゆ》（軽薄）の人にあらず。今、日本の峭刻《しょうこく》（苛刻、残酷）を論ずること是《かく》の如し。豈《あに》自伐（自矜、自慢）の過《あやま》ちの甚だしきこと、以て招尤《しょうゆう》する（非難を招く）に足り、〔帯氏のような〕長者（有徳者）と雖も温厚の語を作《な》すこと能わざらんか。

帯《デー》氏又曰く、「日本未だ興らざる時に当りては、亜洲諸国、時時小釁《きん》（ささいな間隙、不和）有りと雖も、猶お平和に近かりし。今や是に反す。夫れ土耳其《トルコ》は亜洲において忮戾《しれい》（背反、損傷）を為すこと、仁恩無し（冷酷無残）。然して以て大勢を撓乱《どうらん》する（かき乱す）に足らず。白人を引きて以て同類を侮《あなど》る者は、則ち誰ぞや」と。愛爾蘭《アイルランド》独立党[44]に某君有り。美洲《アメリカ》に寄居し、『該克里克米報』[45]を創り、嘗《かつ》て書《てがみ》を寓《よ》せて余に与えて曰く、「極東の有国《ゆうこく》（国、日本をさす）朔方（北の勢力、ロシア）と戦い、斬殺の過当を意にせず、遂に自《おの》ずから驕恣（傲慢）たり。其の浜海、営州（遼寧省から朝鮮半島に至る一帯）の人を遇すること、惨酷無状たり。其の驕《おごり》を平せんと欲すれば、惟だ兵刃のみ」と。然るかな、然るかな。余、去歳より西婆耆《シバジ》王の大祭を観、無趾《あしなし》の語るを聞き、已《すで》に書を作りて之を弾《ただ》せり。私《ひそか》に怪《あや》しむらくは、印度の諸君子、何に因りてか彼の愚弄を受け、曾《かつ》て覚察（自覚）無きやと。今、帯氏の言う所を聞き、乃《すなわ》ち梵土（インド）の人士、無知ならざる人の鑑《かがみ》なるを知れり。

六　印度人の国粋論

釈迦は「西域伝[46]」に塞種（シャカ族）と称す。印度に入りて巨族（有力な民族）と為り、その望《ほまれ》至繁（大いに盛ん）たり。仏の喬答摩《ゴータマ》釈迦と称するは、釈迦は其の氏《うじ》（氏族、クラン）喬答摩は其の望（姓）なり。陽暦一月の朔《ついたち》(47)、余、印度人の所に在り、是において初めて有《さる》釈迦氏に見《まみえ》り。釈迦氏論ずらく、民族の独立は先ず国粋を研求（追求）することを以て主と為し、国粋は歴史を以て主と為す。自余の学術は皆普通の技にして、惟だ国粋のみは則ち特別為り。譬《たと》えば、人に里籍（所属する村と戸籍）有りて、其の祖父の姓名に与《あずか》るが如《ごと》し。他は人知らずとも〔その人が誰であるかということは〕無害（このうえなく）明哲為り（はっきりしている）。己《おのれ》〔が誰であるか〕知らざれば、則ち至て童昏莫《のろま》の属と〔人は〕非《そし》るなり。国の立つ所以《ゆえん》は、民族の自覚心に在り。是の心を有するは、動物と異る所以なりと。

余、固《もと》より命（使命）を国粋に致す者なり。釈迦氏の言を聞き、梵（インド）・漢（中国）の情異らざるを知り、窃《ひそ》かに沾沾《せんせん》として（自得して）自ら欣幸し、常に以て人に語る。難者（反論する者）有りて曰く、「国粋は一切以て法と為すべきに非らず。残賊《ならずもの》、奸（悪事）を作《な》すの事、具《つぶさ》に史書、国典に在り。之を誌《しる》すは無益にして、徒《いたず》らに人道を蹂践《ふみにじり》するのみ。欧州の諸《もろもろ》の達者（見識者）、政府の民に禍《わざわい》するを憤り、或いは国粋を遮撥《しゃはつ》（排斥）するを以て事と為す。今其の説、亦漸く東方に及ぶ。何すれぞ子、之に自囿《じゆう》（抱泥、独善）するや」と。

之に応えて曰う。「義に是非有り。是《ぜ》を取り非《ひ》を舎《すつ》るは、主観の分なり。事に細大有り。大を挙げて細を遺《のこ》さざる（後世に残さない）は、客観の分なり。国粋は誠に未だ必ずしも皆是ならず。抑《そも》そも其の記載は故言（昔の言葉）にして、情状は具に在り。是非を舎《お》きて事蹟を徴する（明らかにする）は、此《これ》人道において損益何《いずれ》なりや。故に老耼《ろうたん》（老子）は礼を以て忠信の薄（忠・信を弱めるもの）と為し、而《しか》して周室の典章は猶《な》お精を殫《つく》し以て之（礼）を治むるがごとし。葛洪《かっこう》（抱朴子の著者）は経籍を以て相斫《そうしゃく》（戦争）の簿領（帳簿）と為し、而して漢・晉の掌故《しょうこ》（礼楽の故実を司る官）は乃ち力を畢《つく》して以て之を蒐《あつ》む。誠に主観と客観は部伍《ぶご》（組織、集団）に異有り、故に並び行われて相滅せざるを知るなり。故貉《こぼく》（北方の異民族）の子、生まれて声を同じくし、辟施《へきせん》（徘徊）の動作、初めは異有らず。其の事を行うこと同じからざるを以て、国粋も亦や因りて以て別為り。分際（民族的差異）を泯絶《びんぜつ》する（なくしてしまう）は、勢い固より能《あた》わず。且《か》つ人類の鳥獣と殊《こと》にする所以《ゆえん》は、惟《た》だその能《よ》く往事を識《し》りて、過去の念を有するのみ。国粋尽《ことごと》く亡《ほろ》び、百年以前の事を知らざれば、人と犬馬、当に何ぞ異なるべけんや。人に自覚無ければ、即ち他人に陵轢《りょうれき》（侮蔑）され、以て自生すること無し。民族に自覚無ければ、即ち他民族に陵轢され、以て自存すること無し。然れば則ち国粋を抨弾《ひょうだん》（指弾）するは、正に人をして異種（異民族）の役(48)（奴隷）為らしめるのみ。吾嘗《かつ》て以為《おも》えらく、欧語（ヨーロッパの諸言語）に洞通《どうつう》（通暁）せんには、禹域（中国）の殊言（少数民族の言語）を求むるに如《し》かず、大地を経行（探検）せんには、九州（中国）の風土を省《かえり》みるに如かず、外史（外国史）を捜求（研究）せんには、遷・固（司馬遷と班固）の遺文を考うるに如かずと。之を学術に求むるは、渉《わた》る所既に広く、必ず瓠落《こらく》して就く所無し（雲をつかむようなものだ）。孰若《いず》れぞ区中（ある分野）に迫在（集中して専攻）して、能《よ》く其の纖悉《せんしつ》（詳細）を得ることを為さん。之を民徳（民族の徳義）に求むるは、邦人諸友、等しく是れ周親《しゅうしん》（親しい身内）相見《あいまみ》えて道故し（往時を語り）、懐旧の蓄念（積もり積もった思い）を発し、以て民族を輯和《しゅうか》（和合）し羯胡《かつこ》（異民族）を攘斥（排除）するに於て、其の庸《もち》うるところ多し。此れ蓋《けだ》し就事（事を成し上げること、成就）、之を言うなり。行義《こうぎ》（品行、事蹟）の是非に至りては、異職

(様々な役目)有るを慮《おもんばか》る。然りと雖も、純徳琦行の士は、国無ければ之無し。而して苦行艱貞《かんてい》(困苦して節を持すこと)隠淪《いんりん》(49)(隠遁)独善は、固より中国の長ずる所なり。若し夫れ之に政治を施し、之に社会(組織)を行なうに、重農軽商(農業を重んじ商業を軽んず)の説、懐遠禦寇(遠方の民族をなつけ敵を防ぐ)の方(方策)、多主(各地の支配者たち)の均平(有和)に過直(当を失すること)せしめざれば、吾国の白人に勝《まさ》る所以は、固より已《すで》に多し。印度人は大地(地球上、世界中)において最も愷悌《がいてい》(50)(温厚)了諒《しりょう》(慈愛、篤実)為り。今に至るも食は炙卵《しゃらん》(卵子焼き)を過ぎず、肉羹《にくこう》(肉いため)は則ち絶つ。其の俗、蓋し事事《ことごと》に師法と為すべし。独り往昔に四姓階級の分有り、近世に嫠婦《りふ》(寡婦)焚に就くの俗(サティーの制度)有るは、当に撥除(除去)すべきのみ。其の他、呪印巫術、神怪万端は、学術既に明らかにし、亦た息滅(消滅)に易《やす》し。誰ぞ謂わん、釈迦氏の説は自囿為りと。夫れ欧洲と日本、事を其の国粋に求むるも、民族既に完《まっと》うしたれば(民族の自立を果したので)、亦た以て少《やや》弛むべし。〔欧州諸國が〕義を其の国粋に求めしは、人(他人)を侵略するにあらざれば、則ち人を以て輿台《よだい》(召使)豢豕《けんし》(家畜)とせんが為なり。故に発憤する者は事事《ことごと》に〔国粋に〕撥去(反撥)せんと欲す。蓋《けだ》(51)し弊を矯《た》め謬を匡《ただ》すの辞、爾《しか》らざるを得ざる者(やむをえざるところ)有り。此れ支那、印度に於ては論ずる所にあらざるなり。盗賊自ら其の跖《せき》(盗跖)、蹻《きょう》(荘蹻、二人とも古代の大盗賊)の書を毀《こぼ》つは、義においては甚だ善なるも、良家をして亦た爾《しか》らしめんと欲するは、太《はなは》だ誣《ふ》(52)(欺瞞)ならずや」と。

他日復《ま》た帯《デー》氏に諗《つ》ぐ。帯氏曰く。「今日、亜洲の為に計るに、独立は其の先なり。生分(仲違い)を均平する(仲直りさせる)は其の稍《やや》次なり。彼是《かれこれ》を玄同し(一体化し)政法(体制)を泯絶(打破)するは其の最後なり。大同を百年以後に求めて、旦暮《たんぼ》[53]の計（差し迫った計画）を為さざるは、斯《こ》れ則ち務めを知らずと為すのみ」と。

七　支那・印度連合の法

亜洲の国、漢土（中国）は東に在り、梵土（インド）は西に在る。幅輪《ふくりん》（面積）至て広く、中を隔《へだ》つに吐蕃（チベット）、雪山（ヒマラヤ山）の険ありて直達するを得ず。漢世（漢代）は多く葱嶺《そうれい》（パミール高原）由《よ》り往来し、両晋（西晋と東晋）以後は、及《すなわ》ち始めて海に泛《う》かびて交（交趾の略、安南）、広（広東・広西の略、両広）に抵《いた》る者有り。唐の時大いに通ず。王玄策[54]一たび舋《きん》（間隙、不和）を開くも、甚《はなは》だしくは厲《はげ》しからず。明の時漸《しだい》に梗塞《ふさ》がり、行人無し。（明時以来）今に至ること五百余歳なり。

聞くならく、岱《たい》廟（泰山廟）に温涼の玉有り。清の乾隆の世に印度自《よ》り入貢せしものなり。山東の友人、嘗て之を見れり。その長さは二尺余可《ばか》り、厚さ四寸、広さ八寸許《ばか》りにして、青・白・藍の三色を作《な》し、之を按《な》づれば一端は温、一端は涼たり。其の絶珍自効（絶妙至極）なるを観《み》れば、親睦の情猶《な》お在るがごとし。近二歳中、廓爾喀《グルカ》[55]亦た再《ふたた》び貢使（使節）を遣《つかわ》す。然して清廷の之を遇すること甚だ倨《おご》れり。貢使、四川道《よ》り入るに、総督の行賞は番礼（えびすの作法）たり。百官を臚列《ろれつ》（中国の外国使節応接官鴻臚《こうろ》の指示下に参列）して、総督の部堂（大堂）に登る。坐几《ざき》（椅子）の高さ四尺許り。貢者は下（床）に在りて、其の従者の伏するを以て几と為す。乃ち牛脛（牛の片足）、羊脛（羊の片足）各《おのおの》一つを出し、生にて之を啖《く》らわしむ。貢使食《く》らうこと能わず。須臾《しゅゆ》にして（ほどなく）、引き入れて武侯七たび孟獲《もうかく》を禽《いけどり》にするの故事[56]

を優演する（見事に演じる）を観せ、以て之を震耀《しんよう》せしむ（轟音と閃光で耳目を塞がす）。貢使亦た解せず。清廷、隣国において、強ければ則ち佞諛《ねいゆ》し（こびへつらい）、弱ければ則ち蹻倨《きょうきょ》す（おごりたかぶる）。此れ最も嗤鄙《しひ》（嘲笑）すべきものなり。近世、朝鮮・安南・緬甸《ビルマ》・琉球の諸国、既に他人に属す。独り廓爾喀のみ英藩（英領の境域）の左右《かたわら》に逼在《ひつざい》（近在）し、猶お漢土の親むべきを知るがごとし。聘問《へいもん》（遣使）の時至り、遽《にわ》かに囚虜を以て之を待するは、何ぞ其れ務めを知らざるや。

民間の印度人に於けるや、宜《よろ》しく往日《むかし》の旧好を念《おも》い互相《たがい》に扶持（助け合い）すべきは、独り人道の宜しく然《しか》らしむところにあらず。今日に居《あた》りて漢土を維持せんと欲すれば、亦た印度、西方の屛蔽《へいへい》（藩屛）と為り、以て西人南下の道を遏《とど》むる（阻止する）に藉《よ》らざるを得ず。支那と印度既に独立し、相与《あいとも》に神聖同盟を為さば、而《しか》る後亜洲殆ど事（紛争、懸案）少なからん。連合の道は、宜しく両国の文化を以て、相互に灌輸《かんゆ》（流通、伝授）すべし。昔、内典（仏教経典）中国に由《よ》り訳成る。唐の時、復た『老子』を訳して梵文と為し、以て印度に達せり。然るに歴史の事蹟は、地域広輪（広い面積）なれば、邈焉《ばくえん》（遙然）として通暁すること能《あた》わず。今は即ち当に此（歴史事蹟に通暁すること）を以て先路と為すべし。

語言の文字に至っては、互いに障碍《しょうがい》有り。亦た宜しく講習（学習）を略有（実施）すべし。梵土の珊斯克利多《サンスクリット》の文は、徳意志《ドイツ》人を以て之を学ぶに、十五年にして而る後明僚（明瞭）たり。高才（秀才）捷足（俊敏）の士にして、尚十年を以て功課（評価）す。此れ艱阻（困難）と雖も、然して凡《およ》そ欧洲の文字を習わんとすれば、最後は羅甸《ラテン》、希臘《ギリシア》に至って止《や》んぬ。其の歳月亦た相等し。近世印度の通行（汎用）文字は、稍《や》や古昔と異なるも、賢豆《ヒンド》文（ヒンドゥスターニー語）を以て雅言（正規の言語）と為すれば、即ち之を習うは猶お古語より易きがごとし。今歳、安慶（安徽省安慶府）より四沙門を遣わし、西游（渡印）して求学せしむ。是れ、固より梵・漢を溝合（修好）するの端たり。然りと雖も、印度の文に通ずる者は、沙門のみに止まらんや。白衣《びゃくい》（俗人）講ぜざれば、則ち亜洲の自主（自治、独立）において、猶お豪毛（僅少）の益無きがごとし。余、醯鶏《けいけい》（かつおむし、小虫）蚊蚋《ぶんぜい》（か、ぶよ）の微（取るに足らぬ身）を以て、妄りに学者の引重（重い責め）を為《いた》す。懐《おも》うに此《ここ》数年、独り唱え和するもの寡《すく》なし。悲しみ中《うち》（こころ）従《よ》り来り、天閼《ようあつ》（抑制）すべからず。故に此を書して以て同好に勧む。世の有志の士にして、務めて実を求め名に殉《したが》わぬ（名誉を求めぬ）者、庶幾《こいねが》わくは此の志を成さん。

八　印度の先民、地球日を繞り人身精虫を有するの二事を知る

印度の学者、嘗《かつ》て余と言《かた》る。今を距《へだ》ること千四百年は、即ち白人の所謂《いわゆる》五世紀なり。印度に天文師巴《バ》斬伽邏焦闍《スカラショウジャ》[57]有りて、地球の日（太陽）を繞《めぐ》る事を発見せり。哥白尼《コペルニクス》に先んずること且《まさ》に千余歳ならんとすと。余謂《い》う、先民独り見《し》り、亦た奚《なん》すれぞ是に止まるや。小乗の『起世経《きせきょう》』[58]に言う、「一洲、日正中（太陽の南中）の時、一洲、日始めて没す。一洲、日始めて出で、一洲、正に半夜《よなか》に当る」と。是れ亦た先に地（地球）の円きを暁《さと》れり。直《ただ》に印度のみにあらず。震旦（中国）人の測天の学、素《もと》より印度と視《くら》べて逮《およ》ばざるも、渾天《こんてん》家[59]言えらく「天は鶏卵の如く、地は卵黄の如し」と。是れ亦た地体（地球のかたち）渾円《まんまる》なるを暁るなり。緯書（漢代流行の予言書）に言う、地に四游（朝昼夕夜の四変化）有りと。是れ亦た地球の転動（自転）を暁るなり。蓋し此義、本《もと》比校（比較）量度《りょうたく》（推量）に由りて之を得、艱深難了（意味

の深い理解）せしものにあらず。

且《か》つ動物の精子を有するが如きは、欧洲に十七世紀自り罕曼《かんまん》なる者（何とかいう者）[60]有り、始めて之を発見せり。其より先は、或は「卵中に鶏《とり》有り」と云い、或は「卵中に鶏無し」といい、相争いて決せず。而して印度は、則ち二千歳前已《すで》に精子を知れること、小乗の『治禅病秘要経《じぜんびようひようきよう》』[61]に云うが如し。子蔵（子をもうけるための臓器）は生蔵の下、熟蔵の上に在り。[62]九十九重《ちよう》の膜は死猪の胞《えな》（胎児を蔽う膜）の如し。四百四の脈《すじ》は子蔵に従い、猶お樹根[63]の如く、諸根を散布して、屎嚢《しのう》（糞袋）を盛るが如し。一千九百の節《ふし》は芭蕉の葉に似たり。八万戸（個）の虫、囲繞して四百四の脈を周帀《しゆうそう》（周囲に取りまき）し、以て子蔵に及ぶこと、猶お馬腸の如く、直ちに産門に至る。臂釧《ひせん》（腕輪）の如き形にして、団円大小あり。上は円く下は尖《するど》く、状《かたち》貝歯の如し。九十九重は一つひとつの重間に四百四虫有り。一つひとつの虫に十二頭と十二口有り。人、水を飲む時、水精、脈に入りて布散し、諸虫、毘羅虫《ビラ》（孔穴虫の類か）の頂に入る。直ちに産門の半月に至り、半月、不浄水を出す。諸虫各おの吐き、猶お膿を敗るが如し。九十虫の口中に入る。十二虫の六竅《きよう》（穴）中従《よ》り出ること、絳汁《こうじゆう》（深紅の汁）を敗るが如し。

復《ま》た諸虫有り。秋豪《しゆうごう》（秋に生え変わる獣の細毛）より細く、其の中（絳汁の中）に游戯す。諸《もろもろ》の男子等、宿悪の罪あり。故に四百四脈、眼根従《よ》り四支に布散し、諸腸に流れ注いで、生蔵の下、熟蔵の上に至る。肺・脾・腎の脈、其の（子蔵の）両辺に於て、各おの六十四虫有り。各おの十二頭、亦た十二口あり。宛綣《えんけん》して（まきついて）相《あい》著し、状、指環の如し。青色の膿を盛んにし、野猪の精の如く、臭悪巨《おお》いに甚だし。〔子〕蔵の陰処に至り、分れて三支と為る。二支(64)は上に在り、芭蕉の葉の如く、一千二百の脈有り。一つひとつの脈中に、風虫を生ず。細きこと秋豪の若《ごと》く、毘蘭多鳥《ビランダ》（蝙蝠か）の觜《くちばし》に似たり。諸虫、口中(65)に筋色虫を生ず。此の虫の形体は筋に似、子蔵に連持（接続）し、能く諸脈を動き、精を吸いて出入す。男虫は青色、女虫は紅赤なり(66)。七万八千あり、共に相纏裹《あいてんか》（まといつき）す。状、累環（環をずらしながら次々と重ねた形）の如く、瞿師羅鳥《クシラ》（インド郭公）の眼に似たり。九十八の脈は上の方《かた》心を衝いて、乃《すなわ》ち頂髻《ちょうけい》（頭頂のもとどり）に至る。諸の男子等、眼、色に触るれば、心根を風動し、四百四の脈、風の使う所と為り、動転して停《とど》まらず。八万戸《こ》の虫、一時に口を張り、眼より諸膿を出して、諸脈に流注し、及ち虫頂に至る。諸虫崩動し、狂いて知る所無く、前の女根に触る。男精の青白なるは、是れ諸虫の涙にして、女精の黄赤なるは、是れ諸虫の膿なり。

又、小乗の『正法念処経《しょうぼうねんじょきょう》』(67)に云うが如し。

十種の虫、髄中を行き、精中を行くこと有り。何《いず》れ等を十と為すや。一は毛虫と名づけ、二は黒口虫と名づけ、三は無力虫と名づけ、四は大痛虫と名づけ、五は煩悶虫と名づけ、六は火虫と名づけ、七は滑虫と名づけ、八は下流虫と名づけ、九は起身根虫と名づけ、十は憶念歓喜虫と名づく。

所謂《いわゆる》筋色虫の、男に在りては青白、女に在りては紅赤なる者は、即ち精子と胚珠是れ已《のみ》。復《ま》た精中を行くと云い、名づけて起身根虫と為すは、身根（触覚器官、男根）此に由《よ》りて起こり、其の精子為ること益《ます》ます明らかなり。大率《おおむね》印度の解剖の術、素より優れり。故に筋色虫、起身根虫有るの説は、当に今の所謂精子たるべし。又、八万戸の虫有るの説は、当に今の所謂細胞たるべし。夫れ罕曼[68]、初めて精子を見し時、未だ嘗て顕微鏡を用いず。徒《ただ》生物を解剖するを以て、景略（おおよその形）を窺見《きけん》し（うかがい知り）、遂に卓然として祭酒大師（学長先生）と称す。而して印度は二千歳前自《よ》り、已《すで》に其の名物儀象（名称や種類の特徴）を知るは、斯《これ》亦た一奇なり。然《しこう》して印度の諸聖哲、本《もと》第一の義諦（宗教的真理）を以て重しと見、推歩（推論、帰納）の密（厳密さ）、解剖の精（精確さ）は未だ以て寵（得意）と為すに足らず。況《いわ》んや儀器（実験器具）は伝わらず、能《よ》く人人をして証見（確認）せしむること勿《な》し。是れ、固《もと》より欧人に逮《およ》ばず。独り空・色の双《なら》び亡《うしな》い、前後に際断するに至って、欧洲の諸哲学者、能く其の名言を挙ぐると雖ども、其の境界を証すること能《あた》わず。而して印度に瑜伽《ゆが》、止観《しかん》の法有り。人人をして皆《みな》触証して之を実験する[69]を得令《し》む。斯れ固より欧人の能く企《くわだ》つ所にあらざるなり。

九　竜樹菩薩生滅年月考

印度の史学は甚だ微（微弱）なり。故に記す所の年月、往往にして互いに牴牾《くいちがい》有り。仏入涅槃の歳、遠近相較《くら》ぶれば、或は千載を逾《こ》ゆ。此れ真《まこと》に怪《あや》しむべき者なり。馬格斯牟刺《マックスミュラー》[70]の定めし仏入涅槃の歳は、耶《ヤ》蘇《ソ》紀元（西暦）前四百七十七年に在り。今は且姑《しばらく》其の説に従う。然して阿輸迦王《アショーカ》、仏を去る百年の説と猶[71]お相会せざるがごとし。馬鳴《めみょう》（アシュヴァゴーシャ Aśvaghoṣa 一―二世紀ごろの詩人、仏教学者）・竜樹の年代に至っては、尤《もっと》も了悉《りょうしつ》（究明）し難し。馬鳴・世友《せう》（ヴァスミトラ Vasumitra 説一切有部の一祖で天友とも）・脇尊者（パールシュヴァ Pārśva　説一切有部の論師）は迦膩色迦《カニシカ》王の時代なるを以て相推《お》せば、則ち馬鳴の生、亦た西歴（暦）紀元一世紀の前《はじめ》に在り。而して〔馬鳴の〕弘教は則ち一世紀の中《なかば》に在り。唯だ竜樹は藐焉《ばくえん》（遙然）として測《はか》り難し。

摩耶経(72)に謂く、「仏滅後六百年にして馬鳴有り、七百年にして竜樹有り」と。姉崎正治（宗教学者、一八七三—一九四八）之に拠り、竜樹の弘教は三世紀の前半に在り入寂は三世紀の末に在りと謂う。按ずるに、大般若経（大般若波羅蜜多経）、脇尊者已に其の名を聞けりと雖も、今者《いま》伝うる所の六百巻文は、則ち竜樹の結集する所なり。梁高僧伝(73)に拠れば、道行般若経《どうぎょうはんにゃきょう》(74)、支婁迦讖《しるかせん》(75)の訳す所為《た》り。釈道安(76)云く、「外国の高士（高潔者）、九十章を鈔《しょう》し（書き写し）道行品《どうぎょうぼん》(77)と為せり」と。則ち道行の鈔時は必ず本経（大般若経）の結集以後に在るを知るなり。又た仏印三昧経(78)、安世高(79)の訳す所為り。其の中、屢《しばしば》「摩訶般若波羅蜜経」を称す。是れ亦た般若経（大般若経、すなわち大般若波羅蜜多経）の結集以後に在るなり。然れば則ち安世高・支婁迦讖の世を知れば、即ち竜樹の弘教の年を得べし。梁高僧伝に云う、「安世高、漢桓（後漢の桓帝、在位一四六—一六七年）の初を以て始めて中夏（中国）に到る。至止（滞在）すること未だ久しからざるに、即ち華言（漢語）を通習（習得）す。是《ここ》において衆経（多数の経典）を宣訳し、胡を改め漢と為《な》る（帰化する）。釈道安の経録(80)に云《いわ》く、安世高、漢桓帝の建和二年（一四八年）より霊帝の建寧（一六八—一七一年）の中《なかば》に至る二十余年を以て、三十余部の経を訳出せり」と。又た云う、「支婁迦讖、漢霊帝（在位一六八—一八九年）の時雒陽《らくよう》（洛陽）に遊び、光和（一七八—一八三年）中平（一八四—一八九年）の間を以て、梵文を伝訳(81)（転訳）し、般若道行(82)、般舟《はんじゅ》(83)、首楞厳《しゅりょうごん》(84)等三経を出せり。又た阿闍世王《あじゃせおう》(85)、宝積《ほうしゃく》(86)等十余部の経有り。歳久しうして録（確かな記録）無し。〔そこで〕安公（安世高）、古今〔の文献〕を校定し、文体を精尋（精査）して云く、讖（支婁迦讖）の出す所に似たり」と。

夫れ桓帝の初年丁亥は、即ち西歴（暦）紀元一百四十八年（実際は一四七年）なり。而して安世高の携えし所の経、既に摩訶般若波羅密（蜜）経の名号を述ぶ。霊帝の光和戊午は即ち西歴（暦）紀元一百七十九年（実際は一七八年）なり。而して支婁迦讖已に道行般若を訳せれば、則ち竜樹の弘教必ず西歴（暦）二世紀の中半《なかば》以前に在るを知れり。姉崎の計する所、相去ること百年にして、甚しく合わず。彼の拠る所は、兼ねて有する錫《セイ》（錫）蘭《ロン》の載籍（書籍）、提婆《だいば》（聖提婆 Ārya-deva）の三世紀の前半に在りて竜樹の門人為るを以てせり。故に〔姉崎は〕竜樹の弘教、必ず是の時（西暦二世紀中半以前）に在るを疑う。然るに此《ここ》を以て拠《よりどころ》と為せば、則ち安世高・支婁迦讖の訳経の時、皆な未だ三世紀に至らず。此れ何たる説なるや。或は羅什（鳩摩羅什 Kumāra-jīva 三五〇―四〇九ごろ）の五世紀初に在るを疑いて言く、「竜樹の死後百年を過ぎざ[87]」れば、則ち其の（竜樹の）死は必ず三世紀末に在りと。

按ずるに、印度の歴史甚だ疏（粗略）にして、既に編年の録無し。奢言《しやげん》もて（大げさに）虚指（いつわりの指摘）し、往往にして事実より離る。且つ中国の如きは司馬遷有り。其の作れる年表、至て精審（精細）為り。然して其の自序（太史公自序）、太初元年（前一〇四年）の語を挙げて曰く、「孔子の卒後、今に至て五百歳」と。其の実、年表を按じて之を計るに、孔子の卒せし壬戌の歳自り太初元年丁丑の歳に至るは、財《わず》かに三百七十五年のみ。漢武の世を尽くす（漢の武帝時代が終わる）は、孔子の卒を去ること未だ四百年ならざるなり。夫れ身《みず》から通史を撰し年表に専精（専心）するの人を以て、而も奢闊《しやかつ》（大雑巴）に年を指し、猶お相去る闊遠《かつえん》（実際との大きな開き、ギャップ）此《かく》の如し。況《いわ》んや本《もともと》歴史無きの国においてをや。之を要するに、安世高の訳経の年を以て之を計れば、則ち竜樹の弘道、必ず二世紀の前半に在り、其の生（生誕）当《まさ》に一世紀末に在るべし。提婆の三世紀前半に在りて、而も竜樹と相接するを得たるに至っては、則ち印度の伝説なり。竜樹の寿《いのちなが》きこと二百歳を逾《こ》ゆるは、或は尽《ことごと》く神話に属すに非らず。人生（人の一生）固《もと》より二百歳なる者有り。漢初の竇公《とうこう》、上《かみ》は魏の文侯（在位前四二四―前三八七年）の時に逮《およ》び、孝文（漢の文帝。在位前一八〇―前一五七年）の世に至る。年百八十歳なれば、則ち二百歳は未だ多く怪むに足らず。西域記に云う、「竜猛《りゅうみょう》（竜樹）菩薩、善く薬術に閑《なら》い（熟達し）、餌《じ》（薬になる食物）を餐《くら》いて生を養い、寿年数百、志貌《しぼう》（気力と容貌）衰えず」［巻十］(88)と。蓋し実事（本当のこと）なり。

＊　＊　＊

大乗仏教八宗の祖と仰がれる竜樹、ナーガールジュナ Nāgārjuna の年代に関し、章炳麟がこの論説で行なった姉崎正治批判の論点は単純である。姉崎が竜樹の教法上の活動（章炳麟のいう竜樹の弘教）を三世紀の前半、その死を三世紀末以前とするのに対し、章炳麟は竜樹の弘教を姉崎よりも一世紀早い二世紀の前半であるとし、その出生は一世紀末に推定されると主張する。その論拠は次の如くである。大般若経（大般若波羅蜜多経、また摩訶般若波羅蜜経）六〇〇巻の梵文テキストの結集は竜樹に帰せらるべきものであり、こうした彼の弘教活動があったればこそ、西域出身の高名な訳経僧安世高や支婁迦讖がこれらの梵文テキスト群中より行なったさまざまな訳経を残すことができた。幸いなことに安世高、支婁迦讖の洛陽滞在は後漢の桓帝、霊帝の時代であったことが梁高僧伝等によって明らかである。従って竜樹の弘教はそれよりも早い、二世紀半ば以前ということになり、姉崎説に比べ一〇〇年早い時期に設定されるべきだ、というものである。(89)

章炳麟は姉崎正治がどの文献で述べていたことに異を唱えたのであろうか。姉崎は早くも二十四歳の齢の明治三十年（一八九七）十一月、東京の金港堂書籍から『印度宗教史』を公にしていた。この書はヴェーダ神話時代から近代に至るインドの宗教史を七章に分って述べた全文三六〇ページの堂々たる著書であり、著者名に並んで井上哲次郎閲と並記されているが、姉崎が全文を執筆したことは間違いないと思われる。この書の第五章第九節は「竜樹の大乗仏教」として二〇〇―二二八ページを充てているが、その年代については僅かに「二世紀の頃西南印度に生れ」（二二一ページ）と述べているのみである。姉崎は翌明治三十一年（一八九八）八月、再び金港堂書籍から井上哲次郎閲と並記した『印度宗教史考全』を公にした。巻末の付記によると、この書は前著を補い、それを教科書に用いる場合の教授参考、研究参照用に用意されたものということで、全文八〇〇ページを越える大冊である。姉崎はこの書のなかで竜樹の年代について、「竜樹が三世紀の前半に教法上の活動をなせしは確実の事実なるが如し」（六二三ページ）、「彼は二世紀の後半に生れ三世紀の大部に生存して大乗仏教の大組織をなせしならん」（六二一―六二四ページ）と述べている。

章炳麟は姉崎のこの部分の記述を取り上げて批判しようとしたことは、まず間違いないであろう。章炳麟の竜樹年代論には一つの陥穽がある。三世紀のセイロン島出身の提婆（アーリアデーヴァ）が竜樹の門人となっていたとされる伝承が存在することである。提婆入門のエピソードは、『大唐西域記』巻一〇が実に生きいきと伝えているので、人々のよく知るところとなっている。これについては、章炳麟はこれをインドの伝説とし、かつまた竜樹の人並みはずれた長寿を挙げることによって軽くかわしている。それにしても、章炳麟は生前にどうしてこの論説を自分の著作集に収めなかったのであろうか。

注

（1）ムガル朝に対する抵抗勢力としてデカン地方に興ったマラーター王国の初代王シヴァージー（一六三〇—八〇）。

（2）鉢邏罕について、『民報索引』下の漢欧訳名対照表、巻末六ページでは、これをPradhan?としているが、ムハンマド・バルカトゥッラー（Muhammad Barkatullah または綴り Mohammed Barkatulla ?-1928）であったと思われる。彼はボーパル生まれのイスラーム教徒で、当時来日していた可能性が高い。その後、アメリカでインド民族主義者の組織ガダル党に加わっていたことがある。S. P. Sen (ed), *Dictionary of National Biography*, Vol. I, Calcutta, 1972, pp.139–140 参照。ここでは鉢邏罕をバルカンと読んでおくことにする。A. C. Bose, *Indian Revolutionaries Abroad, 1905–1927 : Select documents*, New Delhi, 2002, pp.74, 112, 285 などによると、彼は東京外国語学校（School of Foreign Languages, Tokyo 東京外国語大学の前身）のヒンドゥースターニー語（ウルドゥー語）の教授の任に、少なくとも一九一一年六月の時点では就いていた。

（3）保什がどのボース（Bose）に当たるのか、いまのところ特定するのは難しい。西順蔵・近藤邦康編訳『章炳麟集』二五〇ページ注（2）によると、この人物はスレンドラ・モーハン・ボース（Surendramohan Bose）に想定されている。その根拠はA. C. Bose, *Indian Revolutionaries Abroad*, Patna, 1971 とされる。この英文書の二〇〇二年版は前注（2）に挙げているとおりであるが、奇妙なことに、この書九二ページにこの人物が登場することはあるけれども、『章炳麟集』の注記で紹介されているようなことは、一切記されていない。著者のA・C・ボースは、記述内容をすっかり改変してしまったのであろうか。

(4) 秦末漢初の斉の最後の王。漢の高祖に従うのを恥じて自殺。これを聞き知った五百余人の部下も皆自害した。

(5) トランスヴァール。一九〇二年以後オランダの植民地からイギリスの植民地となり、〇六年自治区となり、一〇年南アフリカ連邦の一州となった。世界最大の金産出地。

(6) 薄伽梵は bhagavat（世尊）の漢字音写で、仏の尊称。ここから薄伽梵教は仏教をさす。

(7) 旃陀羅と蔑戻車はそれぞれ賤視されたチャンダーラ（caṇḍāla）とムレッチャ（mleccha）をさす。

(8) ヴェーダーンタ哲学を大成した八世紀の哲学者シャンカラ（Śankara）をさす。

(9) インドは確かに蒙古軍の波状的な襲撃を受けた。しかし十三世紀初頭以来そこに成立したのはトルコ系、アフガン系のイスラーム諸王朝であった。ムガル朝を「蒙古」系と仮に見れば、その成立以降二十世紀初頭までの間は約四〇〇年。

(10) ケーシャブ・チャンドラ・セーン（Keshab Chandra Sen 1838–84）。カルカッタ生まれ。一八五七年ブラーフマ・サマージに加わって間もなく事務長となり、一八六六年新たにインド・ブラーフマ・サマージを創設した。S. P. Sen (ed.), *Dictionary of National Biography*, Vol. IV, Calcutta, 1974, pp. 106–110 参照。

(11) インド・ブラーフマ・サマージ（Brahma Samaj of India）をさす。

(12) プラタープ・チャンドラ・マズムダール（Pratap Chandra Mazumdar 1840–1905）。フーグリー生まれで、ブラーフマ・サマージの活動家。S. P. Sen (ed.), *Dictionary of National Biography*, Vol. III, Calcutta, 1974, pp. 25–26 参照。

(13) スマンガラ（Sumaṅgala）。吉祥の意。仏教系の組織。

(14) 五天竺に同じ。すなわち、インドを東・西・南・北のインドおよび中インドに五区分したもの。

(15) アウロビンド・ゴーシュ（Aurobindo Ghosh 1872–1950）。B・G・ティラクやラージパト・ラーイと並んで、初期のインド国民会議の急進派指導者。一九一〇年より政界を離れてポンディシェリーに移り、ヨーガ道場を建設して指導した。S. P. Sen (ed.), *Dictionary of National Biography*, Vol. I, Calcutta, 1972, pp. 82–86.

（16）『バンデ・マータラム』（Bande Mataram）。一九〇五年カルカッタで発行された日刊英字新聞。ビーパン・チャンドラ・パールが創刊し、アウロビンド・ゴーシュが編集長として愛国的論陣を張った。
（17）アウロビンド・ゴーシュは『バンデ・マータラム』紙上の記事のかどで一九〇七年八月に逮捕され、一旦出獄した後、翌年五月から一年間投獄された。
（18）この人物については未詳。
（19）この人物についても未詳。
（20）『民報索引』下の漢欧訳名対照表は、これを Baroda Baji Rao としているが（巻末六ページ）、漢字音との対応に無理があるように思われる。むしろこの漢字名はプラダパテイヤと読んで、Pradhāna-pathya（最勝補佐、首席大臣の意）を表わしたものと理解する方が自然である。これならマラーター王国のペーシュワー（宰相）をさしたものであると分る。ここでは初代ペーシュワーのバーラージー・ヴィシュヴァナート（Balaji Vishvanath　一七一三―二〇在任）をさしているものと解される。
（21）初代ペーシュワーに関する事柄。
（22）ラーイまたはローイと読めるが、どの人物か特定するのは難しい。あるいはマティラール・ラーイ（Matilal Ray 1882–1959）か。
（23）注（13）参照。
（24）大菩薩会（Mahābodhi Society）の意であるが、詳細は不詳。
（25）『民報索引』下の漢欧訳名対照表は、これをバネルジー Banerjea としているが（巻末六ページ）、これも無理がある。Balaji を写したものであろう。
（26）前記漢欧訳名対照表は、これを Ripon College としているが（巻末五ページ）、ボンベイ大学の中核となった一八二七年創設の Elphinestone College をさしていることは間違いない。
（27）冕旒は冠の前後の飾り玉。無冕旒は無冠の意。

(28) サーサーン朝がイスラーム軍に敗れ、イランのゾロアスター教徒たちがインドに亡命したことをいう。
(29) 『民報索引』下の漢欧訳名対照表は、これをBalūchistān?としているが（巻末五ページ）、バルーチスターンでは本文の記述内容に合わない。これは、マラーター系ガエクワール侯が支配した中インド西部に位置するバローダ（Baroda）藩王国をさすものと解される。歴代藩王には開明政策をとる者が多かった。
(30) ネパールの有力民族の一つグルカ（Gurkha）人。一八一四―一六年のイギリス・ネパール戦争に敗北後、彼らの多くはイギリス軍に採用された。
(31) 『民報索引』下の漢欧訳名対照表は、息克什をSikkim?としているが（巻末一九ページ）、これはSikhsを音訳したものであろう。シク教徒もイギリス側の軍人として多数採用された。
(32) ここでは、日本で刊行されたインド史の書が批判されているが、どの書が批判の対象とされているかは明かでない。この時期までに刊行されていた一インド史書としては、万国歴史全書全一二巻の第四巻として明治二十二年（一八八九）十二月東京の博文舘から刊行された北村三郎著『印度史』がある。これには朝鮮・安南・緬甸・暹羅の各国史も付載している。この書の第三版が早くも翌年三月に出ているので、よく読まれたインド史書であったといえよう。ただし、在日インド人留学生がこの書を念頭においていたのかどうかは定かでない。なおこの書の第三版の方は、大島利一先生より恵与していただいた。
(33) もとの『民報』では「十五年」となっているが、『章氏叢書』下冊に収めた『太炎文録初編』別録巻二でも（下冊八四五ページ）、『章太炎先生所著書』所収の同別録巻二でも（巻一八、三五葉裏）、また全集版でも（三六二ページ）、すべて「五年」となっているのでそれに従った。どうしてこのような訂正が行なわれたのであろうか。
(34) ヴァルダナ朝のハルシャ・ヴァルダナ王（在位六〇六―四七）。シーラーディティア（Śīlāditya 戒日王）と称した。
(35) 原史から秦二世皇帝の時代に至るまで、の意か。
(36) 一九〇六年八月トランスヴァール自治政府は、アジアからの移民は役所に出頭して指紋を押印し身分証明書を受けねばならないとする法律を発表し、このためM・K・ガンディーは市民的不服従運動を指導してこれに反対した。ここに述べられている「印度の律師某君」は、ガンディーをさしていると見て間違いないであろう。

(37) Manu　ヒンドゥー教にいう人類の始祖。

(38) 一九〇七年十二月のスーラトにおける年次大会において、インド国民会議が急進派と穏健派の二派に分裂したことをさしている。

(39) 大隈重信は黒田清隆内閣の外相時代の一八八九年、排外主義者のテロに遭い右脚を失った。

(40) 帯はベンガル地方に多いデー（ローマ字表記は De, Day, Dey など、人によって異なる表記法をとる場合が多い）なる人名をさすものと思われるが、これがどの人物であったのか特定するのは難しい。湯志鈞『章太炎伝』（台湾商務印書館、一九九六年）一九一ページでは、亜洲和親会に参加したインド人の一人として「帯君」を挙げている。

(41) いわゆる間島問題。間島は中国吉林省の松花江上流地域。この地に朝鮮人が入植し、清国との間に起こった境界線問題が間島問題。韓国を保護国化した日本が一九〇九年に清朝と協約を結び、この地域の領土権が清国に帰すことに同意し、この問題は落着した。

(42) 第二辰丸《たつまる》事件。単に辰丸事件ともいう。一九〇八年二月、神戸の辰馬商会所属の第二辰丸がマカオ近辺で清国巡視船にとらえられた事件。中国の革命派に武器を密輸しようとしていたというのが拿捕の理由であったが、日本側の強引な交渉姿勢に清朝政府が折れたため、中国で最初の日貨ボイコット運動が発生した。佛教大学の同僚、原田敬一教授の教示による。

(43) 日露戦争において、中国はその国土が戦場となったものの中立政策をとり、戦後のポーツマス条約によって日露両国軍の満州からの撤退を約束させたこと、などをさしているか。なお、己の字は民報版では已（すでに）の字となっている。

(44) 一九〇五年創立のシン・フェーン党をさす。

(45) 『民報索引』下、巻末九、三〇ページによって、この雑誌が『ゲーリック・アメリカン』（Gaelic American）であったことを知る。

(46) 『民報』では「西城伝」と誤記されていた。

(47) 国粋は広義にはある国固有の精神上、物質上の特色をいうが、狭義には外来の学術に対してその国固有の学術をさす。島田先生は『中国革命の先駆者たち』の二三八ページで、国粋（国学）と記されている。英語では national learning に当たるか。

(48)『民報』では「設」と誤記されている。
(49)『民報』では「隠論」と記されている。
(50)『民報』では「愷悌」が「諒悌」と記されている。
(51)『民報』では「蓋」の字が「益」と誤記。
(52)『民報』では「太」の字の代わりに「泰」と記す。
(53)『民報』では「旦暮」の代わりに「旦莫」と記している。
(54)七世紀半ば、三度にわたって唐朝よりインドに遣わされた使者。本書、第三章注(41)および補論一参照。
(55)注(30)参照。一七六八年に王朝成立。乾隆五十七年(一七九二)に清朝の遠征軍に敗れ、清の宗主権の承認と五年一回の朝貢を約束させられた。一八一四―一六年のイギリス・ネパール戦争以後は対英協力姿勢もとるようになった。
(56)三国時代の蜀の武侯(諸葛亮)が南方に出兵し、その地方の有力者孟獲を七度生擒《いけどり》にし、七度釈放してやって、ついに心服させた故事。
(57)『民報』ではローマ字でBhaskarachojyaと併記している。十二世紀後半のデカン地方出身の天文学者、数学者バースカラBhāskaraないしバースカラーチャーリアBhāskarācāryaをさしているようである。
(58)隋の闍那崛多《じゃなくった》等の訳。一〇巻。古代インドの宇宙論を知るうえで参考になるといわれる。大正大蔵経巻一に収める。
(59)天を鶏卵、地を卵黄にたとえる中国の渾天説の主張者たち。
(60)章炳麟はこの論説を用意していたとき確かな人名が思い出せずにこう書いたが、彼が念頭においていたのは十七世紀に顕微鏡を発明したオランダ人のアントニー・ファン・レーウェンフック(Antonie van Leeuwenhoek　1632–1723)であったことは、まず間違いないであろう。
(61)中国の南朝、宋の沮渠京声訳。二巻。この経典は修行中の疾病を癒やす十二法を示し、古代インドの医学思想を知るうえでも参考になるといわれる。大正大蔵経巻一五には『治禅病秘要法』名で収める。以下の引用は、上巻の治行者貪婬患法の一節。
(62)熟は全集版では孰とするが、『民報』および大正大蔵経版によった。生と熟はなまとうれるの対概念。生蔵と熟蔵が肉体のどの部分をさすか判然としないが、あるいはそれぞれ肝臓と腎臓をさすか。
(63) 大正大蔵経版によって、樹稽を樹根に直した。
(64) 大正大蔵経版によって、二九を二支に直した。
(65) 『民報』版、全集版ともに口中の口の字が欠けており、大正大蔵経版によって補った。
(66) 「此の虫の形体」以下、「女虫は紅赤なり」までの文は、大正大蔵経版では割注の形となっている。
(67) 中国、北魏の般若流支訳。七〇巻。大正大蔵経巻一七に収める。以下の引用は、正法念処経巻六五の身念処品之二の一節。
(68) 注（60）参照。
(69) 具体的に体験して悟ること。
(70) Friedrich Max Müller 1823–1900. ドイツ生まれのオックスフォード大学サンスクリット学教授。*Sacred Books of the East*（東洋聖典集）の編者として著名。
(71) アショーカ王の即位を仏滅後一〇〇年とする、主として北伝仏教系の伝承。これに対して南伝系の伝承では、仏滅年をアショーカ即位の二一八年前とする。北伝説の批判を中心とした仏滅年の批判的検討は、山崎元一「仏滅年の再検討」同『アショーカ王とその時代』春秋社、一九八二年所収、に詳しい。
(72) 摩訶摩耶経。曇景訳。二巻。大正大蔵経巻一二所収。同巻一〇一三ページの原文によって、章炳麟所引の文章が「仏涅槃後、……六百歳已《おわ》んぬ。九十六種の諸外道等、邪見競い興り仏法を破滅す。一比丘、名は馬鳴と曰う有り。善く法要を説き、一切諸外道の輩を降伏せり。七百歳已んぬ。一比丘、名は竜樹と曰う有り。善く法要を説き、邪見を滅して正法の炬《たいまつ》を幢然《とうぜん》（高揚）せり」に拠ったものであることが判る。
(73) 南朝梁の慧皎撰。一四巻。後の高僧伝と区別するため梁高僧伝と称される。
(74) 後漢の支婁迦讖訳。一〇巻。道行般若波羅密経、般若道行品経《はんにゃどうぎょうぼんきょう》などともいう。大正大蔵経巻八所収。
(75) 大月氏国出身で、二世紀後半の後漢時代に洛陽着。首楞厳経、般舟三昧経、阿闍世王経、宝積経等の訳がある。
(76) 四世紀の河北出身僧。漢訳経典の目録化や出家者の規律の整備を行ない、中国仏教の発展に寄与。

（77）品《ぼん》はサンスクリット語 varga の音訳で、同じ種類のものの集合を意味し、書物の章、編をさす。
（78）仏説仏印三昧経とも。安世高の訳。一巻。大正大蔵経巻一五所収。
（79）安息国（パルティア）の王子出身という。支婁迦讖より約二〇年早く洛陽着。
（80）『民報』では経餘となっているが、高僧伝巻一によって訂正した。経録は道安の経典目録、すなわち綜理衆経目録をさす。
（81）『民報』では伝議となっているが、高僧伝巻一によって訂正した。
（82）般若道行品経。注（74）参照。
（83）般舟三昧経。支婁迦讖訳。三巻。大正大蔵経巻一三所収。
（84）首楞厳経。また首楞厳三昧経とも。二巻。支婁迦讖訳のものは消失し、現存するのは鳩摩羅什訳のもの。大正大蔵経巻一五所収。
（85）阿闍世王経。支婁迦讖訳。二巻。仏説阿闍世王経とも。阿闍世はマガダ国王アジャータシャトル（Ajātaśatru）。仏滅八年前に即位し、父王殺しの罪を懺悔して仏教に帰依したとされる。大正大蔵経巻一五所収。
（86）宝積経。支婁迦讖訳。一巻。大正大蔵経巻一二所収。
（87）章炳麟が引用符を付して記している文章「竜樹死後、不過百年」が何に拠ったのか判然としない。どうも姉崎正治『印度宗教史考全』東京、金港堂書籍、一八九八年、六二三ページの文章「羅什が五世紀の始に記して竜樹の死後百年を過ぎて南天竺諸国之を尊崇して廟を立てたりといへるは、蓋し羅什が自己より少しく以前の事実を記せるなるべく、其死が三世紀の末以前にあるは明なり」の文意を、章炳麟なりの理解によって抽出しようとしたもののごとくである。
（88）『民報』の原注では巻五となっているが、巻一〇の誤りである。
（89）佛教大学の同僚松田和信教授の教示によると、竜樹が大般若経六〇〇巻の梵文テキストの結集を行なったというようには一般に考えられていないということである。となれば、章炳麟の立論の前提そのものが崩れていたことになる。

補論一　唐・宋時代における中国とインド

はじめに

ハンガリー生れのイギリスの著名な中央アジア探検家、東洋学者のオーレル・スタインには大著『セリンディア』*Serindia* 全五巻があるが、その表題はギリシア語のセーレス Sēres とインドイ Indoi との合成語であること、著者がその序文で述べているところである。(1) セーレスは絹を売る人の謂いで中国人を意味するから、インド人を意味するインドイとともに合成されたセリンディアなる語は、「シナ-インド人」ないし彼らの活躍する場としての「シナ-インド」を表わしていたのであり、それによってスタインが中国とインドの両文化が交差する東トルキスタン地方を中心とした中央アジアを指そうとしていたことはいうまでもない。彼によると、このような呼称は紀元六世紀ごろのギリシア人歴史家プロコピウス Procopius の書にすでに見えるということであるが、ヘンリー・ユールによれば、古代ギリシアではセーレスでもっておおよそ中央アジアおよびそれ以東の地を概念的に示し、ローマの地理学者もこの語で中国を表わしていたという。(2) ともかく、西方では古くからセーレスが絹を商う人々およびその住地としての中国を表わしていたのであり、セリンディアはこのような中国の文化と、もう一方のインドの文化とが接する中央アジアの一帯を示す語であった。

これとよく似た地域名を示す語として「インドーシナ」Indo-Chinaがある。中国とインドとをセリディアとは逆につないだこの語が東南アジアのヴェトナム・カンボディア等を含む半島部をさす地域名であることは周知のところであり、これまた中国文化とインド文化とが広範に接する地帯であること、贅言を要しない。両国文化が陸路によって交差する中央アジアのセリンディアと海路によって交差する東南アジアのインドーシナ、これら双方の地方は、まことに「東西交通の要衝に当り、東西文化の交流を媒介した」地方であった。(3)

中国とインド。ユーラシア大陸の中央部と東南部という文化交流上の要衝の地名にまでその色濃い影をとどめているこれらアジアの二大文化圏の関係を、歴史的に究明していくことは大きな課題というべきであろう。小稿は唐代および宋代を中心にした両国の関係について、僅かながらもこれに照射を試みることを意図したものである。

一　漢訳インド名

唐初の貞観年間に西域・インドを求法巡礼した僧玄奘は、その旅行記『大唐西域記』巻一冒頭部において、贍部洲すなわちこの地上の四大地理区分を行なっていることはあまりにも有名である。曰く、「時に〔転〕輪王の運に応《あた》ること無く、贍部洲の地に四主有り。南は象主。則ち暑湿にして象に宜《よろ》し。西は宝主。乃《すなわ》ち海に臨み宝に盈《み》つ。北は馬主。寒勁（厳寒）にして馬に宜し。東は人主。和暢にして人多し」と。すなわち西アジアは海（内海も）に臨み宝に盈ちているが故に宝主国、北アジアは風土寒勁にして馬に宜しきが故に馬主国、東アジアの中国は気風温和にして人多きが故に人主国としたのに対して、南アジアのインドは暑湿の地にして象に宜しきが故に象主国としたのであった。簡にして要を得た鮮かな地理区分論という他ない。その象主国について、彼はつづけて「故に象主の国、躁烈《そうれつ》（行動的）、篤学にして、特に異術（特有の技術）に閑《まさ》る。服〔装〕は則ち横巾《おうきん》右《う》袒《たん》（布の横巻きと右肩抜き）し、首《うなじ》は則ち中髻《ちゅうけい》四《し》垂《すい》（頭頂に髻《もとどり》して囲りに垂らすこと）す。族類（共同体メンバー）邑居し（村落に住み）、室宇（家屋）閣を重ぬ（多層造りである）」とその風俗を概括的に紹介している。

さて今日でも普通に用いられるインドを印度なる漢字で表わす方式は、実はこの『大唐西域記』においてはじめて登場する。この巻二冒頭には次のような文がある。

夫《か》の天竺の称を詳《つまび》らかにせんに、異議糺紛たり。旧《ふる》くは身毒と云い、或いは賢豆と曰《い》う。今は正音に従い、宜しく印度と云うべし。印度の人、地に随《したが》って（地方毎に）国を称す。殊方の異俗（外国の習わし）、遙かに惣名（総称）を挙げ、其の美なる所を語って之を印度と謂《い》う。印度は唐にて月を言う。月に多名有り、斯《これ》其の一称なり。言わく、諸《もろもろ》の群生、転廻して息《や》まず、無明の長夜、晨《あした》を司ること有る莫《な》し。其《それ》、猶お白日（太陽）既に隠《かく》れ、宵の燭《ともしび》斯《これ》を継ぐがごとし。星光の照《ひかり》有りと雖も、豈《あ》に朗月（明月）の明に如《し》かんや。苟《いやし》くも斯の致《ゆえ》に縁り、因りて月に譬《たと》う。良《まこと》に其の土の聖賢、軌（軌範）を継ぎ、凡（凡俗）を導き物を御すこと、月の照臨（遍照）するが如きを以て、是の義に由りて、故に之を印度と謂う。

すなわち玄奘によれば、インドの漢訳名として古くは身毒、賢豆があったが、正音よりすれば印度が正しい。しかもこの印度はさまざまに異る地方毎の名称をくくる総称としてよしとされるものであった、というのである。そしてさらにその印度が実は月の一名称であったとして、そのやや詳しい説明を行なっている。この「印度」＝「月」説は義浄およびそれ以後の中国で広く見られたようであるが、インド側の文献から見る限りこれを裏付けるものは見当らない。これについては、玄奘が全くの架空事を伝えているとは考えられないところから、インドの俗語でこれに近い音による表示があったのではないか、との推測がある。(4) あるいはサンスクリット語で「月」を意味するチャンドラ（candra）の俗語チャンド（cand）が地域によっては「印度」に近く発音されていたのかもしれない。あるいはまた玄奘がインドで得た情報に、「印度」を「月」と説明するものがあったのかもしれない。いずれにしても、確定には困難を伴うようである。

古名とされる身毒がインダス川のサンスクリット名シンドゥ（Sindhu）の音写であることは疑いを入れない。同系統の漢訳名としては、申毒・新陶・新頭・辛頭・信度・信図・身豆・咽度《きど》などがある。このシンドゥがペルシア語に入って転訛したヒンドゥないしヘンドゥ（Hindu, Hendu）を音写したものが賢豆であった。同系統の漢訳名に乾篤・乾竺などがある。そしてこのヒンドゥがギリシア人の世界でさらに転訛してインドス（Indos）となり、インドゥ（Indu）となって、これを音写した漢訳名がさきほどの印度なのである。これと同系統の漢訳名に印土・印第亜・印特伽その他がある。(5)

以上のような三系列の漢訳名の他に、第四の系列として天竺がある。この漢訳名は印度とともに、わが国でも広範囲にわたって使用されてきた。杉本直治郎氏の研究によると、(6)この系統に属する漢訳名の天篤がすでに『漢書』巻九六下の西域伝に出ており、『山海経』巻一八海内経には天毒、『後漢書』巻一一八西域伝には天竺、そして『梁書』巻五四海南諸国伝には「身毒は即ち天竺。蓋し伝訳の音字同じからざるも、其の実は一なり」とある。これはサンスクリット語のシンドゥがビルマ語に入ってティンドゥ（Thindhu, Tindhu）に転訛し、それがいわゆるビルマ－雲南ルートによって中国に伝わり、漢字でこのように写されるようになったものではないか、との推定がなされている。この系統に属す漢訳名としては、他に天督・天豆などがある。(7)

漢訳インド名としては、以上のように都合四系列があることになるが、それでは逆にインドでは中国名をどのように表わしていたのだろうか。サンスクリット語でも、パーリー語等の俗語（プラークリット）でも、中国はチーナ（Cīna）とされ、ヒンディー語やウルドゥー語の如き近代言語でも、語末の母音が脱落してチーヌ（Cīn）となるが、基本的には同じである。これは秦からきたことばであること、明白である。そしてこのような表示法をとるサンスクリット文献等が漢訳されると、今度はそれが支那・至那・止那・致那・指那などと表記されることが多かった。また震旦《しんたん》は「チーナの国」を意味するチーナ・スターナ（Cīna-sthāna）を音写したものと考えられ、この系統に属する表記として真旦・真丹・振旦・振丹などがある。(8)

二　中国・インド間の主要な交通路

さきに触れたヘンリー・ユールは、中国とインドとの間の交通路について、『史記』巻一二三の大宛伝を引きながら、羌を通るものと、匈奴の地を通るものと、四川を通るものの三つのルートを紹介している。そしてこのうち羌を通るルートが最も危険であり、四川を通るルートが最も安全である、とした。(9)

さてその『史記』大宛伝には、次のように記されている。

> 〔張〕騫曰う。臣、大夏に在りし時、邛《きょう》（四川省邛崍《きょうらい》地方）の竹杖と蜀の布を見れり。問いて曰く、安《いず》くより此を得しやと。大夏の国人曰く、吾が賈人（商人）往きて之を身毒に市《もと》めり。身毒、大夏の東南数千里可《ばかり》に在り。其俗、土着（定住）し、大いに大夏と同じ。而して卑湿暑熱なりと。〔また〕云わく、其の人民、象に乗りて戦う。其国、大水（大河）に臨めりと。〔張〕騫を以て之を度す（測る）に、大夏漢を去ること万二千里にして、漢の西南に居《あた》る。今、身毒の国、又大夏の東南数千里に居り、蜀の物有り。此《これ》、其の蜀を去ること遠からず。今、大夏に使いせんに、羌中の険従《よ》りすれば、羌人之を悪《にく》む。少《やや》北よりすれば、則ち匈奴の得る所と為《な》る。蜀従り宜しく径《すぐ》るべし。又寇（略奪）無からんと。

このように、この記述部分はヘンリー・ユールのいうような中国・インド間の交通路について直接述べたものではなく、実は中国から大夏つまりバクトリアに至る道について、張騫の考える三つのルートを述べたものである。とはいえ大夏はガンダーラ地方の西北に連なるところにあり、インドに比較的近接しているところから、この三ルートを中国・インド間の交通路として敷衍して考えることも、あながち否定することはできない。すなわち、匈奴のいる地方を通って大夏に至るいわゆる北方通路を措くとすると、チベット系の羌族が支配している青海地方を通り大夏に至る道が、羌族の妨碍を受けて危険であるのに対し、蜀地方を通りインドに出て大夏に至る道は、節高の邛竹の杖や布など蜀の物産がインドで買付けられて大夏の地で見られたように、緊密にして安全であろう、というのが張騫の意見であった。一方、北方通路を通って中国より大夏に到りさえすれば、そこからインドに至ることは、さして困難ではない。

唐代の中国から四方の諸外国に通ずる最も重要なルートとして七つあったことについて、『新唐書』巻四三下地理志には次のように記録されている。「其の四夷に入るの路の関戍《かんじゅ》（関門の衛所）走集《そうしゅう》（辺境の塞《とりで》）に与《あずか》る最要の者七あり。一に営州入安東道と曰い、二に登州海行入高麗渤海道と曰い、三に夏州塞外通大同雲中道と曰い、四に中受降城入回鶻道と曰い、五に安西入西域道と曰い、六に安南通天竺道と曰い、七に広州通海夷道と曰う」と。このうち最後の二つがインドへ至る陸海の道である。張騫が触れていなかった海上の道が広州を起点にして出ており、それがインド、さらに西方の西アジア方面へと通じていたことはいうまでもないところである。六番目の安南つまりハノイ方面から陸路インドに至る道は、張騫が指摘したルートとはやや異なるようであるが、この場合も、安南から紅河に沿って遡上して一旦大理、永昌方面に出、そこから上ビルマを経て東北インドのアッサムにある迦摩縷波（Kāmarūpa）

国に至るもので、蜀を通ずるルートと重なるところが多かったものと思われる。(10)

仏教徒の所伝をもとにして中国・インド間の交通路を論じたものに福原亮厳氏の研究がある。(11)それによると、中国とインドを結ぶルートは陸海合して、次の如くおよそ六つあった。第一は天山北路を経るもので、イシック・クル湖の北側を通りタラス、タシケントを横ぎり、南下してアフガニスタンからインドに至るルートである。玄奘の往路がほぼこのルートに当る。第二は西域南道を経るもので、タリム盆地西端部のヤルカンド川を上り、タシュクルガンからワハン渓谷に抜け、そこから西方のトハリスタンや南方の西北インドに向うルートである。法顕の往路や宋雲・恵生の往還路、玄奘の帰路が大体このルートをとっている。中国・インド間の陸上ルートとして古来最もよく用いられたものである。第三は于闐（ホータン）からラダック地方を経てカシュミールに入る捷径路であって、このルートをとる場合は五千メートル級の高峻な峠を越さなくてはならなかったので、ここを通る僧は多くなかった。第四はチベット・ネパールを通ずるルートである。インド側からいえば、ネパール東部からラサに出て、そこからいわゆる入吐蕃道を通って青海地方に抜け、中国中原部に至るものと、ラサから東に道を取り、昌都（チャムド）を経るものとの二つがあり、玄照の帰路は前者、継業の帰路は後者であった。(12)第五は雲南、ビルマを通ずるいわゆる滇緬ルート、ないしビルマ－雲南ルートである。そして第六は海上の道であって、広州より出発する例が最も多かった。義浄ならびにセイロン出身の不空（Amoghavajra）は往路帰路ともにこの道をとった。法顕の帰路が海上ルートをとったことも、また周知のところである。福原氏のあげたこれら六つのルートのうち、第五、第六のそれが『新唐書』にいう「安南通天竺道」と「広州通海夷道」にそれぞれ近い。

一方、中国の金克木氏はその小冊子のなかで、(13)中国からインドに至るルートに大きくみて三つの方面のあることを指摘していた。すなわち、第一は新疆から今日のタジキスタン・アフガニスタン国境地方を経て、パキスタンないしインド西北部のカシュミール地方を通り、インドに入るルートであり、第二は海路南洋に向い、ベンガル湾に入って、インド東南部に至るルートであり、第三は中原より西南方面に進み、雲南・ビルマを経てインド東北部に至るルートであった。彼はこれら三つのルートの他に、いわば第四のルートとして、中国からチベット・ネパールを経てインドに至る道のあったことも併せて述べ、唐代には吐蕃を通してインド系文物がこのルートから多数中国にもたらされていたことも指摘していた。

以上、中国とインドとの間にあった伝統的な交通路について、いくつかの史料や見解を紹介した。それらの間には、視点や力点のおき方の違いにより、多少の差違も存在した。ここで、唐・宋時代にあった中国・インド間の主要交通路を強いてまとめてみるならば、大略して次の五つが存在したといえよう。すなわち、天山北路からバクトリア北方に出て西北インドに至るルート、西域南路からカシュミールを経てインドに至るルート、入吐蕃道によってチベット・ネパールを経てインドに至るルート、中国西南部から雲南・ビルマ北部を経てインド東北部に至るルート、それに海上よりインドに到達するルート、この五つである。

三　唐・宋時代のインド

中国の唐から宋にかけての時代、一方のインドはどのような歴史を経つつあったのであろうか。[14]古代的諸特徴をなおもっていたグプタ朝が六世紀の半ばごろに崩壊すると、北インドにはしばらく強力な政権が見られなかったが、七世紀の初頭ハルシャ・ヴァルダナが登場し、再び統一事業を開始した。カニヤークブジャ（カナウジ）に都をおいたヴァルダナ朝の発展である。この王の在位中は中国の初唐に当り、玄奘がインド巡礼に訪れたのも、丁度このころであった。ところが王が六四七年死去すると、王位は大臣出身の簒奪者アルナーシュヴァ（Arunāśva またはアルジュナ Arjuna 漢訳名は阿羅那順）の手に移った。中国側の記録によると、このころ中国側の使節として訪印中であった王玄策は吐蕃およびネパールの援軍をえて、ついにアルナーシュヴァ一派を征討してしまったが、それとともに王国はまたもや深い分裂に陥ってしまった。[15]

これより以後北インドおよび西インドには、尚武のクシャトリヤをもって自任するラージプート人が活躍し、各地に地方政権を樹立していく。十二世紀末にイスラーム教徒の遠征者たちが本格的なインド侵寇を始めるころまで、彼らの活動が顕著であったところから、その間の時代をインド史上ラージプート時代と呼ぶことがある。とりわけ、彼らが八世紀の前半、カナウジを都にして創立し、北インドに覇をとなえたグルジャラ・プラティハーラ朝と、八世紀の半ばにデカン地方に創立したラーシュトラクータ朝はいずれも強力であった。これら二国が、同じく八世紀の半ばベンガル地方を本拠にして成立した仏教系パーラ朝と並んで鼎立、抗争する、いわゆる三国時代がおよそ二世紀間近く続くことになる。

中国に中央集権的な独裁君主制の宋朝が成立するのと丁度同じころの九六二年、インド西隣のアフガニスタン高原には、トルコ系のイスラーム政権ガズナ朝が成立した。この王朝の第七代王がマフムード（在位九九八—一〇三〇年）で、彼は十数次にわたるインド遠征を行ない勇名を馳せた。彼の率る遠征軍は、北インドの都城カナウジを一日にして陥落させるありさまであった。その結果、グルジャラ・プラティハーラ朝は瓦解して、小国が数多く分立することとなり、パーラ朝もその余波を受けて間もなく二分してしまった。また南のラーシュトラクータ朝は、これより先にすでに後期チャールキア朝のところとなっていたが、この後期チャールキア朝もまた北インドの政治動向に連動するかの如く、十二世紀になると三分してしまう。イスラーム教徒の遠征がインドの政治世界に与えた衝激の大きさを、これらの諸事例によって窺うことができよう。

さらに十二世紀の半ばに、アフガニスタンではガズナ朝の後を襲って同じくトルコ系イスラーム政権のグール朝が成立し、この王朝のムハンマド・グーリー（在位一一七三—一二〇六年）もインド遠征に積極的にのりだした。一一九二年、彼の軍勢はラージプート連合軍をデリー西北のタラーイーンの地で破り、ついで彼らは北インド一帯をつぎつぎと席巻して、ついに一二〇六年には彼の部将アイバクがインド最初のムスリム政権をデリーに成立させた。

このようなグプタ朝の崩壊からムスリム政権成立までに至るインドの歴史において、とりわけ大きな文化史上の特徴の一つは、仏教の衰退である。仏教史上、七世紀ごろ以降は通例、後期大乗仏教の時代とされるが、この時代の仏教はタントラ的象徴主義を重視する密教的性格を強くもっており、ヒンドゥー教との差が著しく狭ばまってきた。またヒンドゥー教は民間のさまざまな信仰対象を包摂し、習合して、次第に体系化され、ついには密教化した仏教をもその教義のなかにとりこんでしまいかねない勢いであった。そして仏教衰退に決定的打撃となったものが、イスラーム教徒の遠征軍による仏教系パーラ朝の倒壊であった。

またこの時代には、身分制が緩慢な再編過程を経、カースト制、すなわちジャーティ制が形成されていく。こうして形成されたカースト制＝ジャーティ制がいわば中世的身分制として、再編された宗教イデオロギーとしてのヒンドゥー教と深く結びついていくのである。

おわりに

以上、唐・宋時代における中国とインドとの関係について、これを詳しく検討していくためのいわば前提作業として、インドの漢訳名、中印交通路、および当時のインド世界について触れてみた。こうした作業を踏え、然る後、当時の中国・インド両国および両文化の関係の具体的な姿を明かにしていく必要があろうが、しかしそれはこの小論のよく果しうるところではない。ここでは若干の問題点と方向を指摘することのみにとどめて、一応の区切りをつけておくことにしておきたい。

ところで、インドから中国への文化伝播に対し、その逆の中国からインドへの文化伝播に関しては、「インドに及ぼしたシナ文化の影響のあとについては、殆ど何事も伝えられていない。インド人は西方のイランやギリシアの文化を豊富に摂取したにもかかわらず、シナの文化を殆んど摂取しなかったのは、どうしたことなのであろうか[16]」との疑問が出されたことがあった。果して、インドは本当に中国文化を摂取することが殆どなかったのであろうか。

中国・インド間を往来した人物は、当時も少なくない。とくに五世紀以後、天竺、獅子国（セイロン）および周辺諸国から中国に来った僧侶や使節は多くなる。真言の五祖とされるうち、金剛智、善無畏、不空の三人はインドおよびセイロン出身の僧であった。また中国からの入竺求法僧は、それ以上に多い。先に触れた王玄策のような武人の場合は、むしろ例外的であった。また中国を訪ねた矩摩羅・迦葉・瞿曇のような天文家や、医師、方士も少なくない。竺姓をとる人は僧俗ともに中国に存在した。

このような人物往来とともに、文物の往来もまた重要であった。とくに中国で発明された製紙法および印刷術のインドへの伝播は、まことに興味深い問題である。紙については、七世紀末の義浄の入竺のころ、すでにインドにこれがあったことは確実であるとし、貝葉の使用が盛んであったインドでも十一世紀末以降紙の写本が次第に多くなる、とする見方があるが[17]、これらの点は今後さらに検討していく必要があるように思われる。印刷術についても、古くは藤田豊八氏が中国におけるその発達に、インドの仏教徒の間にあった印像の風習の影響があったことを指摘していたが[18]、このこともどのように考えればよいのか今後さらに検討を要しよう。

ともかく、唐・宋時代の中国・インド関係については、今後なお十分に検討してみるべき重要な課題の多いことだけは確実である。

注

（1） Aurel Stein, *Serindia: Detailed report of explorations in Central Asia and westernmost China*, Vol. I, Oxford, 1921, reprint, Delhi, 1980, introduction, p. viii.

（2） Henry Yule, *Cathay and the Way Thither: Being a collection of medieval notices of China*, 2 vols., London, 1866, revised ed. by Henri Cordier, 4 vols., London, 1915–16, Vol. I: *Preliminary Essays on the Intercourse between China and the Western Nations previous to the Discovery of the Cape Route.* 鈴木俊訳編『東西交渉史――支那及び支那への道』帝国書院、一九四四年、覆刻版、原書房、一九七五年、三三ページ。

（3） 羽田明「東西文化の交流」『岩波講座世界歴史』六、一九七一年、同『中央アジア史研究』所収、臨川書店、一九八二年、二九三ページ。

（4） 中村元『インド古代史』上（『中村元選集』5）、春秋社、一九六三年、七ページ。

（5） 望月信亨『望月仏教大辞典』再版、世界聖典刊行協会、一九五四年、第一巻、一八五ページ、および織田得能『織田仏教大辞典』新訂版、大蔵出版、一九五四年、九六ページ参照。

（6） 杉本直治郎「〝天竺〟名中国伝来経路考――ルートとなったビルマの名の検討をも兼ねて」、同『東南アジア研究』I所収、日本学術振興会、一九五六年。

（7） 田中於菟彌「天竺名義考」『中央大学文学部紀要』九、一九五七年、一〇三―一〇九ページは、杉本氏の天竺＝ビルマ語転訛説に懐疑的で、天竺の天はケンの音を写したのではないかと考えられるとして、これが第二系列の賢豆に近いとの見解を示している。また竺はサンスクリット語末尾のヴィサルガ（ḥ）を写すために用いられたのではないか、との新しい見方を提案している。

（8）前掲『望月仏教大辞典』再版第三巻、一九五七年、二〇七七ページ、ならびに赤沼智善編『印度仏教固有名詞辞典』法蔵館、一九六七年、一三〇―一三一ページ参照。

（9）ヘンリー・ユール、前掲翻訳書、一三二ページ。

（10）唐代の中国によりインドに通ずるこれら陸海二つのルートの詳しい検討は、石田幹之助『南海に関する支那史料』生活社、一九四五年、一四二―一四五ページ、さらに Paul Pelliot, "Deux itinéraires de Chine en Inde à la fin du VIIIe siècle," *Bulletin de l'Ecole Française d'Extrême-Orient*, V-1・2, 1904, pp. 131-413. およびこれの馮承鈞による漢訳『交広印度両道考』上海、一九三三年、参照。

（11）福原亮厳「中国印度間の仏教徒の交通路」『印度学仏教学研究』Ⅲ―一、一九五四年、二八九―二九一ページ。

（12）この交通路に関しては、佐藤長『チベット歴史地理研究』岩波書店、一九七八年が最も精密を極めて論じている。精細な付図もあり、「唐代における青海・ラサ間の道程」の一章も収められている。また木村肥佐生『チベット潜行十年』毎日新聞社、一九五八年、のち中公文庫、一九八二年も、内蒙古から入吐蕃道をほぼ踏襲してラサへ、さらにインドへ至った紀行文で、参考になる。著者はチャムドに至るルートも踏査している。

（13）金克木『中印人民友誼史話』北京、一九五七年、一〇―一一ページ。

（14）この時代を明解に論じた論文として、山崎利男「11―13世紀北インドの国家と社会」『岩波講座世界歴史』一三、一九七一年、同「インドにおける中世世界の成立」『中世史講座』一、学生社、一九八二年を参照。また近藤治『インドの歴史』講談社、一九七七年、一二〇―一三六ページ参照。

（15）王玄策の数度に及ぶインド遣使をはじめとする事蹟については、これを詳しく紹介した著書が比較的最近に公にされた。孫修身『王玄策事蹟鉤沈』（西域仏教研究叢書）新疆人民出版社、一九九八年、である。

（16）中村元『東西文化の交流』（『中村元選集』9）春秋社、一九六五年、一〇七ページ。

（17）季羨林「中国紙和造紙法輸入印度的時間和地点問題」『歴史研究』第四期、同『中印文化関係史論叢』所収、北京、一九五

七年、一二六―一二七ページ。しかし小西正捷「インドの古文書料紙と製紙技術の成立」『山本達郎博士古稀記念東南アジア・インドの社会と文化』上、山川出版社、一九八〇年、四六八ページによると、写本の材料として紙が一般的となるのは、インドの中北部と西部で十五世紀以降、ベンガルなどではさらにずっとのちのことである、という。

(18) 藤田豊八「仏徒の印像について」『東西交渉史の研究　南海篇』所収、荻原星文館、一九三二年、覆刻版、国書刊行会、一九七四年、同「支那印刷の起源につきて」『剣峰遺草』所収、一九三〇年、覆刻版、国書刊行会、一九七四年、参照。

補論二　慈雲尊者二題

一　梵学研究の先達

この正月（二〇〇一年）の初詣《もう》でに東大阪市の長尾の滝にある天龍院を訪ねた。近鉄奈良線の額田《ぬかた》の駅で降りて生駒山を登ると、その中腹にある。ここは近世中・後期の高名な学僧である慈雲尊者（一七一八―一八〇四）が滝の上に双龍庵を結び、四十歳代を梵《ぼん》学の研究に没頭したところだ。もう何度も訪れたところだが、今回は幸いに信太覚教住職の説明を受けることができた。

慈雲尊者は、宗派の違いを越えて本来の正しい戒律の復興を主唱した高僧として、また能書家としても名高い。双龍庵（禅那台）は現在、東大阪市高井田の長栄寺に移築されているが、双龍庵跡を示す石柱碑が滝上の大岩の横に建てられている。これまではそこに双龍庵があったものとばかり思い込んでいた。しかし本当の双龍庵のあった場所は、そこからさらに山上に向かってしばらく登ったところにある。住職の案内で、それを確かめることができた。ここならば、眼下に河内平野とその向こうに広がる大阪湾が一望のもとに開け、尊者が「紅葉《もみじ》にまがふ淡路島やま」と詠んだことがなるほどとうなずける。

今回は、長尾の滝に至る生駒山麓《ろく》の不動寺跡も訪ねてみた。この寺は慈雲尊者が中興した葛城山中の高貴寺の末寺であったが、明治初期に廃寺となり、その寺域には現在浄土宗の重願寺が移設されている。双龍庵にこもる直前の二カ月間余り、尊者はこの不動寺において義浄の『南海寄帰伝』の注釈に集中し、精細な『南海寄帰伝解纜鈔《げらんしょう》』七巻を著した。東洋史学の先達内藤湖南博士が『先哲の学問』において称賛された書である。境内に現存する尊者の遺跡としては、尊者染筆の近衛前久の歌碑があるのみである。

慈雲尊者が双龍庵時代十余年の間にものした大業が『梵学津梁《しんりょう》』一千巻であった。これには、日本に伝来する、梵字を刻んだ椰子の葉の貝多羅葉《ばいだらよう》からはじまって新井白石の『采覧異言』に至る、当時梵学研究の津梁（手引き）として利用可能なあらゆる文献類が七部に分けて網羅されている。梵学、つまり今でいうサンスクリット学や広くインド学一般に関するこの百科全書的な大業について、新村出博士は一九五三年の尊者百五十年遠忌記念講演会のあいさつで、塙保己一の『群書類従』に匹敵する近世日本最大の偉著遺編と激賞された。また内藤博士は、『梵学津梁』によって日本の梵学は中国よりも進んだと道破して、その早い公刊を希望された。

私はムガル朝時代の近世インド史を研究しているが、同時に、このころの日本人がインドをどのように認識していたのかという点についても、かねてから多少の関心をもっていた。慈雲尊者のみならず、これまでに尾張藩士出身の地誌学者朝夷厚生（一七四八―一八二八）の事績やその著『仏国考証』についてもいささか調べ、また最近では、土浦藩士出身の蘭学者山村才助（一七七〇―一八〇七）がオランダ語の地理書から翻訳したインド地誌の書『印度志』についても調べている。外国情報が極端に制限されていた鎖国下にあっても、尊者をはじめとするこうした人々がインド認識を深めるために並々ならぬ努力を払っていたことを知り、身のひきしまる思いがする。

インド認識の基礎となる梵学研究に新紀元を開いた尊者の草庵跡を訪ね終えて、寒風のなかを下山しながら考えた。間もなく二百年遠忌を迎えようとする尊者が、もし今も在世中であれば、今日のインド研究をどのように見られるであろうかと。

二　晩年の慈雲尊者

慈雲尊者は明和八年（一七七一）五十四歳のとき、信者たちの懇請を受けて京都西ノ京の阿彌陀寺に住持し、正法律弘通の道場としてこれを中興した。阿彌陀寺時代は五年間と比較的短いが、この間、貴賤道俗来りて法を問う者多し、という有様であった。尊者の主著『十善法語』一二巻が成った時代としても重要である。尊者は安永五年（一七七六）二月、阿彌陀寺を去って葛城山中腹の高貴寺に遷る。尊者晩年の三〇年近いこの高貴寺時代は、弟子の明堂諦濡が尊者略伝のなかで述べているように「或は戒を京師に授け、或は法を浪華に説き、寧居に遑《いとま》あらず」といった状態で、京都や大阪にある寺に赴いて法話を説くこともしばしばであった。京都に年に一、二度上ると、阿彌陀寺を訪れるというのが尊者の常であった。文化元年（一八〇四）八十七歳の高齢の年、養生のため上京して阿彌陀寺に住すが、十二月この寺にて遷化した。

このように阿彌陀寺は晩年の慈雲尊者と非常に関係の深い寺であるが、明治七、八年頃に廃寺となり、本尊の地蔵菩薩と阿彌陀寺過去帳一巻は西賀茂の神光院に移された（全集首巻二八六ページ、第一七巻五六〇ページ）。私は尊者が出家した法楽寺や晩年の高貴寺をはじめとして尊者所縁の寺院を努めて訪ねるようにしてきたが、まだ阿彌陀寺跡を訪ねたことはなかった。そこで今年（二〇〇〇年）四月のある日、佛教大学の大学院生池田昌広君を誘って寺跡探訪に出かけた。慈雲尊者を現代に顕彰する仕事を一貫してされてきた帝塚山大学の木南卓一先生の著書『慈雲尊者』（昭和五十五年）には、所在地が西ノ京鹿垣町とのみ記され、寺門の写真が載せてあるが、なかなか訪ね当てることができない。一帯をぐるぐる歩き回っていたところ、運よく池田君が「元阿彌陀寺跡　慈雲尊者遷化之霊地」と刻した石碑を見つけてくれた。この石碑は、天神筋道に面した京和幼稚園の正門横に位置しており、両側面には有志者として神光院、長福寺、三宮寺、地福寺、鳩居堂、教行院が列記され、裏面には大正十一年七月廿二日建之と刻されている。幼稚園の三宅園長の説明によると、石碑はもと同園の敷地内にあったものを移したとのこと。また同じく敷地内にあった阿彌陀寺の門は、その一部が近くの成等院に移築されていることも教えていただいた。

引き続き早速、成等院を訪ねてみると、住職の石橋真誠先生ご夫妻が親切に説明して下さった。慈雲尊者真筆とされる扁額「仁者寿」（仁ある者はいのちながし）のかけられた仏殿の間でお聞きしたところによりると、阿彌陀寺の門の梁が成等院の門の梁として今も使われているということであった。また父君の石橋誠道先生は佛教大学の前身、佛教専門学校の校長（第六代、昭和十七年五月～昭和二十年三月在任）の任に就かれ、ご自身も佛教大学に出講され現在は京都文教短期大学の名誉教授になっておられることも教えていただいた。慈雲尊者を通してえられた仏縁の浅からぬことを実感した次第である。

さて、晩年の慈雲尊者を彷彿させる好個の記録としては、大阪の俳人流水、前田旦住が残した記述がある。その一端を紹介すると、「御年は古稀をこへて鬚髪《しゆはつ》皤然《はぜん》として雪のごとし。遠く望めばその威おそるべく、近くすゝめば慈愛の心御ことばにあらはれて久敷《ひさしく》膝下に侍するがごとし」と述べている。また「その言語誠実にしてかざりなく、衣服と住処とは人のあたふるまゝにてつとめて倹にしたがひ、人に応対し玉ふはただ一実にして富貴貧賤の差別なく、凡そ人の一善をみれば衆悪をわすれ、他の長所をとりて短をみ玉はず。故に尊者にむかふ者は自ら我慢高貢の心も我執偏執の心もわすれて真実帰依の心をおこす」とも述べている（全集首巻、一〇二、一〇四ページ）。尊者の風貌、人柄を見事にとらえた文章といえよう。

慈雲尊者といえば、誰でも先ず思い浮べるのが日本におけるサンスクリット語研究の先駆者ということである。実際、生駒山中長尾の滝の双龍庵において尊者が四十歳台に心血を注いでまとめた『梵学津梁』七部一千巻は、欧米の本格的サンスクリット語研究の開拓者となったウィリアム・ジョーンズ（一七四六―九四）の仕事よりも早く、鎖国下の困難な条件を考えれば、誠に驚異的な業績である。私も若いころから高貴寺に何度か足を運び、その膨大な写本を実見したことがあるが、この大業は尊者の全集一九冊には収録されていない。尊者のサンスクリット語研究が晩年になっても衰えをみせなかったことは、示寂の前年八十六歳のとき『理趣経講義』三巻を著わし、そのなかで漢文で書かれた経文の多くをサンスクリット語に復元するという難業を果たしているのを見ても、全く明らかなことである。

慈雲尊者は修行時代に京都に遊学して儒学を勉強したこともあるが、晩年には独自に神道の研究も深めた。また『梵学津梁』第七部雑詮にはサンスクリット語研究の参考になるものとして、法顕の『仏国記』や玄奘の『大唐西域記』をはじめとして、新井白石の『采覧異言』や、また泰西輿地図説、はては蒙古字や和蘭字、韃字なども収められている。さらにまた、小石元俊という蘭方医の二十余年間にわたる参禅を受けていた。こうした世界地理書の繙読や、西洋事情に詳しい蘭方医との交流によって、尊者の眼は広く世界に対しても見開かれていたことは間違いない。まことに尊者は、時代を突き抜けた偉大な高僧であり傑出した知的巨人であった。

あとがき

本書は、朝夷厚生の『仏国考証』、山村才助の『印度志』、章炳麟のインド論・仏教論のそれぞれについて、解説と校注を行ったものであり、これに唐・宋時代の中国・インド関係および慈雲尊者に関する小編を付載した構成をとっている。この書に『東洋人のインド観』なる書名を冠したのは、はしがきでも述べておいたように、近世の日本や近代の中国の先駆的知識人たちがインドをどのように見、どのように認識していたかを、彼らの著述を通して紹介してみようと考えたからである。

朝夷厚生、山村才助、章炳麟の作品を本書で読まれて、読者は一体どのようなインドの像を結ばれるのであろうか。三者はそれぞれ視点も異なれば力点の置きどころも異なっており、しかもインドは芒漠たる広大さを有し多様性に満ちみちている。従って彼らの作品から統一的なインドの像を明確に描くことには、そもそも無理があるようだ。むしろさまざまなインドの像が少しずつずれながら重なり合い、輪郭の緩やかな全体像が描かれるというのが実情に近いのではないかと思われる。本書のような構成をとる限り、それはやむをえぬことであると私は考える。

私が朝夷厚生や山村才助、慈雲尊者に関心を深め、彼らに関する論文や小文をインド史研究の傍らポツポツと書いてきたのは、ここ二〇年ほどのことである。ムガル朝時代の歴史研究を進めている際に、同時代の日本の知識人たちは西方浄土思想や三国思想を越えてこのインドをどのように理解し観察していたのだろうか、知りうるものならば知ってみたいとの思いがあったからである。また章炳麟のインド論をまとめて紹介してみたいと思った直接的なきっかけは、学生時代に章炳麟のインド論の存在を教えてくださった島田虔次先生が予期せず逝去されたことであった。近代中国の革命派知識人を代表する章炳麟のインド論は、同時代の中国知識人たちに比べ突出して先鋭的なものであったが、それは島田先生がつとに指摘されていたように決して皮相な政治主義的思考に由来するものではなく、深いインド理解、仏教理解に根ざしたものであった。彼の深遠な仏教理解の程を示すには、やはり『民報』に発表していた長大論説「大乗仏教縁起考」を紹介するのが一番よい方法であるが、それを果たす余裕のなかったのは残念なことである。

今回は、朝夷厚生の『仏国考証』と山村才助の『印度志』の校訂テキスト、並びに章炳麟のインド論・仏教論の読み下し文をできるだけ正確に紹介することに主眼をおき、それぞれの現代語訳を併載することはしなかった。本書第一部で行なった解説や第二部の各作品の校注に際して付した注記等を参照して読んでいただければ、読者はそれぞれの作品をおのずとよく理解していただけるものと信じている。とはいえ注記すべきでありながら、調査不足のためなお未詳とせざるをえぬ用語がいくつか残ってしまった。読者諸賢のご示教をえることができれば幸いである。

本書のもとになった論文や小編を本書の構成順に掲げると、次の通りである。

(1)「近世後期のインド地誌(一)――朝夷厚生と『仏国考証』について」(『追手門学院大学文学部紀要』第

二〇号、一九八六年）

(2)「二十世紀初頭のインドと中国――章炳麟を中心にして」（『鷹陵史学』第二九号、二〇〇三年）

(3)「朝夷厚生『仏国考証』校注――近世後期のインド地誌(二)」（『追手門学院大学二〇周年記念論集―文学部篇』、一九八七年）

(4)「山村才助『印度志』校注――近世後期のインド地誌(三)」（『鷹陵史学』第二六号、二〇〇〇年）

(5)「山村才助『印度志』校注（承前）――近世後期のインド地誌(四)」（『鷹陵史学』第二七号、二〇〇一年）

(6)「章炳麟のインド論について」（『鷹陵史学』第三〇号、二〇〇四年）

(7)「章炳麟の竜樹菩薩生滅年月考について」（『鷹陵史学』第三一号、二〇〇五年）

(8)「唐・宋時代における中国とインド」（今井宇三郎編『唐宋思想文化の総合的研究――特にその形成と展開』追手門学院大学、一九八三年）

(9)「梵学研究の先達」（『京都新聞』二〇〇一年一月二十四日朝刊、文化欄）

(10)「晩年の慈雲尊者」（『法輪』第八号、二〇〇一年）

これらの論文や小編をもとにして本書に編むに際しては、初出時にあった誤記・誤植を正すとともに、書形に合わせて必要な修訂と補筆を行なったが、それでもなお思わぬ不備があるかもしれぬことを密かに恐れている。この点でも読者諸賢のご批正を賜れば幸いである。

本書を準備するに際し、前任の勤務校追手門学院大学の附属図書館、現在の勤務校佛教大学の附属図書館はいうにおよばず、次の図書館、研究機関からも多大の便宜を受けた。それらは国立国会図書館、国立公文書館内閣文庫、東京都立中央図書館、東京大学中央図書館、東洋大学附属図書館、名古屋大学附属図書館、京都大学附属図書館、同文学部図書館、同人文科学研究所図書館、大阪大学附属図書館、大阪府立中之島図書館、岡山大学附属図書館である。ここに記して感謝の意を表する。また本文中や注記のなかで記しておいたように、本書準備中実に多くの方々から支援と教示を忝なくした。なかでも愛知県一宮市在住の朝比奈秀氏は、朝比奈家当代として厚生研究に種々の便宜と教示を与えて下さった。東京大学の山崎利男教授（現名誉教授）は、山村才助に『印度志』のあることをはじめて教えて下さり、才助関係やそれ以外の日印交流に関しても多くの教示を与えて下さった。長崎県立大学の長島弘教授は、ヒューブナーの世界地理書オランダ語版の一七五六年版と一七六九年版のなかから『印度志』相当部分をアムステルダム大学所蔵本より複写コピーして恵送する労を取って下さった。ここに重ねて記し、三氏に改めて厚く御礼申し上げる。

汲古書院の代表取締役石坂叡志氏は、本書の出版を快く応諾して下さった。また編集部の小林詔子さんは、私の読み辛い原稿を見事に一書に編集し上げて下さった。最後になったが、この場をかりて両氏に厚く御礼申し上げる。巻末の参考文献一覧は八木浩子さんに作成していただいた。

本書の出版は、二〇〇六年度佛教大学出版助成を受けてなされたものである。

二〇〇六年六月二十八日

近藤　治

著者略歴

近藤　治（こんどう　おさむ）

1939年　兵庫県に生まれる。
1962年　京都大学文学部史学科東洋史学専攻卒業。
1966年　パキスタン国パンジャーブ大学史学科博士課程留学（1969年まで）。
1970年　京都大学大学院文学研究科博士課程単位取得退学。
追手門学院大学文学部講師、助教授、教授を経て
現　在　佛教大学文学部教授、追手門学院大学名誉教授、博士（文学）。

主要著書

『インドの歴史』（講談社現代新書、1977年）
『インドと中近東』（共著、河出文庫、1990年）
『インド史研究序説』（世界思想社、1996年）
『現代南アジア史研究――インド・パキスタン関係の原形と展開』（世界思想社、1998年）
『ムガル朝インド史の研究』（京都大学学術出版会、2003年）

東洋人のインド観

平成十八年十月三十日　発行

著　者　近　藤　　治
発行者　石　坂　叡　志
印刷所　中台整版
　　　　モリモト印刷

発行所　汲　古　書　院
〒102-0072　東京都千代田区飯田橋二－五－四
電　話〇三（三二六五）九七六四
FAX〇三（三二二二）一八四五

ISBN 4－7629－2776－7　C3025

索　　引

事項・地名索引

事項・地名索引については、単純50音順に排列した。
地名の難読字には〔　〕に読みを付した。

ア行

アーディル・シャーヒー朝 183
哀利蓬大学 201
哀牢国 179
アカラ 121
アガラ 122
亜瓦剌〔アガラ〕 77,78
亜瓦羅〔アガラ〕 79
阿拘遮〔アクシヤ〕 71
亜州和親会 49,56,227
阿恃多代底河〔アジトバチカ〕 93
アセム 155
亜斉〔アセム〕 185
亜当斯山〔アダムスザン〕 68,98
アダムスブリユック 148
阿那婆答多〔アナバダッタ〕 101
阿耨達山〔アノクダセン〕 72
阿耨達〔アノクダツ〕 71
阿耨達池 71,72
アハ 156〜159
阿馬港〔アマカオ〕 166
阿彌陀寺 249,250
アムダバット 123
亜墨利加 109
亜剌干〔アラカン〕 68
亜剌敢〔アラカン〕 156〜158
阿剌敢〔アラカン〕 185
亜爾墨泥亜〔アルメニア〕 116,152,166
阿瓦〔アワ〕 185
安日河→〔ガンゲスガワ〕
安南 174,214,237
イギリス商品ボイコット 39
イギリス・ネパール戦争 226,228
伊吾〔イゴ〕 73,74
イスパハン 121
印度河〔インダスガワ〕 109,111,121,124,125,128
印第亜〔インデア〕 234
印帝亜〔インデア〕 68,109,112
応帝亜〔インデア〕 68,69,77,78,92,98
印特伽〔インデカ〕 234
印土〔インド〕 234
印度〔インド〕 164,212,214,234
インド医療使節団 51,56
インドゥ 234
印度海 155
印度改革協会 199
インド国民会議（派） 39,40,50,51,192,201,206,224,227
印度国民協会 192
インドーシナ 232
印度私党（印度斯当）〔インドスタン〕 68,183
印度斯当 109,111,116,117,124,126,128,132,155,183
インド政庁 38
ウスベッキ 116
烏荼〔ウダ〕 69
于闐〔ウテン〕 73,238

カ行

サ行

マ行

ヤ行

ラ行

ワ行

人名索引

サ行

タ行

ナ行

書名索引

ナ行

ハ行

マ行

ラ行

参考文献一覧

本書で参照した和漢文献を著者の五十音順（漢文献は漢音による）に配列し、その後に欧文献を著者のアルファベット順に配列した。

赤沼智善（編）『印度仏教固有名詞辞典』法蔵館、1967年。

阿川修三「鬱蒼たる『章学』の森を歩くための地図」『東方』第215号、1999年。

姉崎正治『印度宗教史』金港堂書籍、1897年。

姉崎正治『印度宗教史考全』金港堂書籍、1898年。

鮎沢信太郎「山村昌永の華夷一覧図について」『歴史地理』第81巻第１号、1943年。

鮎沢信太郎・大久保利謙『鎖国時代日本人の海外知識』乾元社、1953年、覆刻版、原書房、1978年。

鮎沢信太郎『山村才助』吉川弘文館、1972年。

石田幹之助『南海に関する支那史料』生活社、1945年。

岩崎克己「〝ゼオガラヒー〟の渡来とその影響」『書物展望』第10巻12号、1940年。

岩崎克己「スランガステーン（Slangen-Steen）攷」『日本医事新報』第974号、1941年。

岩崎克己「山村才助伝」『日本医史学雑誌』第1288号、1941年。

岩崎克己「山村才助の著訳とその西洋知識の源泉に就いて」『歴史地理』第77巻第４号、1941年。

王汎森『章太炎的思想——兼論其対儒学伝統的衝撃』（文化叢書）台北時報文化、1985年。

王有為（責任編輯）『章太炎全集』（１）－（６）上海人民出版社、1982－1986年。

王有為『章太炎伝』（広東近代史叢書）広東人民出版社、1984年。

応地利明「日本と天竺・インド——前近代日本におけるインドの地理的世界像」近藤治編『インド世界——その歴史と文化』世界思想社、1984年。

応地利明『絵地図の世界像』岩波新書、1996年。

小川博（校定）「亜細亜諸島志」『海事研究』（日本海事史学会）第14号、1970年。

小川博『中国人の南方見聞録——瀛涯勝覧』吉川弘文館、1998年。

織田武雄『地図の歴史』講談社、1973年。

織田得能『織田仏教大辞典』新訂版、大蔵出版、1954年。

小野川秀美『清末政治思想研究』東洋史研究会、1960年。

小野川秀美（編）『民報索引』上・下、京都大学人文科学研究所、1970、1972年。

小野川秀美・島田虔次（編）『辛亥革命の研究』筑摩書房、1978年。

何成軒『章炳麟的哲学思想』（中国哲学史叢書）湖北人民出版社、1987年。

河田悌一「否定の思想家・章炳麟」小野川秀美・島田虔次編『辛亥革命の研究』筑摩書房、1978年。

ガーンディー、モーハンダース・カラムチャンド（田中敏雄訳）『真の独立への道（ヒンド・スワラージ）』岩波文庫、2001年。

季羨林「中国紙和造紙法輸入印度的時間和地点問題」『歴史研究』第４期、同『中印文化関係史論叢』所収、1957年。

岸加四郎『池田筑後守長発とパリ』岡山ユネスコ協会、1975年。

木南卓一『慈雲尊者』綜芸舎、1980年。

木村肥佐生『チベット潜行十年』毎日新聞社、1958年、中公文庫、1982年。

姜義華『章太炎思想研究』上海人民出版社、1985年。

姜義華『章太炎評伝』（国学大師叢書）南昌百花洲文芸出版社、1995年。

金克木『中印人民友誼史話』北京、1957年。

栗田元次「朝比奈如有子と日本開国志」『紙魚』第18冊、紙魚社、1928年。

小西正捷「インドの古文書料紙と製紙技術の成立」『山本達郎博士古稀記念東南アジア・インドの社会と文化』上、山川出版社、1980年。

近藤治『インドの歴史』講談社現代新書、1977年。

近藤治（編）『インド世界――その歴史と文化』世界思想社、1984年。

近藤治（編）『南アジア』（アジアの歴史と文化10）同朋舎、1997年。

近藤邦康『中国近代思想史研究』勁草書房、1981年。

佐藤長『チベット歴史地理研究』岩波書店、1978年。

島田虔次『中国革命の先駆者たち』筑摩書房、1965年。

島田虔次・小野信爾（編）『辛亥革命の思想』筑摩書房、1968年。

島田虔次『中国思想史の研究』京都大学学術出版会、2002年。

謝桜寧『章太炎年譜摭遺』中国社会科学出版社、1987年。

朱維錚・姜義華（編注）『章太炎選集』上海人民出版社、1981年。

周達観（和田久徳訳注）『真臘風土記』平凡社東洋文庫、1989年。

章太炎著作編注組『章太炎詩文選注』（上）上海人民出版社、1976年。

章念馳『章太炎先生学術論著手迹選』北京師範大学出版社、1986年。

章炳麟『章氏叢書』上・下（鉛印本）、上海右文社、1915年（民国４年）。

章炳麟 『章氏叢書』上・下（増補版）、浙江図書館、1919年（民国８年）、影印版、台

北世界書局、1958年（民国47年）。

章炳麟『章太炎先生所著書』線装本2帙20巻、上海古書流通処、1924年（民国13年）。

章炳麟『章太炎先生自定年譜』上海書店、1986年。

杉田玄白（緒方富雄校註）『蘭学事始』岩波文庫、改版、1982年。

杉本直治郎「〝天竺〟名中国伝来経路考——ルートとなったビルマの名の検討も兼ねて」同『東南アジア研究』Ⅰ所収、日本学術振興会、1956年。

関儀一郎（編）『近世儒家史料』中冊、井田書店、1943年。

孫修身『王玄策事蹟鈎沈』（西域仏教研究叢書）新疆人民出版社、1998年。

高桑駒吉『大唐西域記に記せる東南印度諸国の研究』森江書店、1926年、覆刻版、国書刊行会、1974年。

高田淳『章炳麟・章士釗・魯迅——辛亥の死と生と』龍溪書舎、1974年。

武田万理子「註解天竺徳兵衛物語」『歴史と人物』1978年1月号、中央公論社。

田中於莵彌「天竺名義考」『中央大学文学部紀要』9、1957年。

張兵『章太炎伝』（中国文化巨人叢書・近代巻）北京団結出版社、1998年。

陣平原（編）『章太炎巻』（中国現代学術経典）河北教育出版社、1996年。

丁則良「章炳麟与印度民族解放闘争——兼論章氏対亜州民族解放闘争的一些看法」『歴史研究』1957年第1期。

唐振常（編）『章太炎・呉虞論集』四川人民出版社、1981年。

湯国梨（編）『章太炎先生家書』上海古籍出版社、1986年。

湯志鈞（編）『章太炎政論選集』上・下、北京中華書局、1977年。

湯志鈞（編）『章太炎年譜長編』上・下、北京中華書局、1979年。

湯志鈞『章太炎伝』台湾商務印書館、1996年。

長崎暢子『ガンディー——反近代の実験』岩波書店、1996年。

中村元『インド古代史』上（『中村元選集』5）、春秋社、1963年。

中村元『東西文化の交流』（『中村元選集』9）、春秋社、1965年。

中村平治「インド民族運動の展開と東アジア」衛藤瀋吉・坂野正高編『中国をめぐる国際政治』東京大学出版会、1968年、後に中村平治『現代インド政治史研究』所収、東京大学出版会、1981年。

中村平治『現代インド政治史研究』東京大学出版会、1981年。

中村平治『南アジア現代史Ⅰ』（世界現代史9）山川出版社、第2版、1991年。

名古屋市役所『名古屋市史』学芸編、地理編、人物編2、1915－1920年。

西順蔵・近藤邦康（編訳）『章炳麟集』岩波文庫、1990年。

長谷寶秀（編）『慈雲尊者全集』全19巻、高貴寺、1926年、再版、思文閣出版、1977年。

羽田明「東西文化の交流」『岩波講座世界歴史』６、1971年。同『中央アジア史研究』所収、臨川書店、1982年。

馬勇（編）『章太炎書信集』河北人民出版社、2003年。

福原亮厳「中国印度間の仏教徒の交通路」『印度学仏教学研究』Ⅲ－１、1954年。

傅傑（編）『自述与印象——章太炎』上海三聯書店、1997年。

傅傑（編）『章太炎学術史論集』（二十世紀国学名著）中国社会科学出版社、1997年。

藤田豊八「支那印刷の起源について」『剣峰遺草』所収、1930年、覆刻版、国書刊行会、1974年。

藤田豊八「仏徒の印像について」『東西交渉史の研究　南海篇』所収、荻原星文館、1932年、覆刻版、国書刊行会、1974年。

細野忠陳『尾張名家誌』初編、２巻、名府書肆皓月堂、1857年。

水谷真成（訳）『大唐西域記』（中国古典文学大系22）平凡社、1971年。

宮崎市定「南洋を東西洋に分つ根拠に就いて」『東洋史研究』第７巻第４号、1942年、『宮崎市定全集』19所収、岩波書店、1992年、同『東西交渉史論』再録、中公文庫、1998年。

望月信亨『望月仏教大辞典』再版第１巻、第３巻、世界聖典刊行協会、1954－1957年。

山崎元一「仏滅年の再検討」同『アショーカ王とその時代』所収、春秋社、1982年。

山崎元一『アショーカ王とその時代』春秋社、1982年。

山崎利男「11－13世紀北インドの国家と社会」『岩波講座世界歴史』13、1971年。

山崎利男「インドにおける中世世界の成立」『中世史講座』１、学生社、1982年。

山村才助『訂正増訳采覧異言』上・下（蘭学資料叢書Ⅰ）青史社、1979年。

熊月之『章太炎』（中国近代史叢書）上海人民出版社、1982年。

ユール、ヘンリー（鈴木俊訳編）『東西交渉史——支那及び支那への道』帝国書院、1944年、覆刻版、原書房、1975年。

姚奠中・董国炎『章太炎学術年譜』山西古籍出版社、1996年。

柳人生「北方問題の研究者朝夷如有子に就いて」『明治文化』第６巻第１号、日本評論社、1930年。

Bose, A. C., *Indian Revolutionaries Abroad, 1905–1927 : Select documents*, New Delhi, 2002.

Boxer, C. R., *Dutch Seaborne Empire 1600–1800*, London, 1965.

Gandhi, M. K., *Hind Swaraj and Other Writings*, ed. by Anthoney J. Parel, Cambirdge, 1997.

Gole, Susan, *Early Maps of India*, New Delhi, 1976.

Gole, Susan (ed.), *Maps of Mughal India : Drawn by Colonel Jean-Baptiste-Joseph Gentil, agent for the French Government to the Court of Shuja-ud-daula at Faizabad in 1770*, New Delhi, 1988.

Habib, Irfan, *An Atlas of the Mughal Empire*, Delhi, 1982.

Hubner, Johan, *Volkomen Geographie, of Beschryving des Geheelen Aardryks*, vertaald door W. A. Bachiene, 3 delen (4 banden), Amsterdam, 1756.

Hubner, Johan, *Algemeene Geographie, of Beschryving des Geheelen Aardryks*, vertaald door W. A. Bachiene, verbeterd en vermeerderd door Ernst Willem Cramerus, 5 delen (6 banden), Amsterdam, 1769.

Müller, Friedrich Max (ed.), *The Sacred Books of the East*, 50 vols, Oxford, 1875–1910, reprint, Delhi, 1966.

Pelliot, Paul, "Deux itinéraires de Chine en Inde à la fin du Ⅷ^{e} siécle", *Bulletin de l'École Française d'Extrême-Orient*, V-1・2, 1904. 馮承鈞漢訳『交広印度両道考』上海、1933年。

Schwartsberg, Joseph E. (ed.), *A Historical Atlas of South Asia*, Chicago and London, 1978.

Sen, S. P. (ed.), *Dictionary of National Biography*, Vols. Ⅰ,Ⅲ,Ⅳ, Calcutta, 1972–1974.

Stein, Aurel, *Serindia : Detailed report of explorations in Central Asia and westernmost China*, Vol. Ⅰ, Oxford, 1921, reprint, Delhi, 1980.

Yule, Henry, *Cathay and the Way Thither:Being a collection of medieval notices of China*, 2 vols., London, 1866, revised ed. by Henri Cordier, 4 vols., London, 1915–16.